Live!
ウェブマーケティング基礎講座

大橋聡史／渥美英紀／村上知紀／小川 卓
松田昭穂／野口竜司／川畑隆幸／北村伊弘／鈴木さや 著

はじめに

　Webマーケティングとして理解を深めなければならない領域は多岐にわたります。ひとつのプロジェクトを成功に導くためには、その中からさまざまな知識を駆使しながら、プランニングや実務を行なっていかなければなりません。

　SEO対策や広告といった集客の施策は欠かせませんし、Webサイトの構築やシステムやサーバーといった技術的な知識も必要になります。メールやソーシャルメディアを駆使した企画が必要になったり、実行した施策についてアクセスログから成果を分析して改善案を考えなければならないことも出てくるでしょう。

　企業が求める人材像も、総合的にWebマーケティングのプロジェクトを企画・推進できる人、さらには企業戦略や経営課題に則したWebマーケティングを実行できる人へ、要求が高まりつつあります。

　しかしながら、実務以外の場でそういった人材を育成する環境は決して整っているとは言えませんでした。ひとつの要因として、各テーマに特化した書籍や講座はあるものの、変化の激しいWebマーケティングの分野において、常に新しい情報を取り入れながら、知識を体系立てて網羅的に学べる場がなかったことが挙げられます。

　2011年3月、こうしたWebマーケティングにおける人材育成の課題に一石を投じるべく『MarkeZine Academy（マーケジンアカデミー）Webマーケティング基礎講座』を開講しました。同講座では2日間でWebマーケティングを網羅的に学ぶことができ、各分野における第一線で活躍しているマーケターが講師を務めます。有料講座ではありますが、受講生の口コミもあり、2014年2月時点で本講座だけで延べ230名以上、関連講座も含めると450名を超える方々に受講いただいております。

　本書は人気講座となった『Webマーケティング基礎講座』を元に、講座を体験できるよう書籍化したものです。最新の動向やテクノロジーも盛り込み、内容の改訂も行なっています。これまでに刊行されてきた多数のWebマーケティング関連書籍の中でも数少ない、網羅的で大局的な視点を養える一冊になったのではないかと思います。

　講座の受講生にもすでに最前線で活躍されている方が多数いらっしゃいます。「この本でWebマーケティングの基礎を学んだ」というみなさまも同様に、各々のフィールドで活躍されますよう期待しております。

2014年2月
講師を代表して
株式会社ウィット 代表取締役　渥美 英紀

Contents

CHAPTER 01　Webマーケティングの考え方 ……… 007
- 01　CMO視点でメディアを俯瞰する ……………… 008
- 02　マーケティングに期待される役割 ……………… 010
- 03　データか人か、問われるマーケティングの未来 …… 012
- 04　観察が新たな施策を生み出す ……………… 014
- 05　成熟市場でユーザーをつかむには ……………… 016
- 06　感情の刺激で人々を動かす（海外事例） ……………… 018
- 07　潜在意識と欲求を呼び起こす（国内事例） ……………… 020
- 08　王国こそがブランドマーケティングの究極形 …… 022
- 09　商品力を超えたメッセージを具現化する ……………… 024
- 10　Webマーケターが創り出す新しい企業価値 ……… 026
- コラム　ブックガイド ……………………………… 028

CHAPTER 02　BtoBのWebマーケティング戦略 ……… 029
- 01　BtoB Webマーケティング戦略の変遷 ……………… 030
- 02　ターゲットの捉え方 ……………………………… 032
- 03　Webマーケティングの目的 ……………………… 034
- 04　法人の意思決定プロセス ……………………… 036
- 05　戦略の立案 ……………………………………… 038
- 06　集客プランニング ……………………………… 040
- 07　コンテンツプランニング ……………………… 042
- 08　問い合わせ窓口の設計 ……………………… 044
- 09　Webマーケティングと営業との連携 ……………… 046
- 10　効果測定のポイント ……………………… 048
- コラム　ブックガイド ……………………………… 050

CHAPTER 03　集客プランニング ……… 051
- 01　集客の全体像① レイヤー ……………………… 052
- 02　集客の全体像② コストと強み ……………… 054
- 03　ユーザーの行動をシナリオで考える ……………… 056
- 04　集客におけるユーザーシナリオ ……………… 058
- 05　展開シナリオとソーシャルシナリオ ……………… 060
- 06　集客数と効率を把握する ……………………… 062
- 07　ネット広告の種類と特徴 ……………………… 064
- 08　媒体の選定と広告表現 ……………………… 066
- 09　検索エンジンマーケティング① ……………… 068
- 10　検索エンジンマーケティング② ……………… 070
- コラム　ブックガイド ……………………………… 072

CHAPTER 04　ウェブ分析とPDCA ……… 073
- 01　ビジネスゴールの設計 ……………………… 074
- 02　ビジネスロードマップの作成① ……………… 076
- 03　ビジネスロードマップの作成② ……………… 078
- 04　ウェブ分析でPDCAを回す ……………………… 080
- 05　アクセス解析ツールの紹介 ……………………… 082

06	トレンドを施策に活かす	084
07	セグメントの活用事例①	086
08	セグメントの活用事例②	088
09	各種レポートの特徴とその利用目的	090
10	アナリストに求められる役割	092
コラム	ブックガイド	094

CHAPTER 05　リスクマネジメント　095

01	重大事故のケーススタディ	096
02	リスクの傾向	098
03	法務に関するリスク	100
04	個人情報保護に関するリスク	102
05	セキュリティに関するリスク	104
06	アクセシビリティに関するリスク	106
07	サーバー・ネットワークに関するリスク	108
08	検索エンジンに関するリスク	110
09	発注に関するリスク	112
10	RFPによる発注管理	114
コラム	ブックガイド	116

CHAPTER 06　インターネット技術の基礎　117

01	Webサイトの仕組みの基礎	118
02	ブラウザの基礎	120
03	サーバーに関する基礎知識	122
04	ネットワークに関する基礎知識	124
05	セキュリティに関する基礎知識	126
06	暗号化技術に関する基礎知識	128
07	クラウドに関する基礎知識	130
08	困ったときのケーススタディ	132
09	ケーススタディから学ぶ原因の切り分け	134
10	Webマーケティング基盤の判断基準	136
コラム	ブックガイド	138

CHAPTER 07　Webサイト改善の基礎　139

01	変化を求められるWebサイト改善技法	140
02	インフォメーションアーキテクチャの基本フロー	142
03	ユーザー行動シナリオ	144
04	ボトルネックを発見する	146
05	ユーザーテストによる検証	148
06	訪問回数の改善手法	150
07	回遊率の改善手法	152
08	コンバージョン率の改善手法	154
09	リピート率の改善手法①	156
10	リピート率の改善手法②	158
コラム	ブックガイド	160

Contents

CHAPTER 08 スマートフォンマーケティング 161
- 01 数値から見るスマートフォン①普及率 162
- 02 数値から見るスマートフォン②トラフィックとライフスタイル 164
- 03 数値から見るスマートフォン③ビジネス環境 166
- 04 数値から見るスマートフォン④購入意思決定 168
- 05 ポイント①メディアの特性を踏まえる 170
- 06 ポイント②目的を明確にする 172
- 07 モバイルの活用事例①モスバーガー 174
- 08 モバイルの活用事例②NEXCO西日本 176
- 09 モバイルでのユーザビリティの基本① 178
- 10 モバイルでのユーザビリティの基本② 180
- コラム ブックガイド 182

CHAPTER 09 メールマーケティング 183
- 01 メールマーケティングの成り立ちと特性① 184
- 02 メールマーケティングの成り立ちと特性② 186
- 03 メールマーケティングの全体設計 188
- 04 配信対象の考え方 190
- 05 件名と本文の考え方 192
- 06 タイミングの考え方 194
- 07 分析と検証 196
- 08 メールマーケティングの諸規制 198
- 09 メールマーケティングの実現手段 200
- 10 これからのメールマーケティング 202
- コラム ブックガイド 204

CHAPTER 10 ソーシャルメディア 205
- 01 ソーシャルメディアオーバービュー 206
- 02 プラットフォームの選び方 208
- 03 3大プラットフォームの特徴 210
- 04 アカウント運営の基本 212
- 05 コンテンツの投稿テクニック(コメント編) 214
- 06 コンテンツの投稿テクニック(シェア編) 216
- 07 ユーザーの生活に寄り添い「今」を捉えた投稿を 218
- 08 「今」の価値をさらに高めるひと工夫を 220
- 09 突発的なできごとを好機にする 222
- 10 ソーシャルメディアの向こう側 224
- コラム ブックガイド 226

- ●お問い合わせについて 227
- ●Webマーケティング基礎講座紹介 228
- ●執筆陣のご紹介 230

CHAPTER 01
Webマーケティングの考え方
大橋聡史
Ohashi Satoshi

01 CMO視点でメディアを俯瞰する

[1] 通常のデータベースソフトでは扱えないほど膨大なユーザー行動やリサーチの蓄積

[2] TVを起点としたブームが、ソーシャルメディアの増幅効果で復活してきた。制作者たちは、自分たちが面白いものを追求したと口を揃えるが、マーケターにも通ずる基本かもしれない

Webマーケティングを取り巻く環境変化は、目まぐるしい。

ひところまでは、自社Webサイトの制作から、そこへの誘導を図るさまざまな広告メニューに精通していれば、Webにおいてマーケターは基本的な役割を果たせていると捉えられていただろう。

しかし、いまや企業のマーケティング活動全体の議論の中でWebマーケティングが包含する領域は拡大し、デジタル時代のマーケティング機能の中枢センターのような存在として語られるようになった。

CMO（チーフ・マーケティング・オフィサー）という役職名を見聞きしたことがあるかもしれない。それはまさに、ITインフラの充実から得られるビッグデータ[1]から顧客の過去・現在そして未来をも見通し、リアル、デジタル問わずさまざまなマーケティングアクションを繰り出して事業成長を牽引していく、企業経営におけるこれからのリーダー像を表すキーワードだ。Webという情報のハブ機能を司るマーケターである読者のみなさんは、将来のCMO候補生と言える。

Webマーケティング基礎講座でBtoCを領域とする本章をはじめるにあたっては、そんな未来のCMOが視野に入れておくべき、現代マーケティングで求められる「ものの見方」について、いくつかの角度から触れていきたい。

まずはじめに、現代のメディアの様相についてだ。Paid、Owned、EarnedというメディアをWebマーケターの視点で説明すると、それぞれ「広告の出稿」、「自社サイトによる発信」、「ユーザーやメディアによる無償の発信」と言える（図1-1-1）。この3つの働き、特性に目を配る必要があるが、ひとつの指標として、ユーザーのメディア別の購買に対する関与影響度のスコアを見てほしい（図1-1-2）。みなさんの実感と近いはずだが、綺麗ごとで飾られた広告と、利害関係のない本音の情報とでは意思決定への影響度に差があることが見て取れる。

ただし、これもひとつの側面に過ぎない。他にどんな視点があるだろうか？より多くのひとに同時に情報を広めたい、何気なく目にする頻度を高めたい、深く意図や思想まで伝えたいなど、目的によってメディアの重みは変わることに留意したい。TPOによって服装を使い分けるように、すべてのメディアの特性を実感的に捉えて使いこなす感覚が必要だ。Webは、デジタル上の情報に留まらず、TV[2]や新聞、店頭やイベントなどの影響ともダイレクトにつながっているハブである。そういう意識でPOEメディアを見てほしい。

1-1-1 POE 3つのメディア

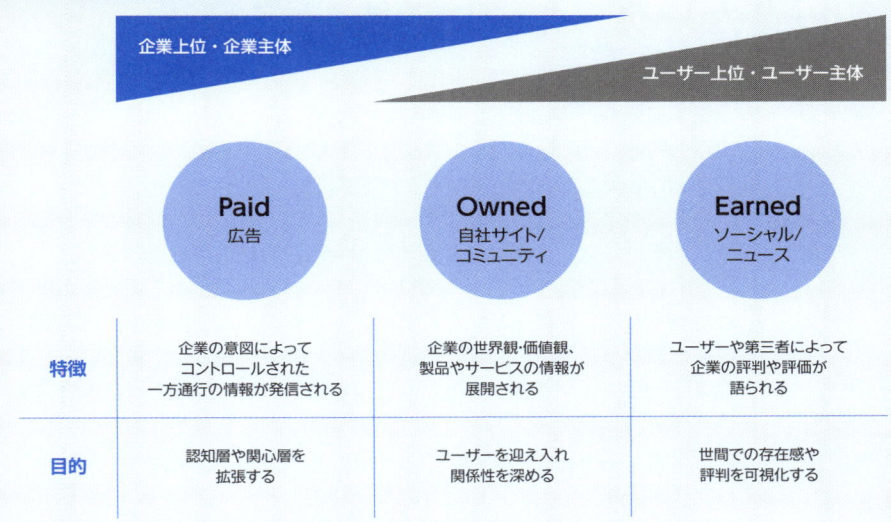

定義そのものよりも、「知らない人への売り込み」「来てくれた人への語り」
「世間での評判」という3つの側面を押さえておく感覚と視野が必要。

1-1-2 メディア別購買に対する関与影響度

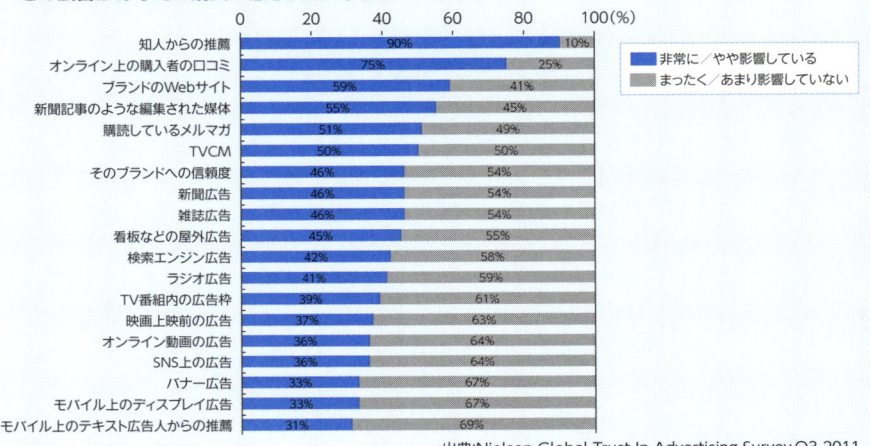

上図で関与度が低いとされるオンライン上の広告にも、最近、アシスト効果と呼ばれる
間接的影響が認められる調査も出てきた。多面的な見方が必要。

CHAPTER 01　Webマーケティングの考え方

02　マーケティングに期待される役割

【1】特定の方法論に惚れ込んだり、ひとつの技術を追求することは大事だが、マーケターには広く方法論の多様性に精通しておくことが求められる

　企業に勤めるみなさんの役割は、売上や利益アップへの貢献という指標で問われるだろう。ブランド力アップという視点もあるだろうが、最終的に業績に貢献しないと企業は存続できない。

　さて、みなさんがこれまで予算やマンパワーを投じて行なってきた広告やプロモーションの類は、どんな結果を残してきただろうか？

　理想は、これまでの売上水準に対して、投資額以上の上乗せを中長期にわたって維持し続けることだろう。しかし実際には、施策の実施期間中だけは上振れしたものの、終了と同時に元の水準に戻った、あるいは、上振れすら明確に確認できなかったなど、投資に見合う成果だったとは言えないまま終わったケースも少なくないのではなかろうか？

　ここで、ベースラインというキーワードを説明したい。ベースラインとは、通常のルーティンワーク（製造→営業→流通→販売という既存のサイクルによる企業活動）で支えている、売上や利益の水準を概念的に指すワードだ。マーケティングには、図1-2-1のようにシンプルにこれに上乗せする働きが求められる。海で魚を獲ることでたとえてみよう。大きな網を、魚の居そうな場所に投げる。これは前述のPaid、つまり広告の発想だ。次は、魚がその本能ゆえに思わず追いかけて針にかかるルアーフィッシング。これはコンテンツのインパクトやバイラル性を追求し、自発的な流布を狙うEarnedメディアの発想だ。最後は、魚にとって居心地がよく必要なものが絶えず供給されるサンゴ礁のような場所をつくる方法。これは自社メディアでユーザーコミュニティを形成するOwnedの発想と言える（図1-2-2）。

　はじめのふたつはそれぞれコスト過多、不確実性というハードルがあることは容易に想像できる。魚を安定的に獲り続けようとしたら、魚が居つく場所を提供したほうが賢そうだ。自社企業がユーザーに提供できる価値を理解したうえで、持続可能性の高いサンゴ礁をつくることができれば、魚獲りは安定する。ただし、サンゴ礁に魚が集まるスピードより速く獲りつくしたら、枯渇してしまうだろう。マーケターは常に、物事を多面的に検証する思考回路が求められる[1]。

　今、マーケティングはビッグデータの夢に沸き、オープンデータと言われる公共データの公開も進んでいる。それは、大海のすべての魚の行動記録や生息域を、まるごと解明しようというビジョンだ。しかし、最終的に魚を釣り上げようと思ったら、そこに技術がいることは変わらない。

1-2-1 ベースラインの概念

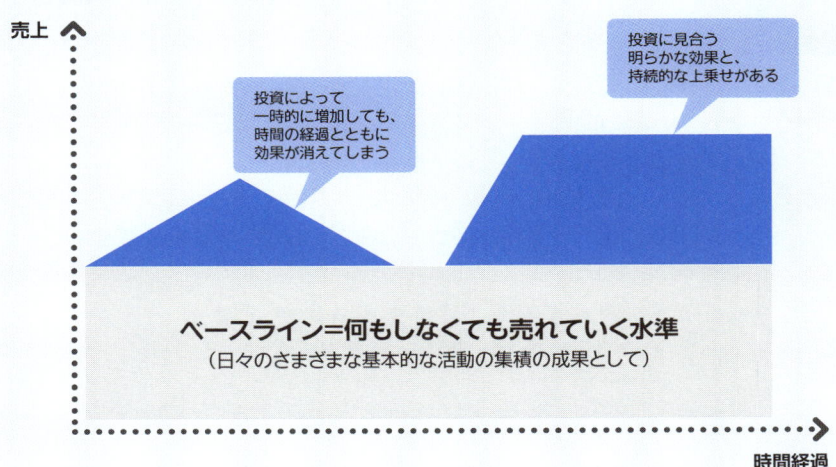

投資によって一時的に増加しても、時間の経過とともに効果が消えてしまう

投資に見合う明らかな効果と、持続的な上乗せがある

売上

時間経過

ベースライン＝何もしなくても売れていく水準
（日々のさまざまな基本的な活動の集積の成果として）

マーケティング施策の理想的なゴールは、従来のベースラインに対する持続的な底上げ効果だ。この意識をもって施策を評価してみよう。

1-2-2 情報の海で泳ぐユーザーの捕らえ方

居場所で囲う、
コミュニティ発想

興味で寄せる、
コンテンツ発想

投網で捕える、
広告・メディア発想

メディア特性と並行して、アプローチの思考回路も整理しておきたい。
効率や有効性を考えながら、タイミングやミックスを考えてほしい。

03 データか人か、問われるマーケティングの未来

【1】時間軸を越えて最新理論と古典を並べると、言ってることは同じだな、と気付く事も多い。新しさに踊らされないことも大事だ

【2】アメリカに本社を置き、世界最大の会員数を持つインターネットサービス提供事業者

メディアの多面性と、顧客を捉える思考回路の話を通じて、少しマーケティング発想の視野の範囲が見えてきただろうか？ここでふたりの人物の言葉から、マーケティングの捉え方を整理しておこう。

図1-3-1は古典ともいえるピーター・ドラッカーの言葉[1]。彼は、セリングとマーケティングは別物、と喝破した。売上や利益を追求するのが企業活動だから、セリングこそがマーケティングの本質だ、というのがみなさんの実感に近いかもしれない。

ただ一方で、ひとりの消費者として考えたときに、熱心なセールスが「買う気」を起こさせるかというと、却って逆効果ということも少なくない。ひとはどんなときに自ら進んでお金や時間を費やし、商品やサービスに身を委ねていくのだろう？そんな発想こそが「マーケティング」なのだ。後の節では事例をもとに解説してみたい。

図1-3-2の引用は、米国AOL社[2]のCEOであるTim Armstrongの発言だ。今語られているデータドリブン（データ主導主義）のマーケティングは、前節の魚獲りの話で言えば、すべての魚の習性や行動を解明すれば、間違いなく魚を獲り続けることができるという展望に支えられている。しかし、Timは金融業界の趨勢を引用して、プログラマティック（データ解析による客観判断軸）に頼ることをすべてのプレイヤーが行えば、結局同列になってしまう、そこに創造的な発想を組み入れることで新しい化学変化を起こしていかないと、より大きな持続的な成果は得られなくなるだろうと説いた。まだまだプログラマティックアプローチが普及していない日本においても、「生き残るためのデータドリブン」、「勝ち抜くためのクリエイティブ」という議論は起こりはじめている。

Webマーケティングの進化は、間違いなくビッグデータ、データドリブン、プログラマティックという文脈で起こっている。ここを理解していかないと、「よくわからないまま放置される無駄／非効率」を着実に排除することができない。しかし、そういったプログラマティックな知見と、行動経済学などでも明らかになってきた人間の行動や選択の非合理性や気分・感情といった要素は、うまく融合していくことができるのだろうか？

現時点での、検索したキーワードに関連した広告がずっと追いかけてくるような初歩的なプログラムは、得てして鬱陶しい気分を生む。より高度なプログラムが目指すのは、あたかも偶然の出会いから魅了され買いたくなるように感じさせる演出だが、それはまだ少し未来の感はある。

1-3-1　ドラッカーが語るマーケティングの目的

"The aim of marketing is to make selling superfluous."

マーケティングの目指すところとは、売り込みを無用にすること。

Peter Drucker

この言葉は、「真にカスタマー理解を推し進めれば、製品やサービスは自ずと売れていく」と続く。「カスタマー」には、「お得意さま」を充てると意味が際立つ。

1-3-2　Tim氏が示した2013年の知見

金融業界では広告業界より一足先にプログラマティックアプローチを導入した。
当初は、プログラマティックにより、スケール化がもたらされ、株式の詳細価値の理解、取引の効率化が可能となり、プログラマティックを導入した企業が成長、伝統的な手法をとった企業が衰退するという現象が起こった。
しかし、テクノロジーの利用が当たり前となった今日では、
「プログラマティック」と「クリエイティブトレーディング」がミックスできている
ゴールドマン・サックスのような企業が業界をリードしている。
広告業界でも長期的に同じような現象が今後起こっていくだろう。

Tim Armstrong AOL CEO
2013年ad:techサンフランシスコの
キーノートより

プログラマティックという未来的な言葉に触れる機会が増えてきた中、
その先の未来を予見する発言だ。結局、人間理解の部分の差は、未来にも残っていく。

04 観察が新たな施策を生み出す

Webマーケターにとって、データドリブンな方法論や評価軸を持つことは必須だ。こういった左脳的な技術知見は、本講座の主軸でもある。

しかし、それらのマルチなデータや指標を俯瞰し統合して、ひとが買いたくなる状況をつくるための右脳的な構想力をつかんでいくことも重要である。では、どのようにその力を身に付けていけばいいのだろうか？

まず必要なのは、ひとに新しい行動（そして消費）を引き起こさせる条件を整理し、時系列的な経験の積み重ねとして一体的・連続的に捉えようとする視点だ。シナリオやストーリーという言い方もできるだろう。図1-4-1のように場面ごとに獲得できるデータに時系列的な関係性を見い出して整理することで、ユーザーの中で引き起こされる変化を観察しやすく、かつ類推しやすくしようという試みは、ユーザー体験を旅になぞらえて、カスタマージャーニーとも呼ばれる。

エスノグラフィーという文化人類学から得られた観察手法が、昨今のマーケティング界隈で話題になることがある。これは、生きた対象者の行動を間近で観察しトレースすることで、観察者の主観が対象者と同期し、対象者のなかで起こっている心理変化や行動傾向が、「分かる」というものだ。デジタルの世界でそういった主観の同期があり得るのか、という疑問があるかもしれない。しかし、こちら側も同じ人間である以上、さまざまな発言やデジタル上に記録された行動の軌跡を追うことで、対象者の生身の感覚を想起できることは、何ら不自然なことではない。インサイトという言葉の通り、内側から見るような「同期感覚」は、マーケターにとって必要な仮説構築力と強く関係している[1]。あとは、それを確認するために、左脳的なデータや指標を駆使すれば、精度を高めていくことができる。

そういった人間のインサイトをうまく計算した例が図1-4-2だ。ショールーミングとは、店舗で商品現物を確認して、購入はネットで最安値を選択、という小売業にとっては死活問題になるような最近の現象だ。だが、あるアパレル小売は、その心理を逆手に取った。ショールーミング専用の店舗をつくったのだ。すべてのカラー、サイズを揃え自由に試着できる。経営視点で言っても、店員も少なく、店舗在庫を置く必要もないという超効率運営が可能だ。しかし、ここで感じてほしいのは、「このお店に行ってみたい！」と思わせる魅力が詰まっていることだ。わずらわしい店員とのやり取りもなく、質感やサイズをチェックして、納得の商品体験ができる。こんなユーザーの手前勝手な都合を、「ウェルカム！」と歓迎してくれるお店の存在が興味をかきたてる。

[1] 他人の真意を汲み取るのは、容易なことではない。成長過程で触れ合ったさまざまな他人の価値観を自分の財産にするには、会ったときに彼らときちんと対話をしてきたことがカギになる

1-4-1　カスタマージャーニーの追跡

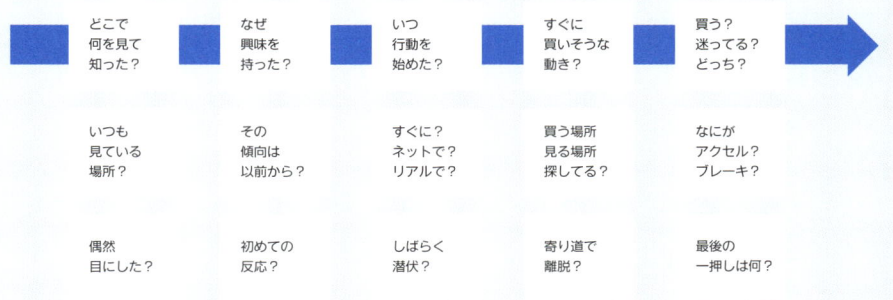

どこで 何を見て 知った？	なぜ 興味を 持った？	いつ 行動を 始めた？	すぐに 買いそうな 動き？	買う？ 迷ってる？ どっち？
いつも 見ている 場所？	その 傾向は 以前から？	すぐに？ ネットで？ リアルで？	買う場所 見る場所 探してる？	なにが アクセル？ ブレーキ？
偶然 目にした？	初めての 反応？	しばらく 潜伏？	寄り道で 離脱？	最後の 一押しは何？

事前にいろいろな想定を頭に入れておくことで、実際の時系列な記録や観察のなかで、心理的な変遷が見えてきて、ココというキーポイントが発見できる。

1-4-2　ショールーミングを逆手に取った新しい発想

Bonobos Guideshopはインターネットがバックルーム。店舗で試着して気に入ったら、スマホで買ってくださいというわけだ。シャイな日本人にもウケそうだ。

05 成熟市場でユーザーをつかむには

ここで少し概念的な整理をしておこう。BtoCのマーケティングに要求される思考領域をBtoBとの比較で説明したい。

BtoBではユーザーが何を求めているかは顕在化している。自分のビジネスにとって有用な情報や有利な条件を求めて、検索、閲覧、発言したり、登録や購入といった履歴も残されている。デジタルなアプローチは、そういった痕跡を大量に集積し、分析することで、どのくらいの幅で、どういう内容を、いつどこで投げかければ、確度高く顧客を獲得することができるかを、ある程度自動的にサポートしてくれる。デジタルと人間の二人三脚がうまく調和する領域だろう。

BtoCの場合でも、ユーザーが話題にして購入意欲が顕在化するような、イノベーティブな新製品や、誰もが憧れる商品なら、こういったデータドリブンなアプローチは即座に効果を出すだろう。さらにデータが集積することで、関連性や拡張性が予見されるようになれば、購入意欲が顕在化する手前のニーズまで予測できるようになる。しかし、果たして世の中の多くの商品やサービスすべてがユーザーの話題に上っているだろうか。モノに溢れ、情報過多と言われる時代に、圧倒的に多くの情報は意識に上ったり、言語化されることなく、通過しているはずである。日々の生活で特段買わずに済んでしまうようなモノは、ユーザーと関わるきっかけをどうつくったらいいのだろうか？

今日のような成熟した市場で、ユーザーに行動（消費）を引き起こすには、ユーザーの本質的な欲求や潜在願望をつかむ必要がある。それには、人間の本能や習性に対する知見や洞察が必要だ（図1-5-1）。世界中のブランドとマーケターはそこを目指している。一方的に伝達するマスメディアモデルから、ユーザー自身に情報を選択させるデジタルモデルに移行するときにこそ、その重要性が非常に増してくるわけだ。

図1-5-2は、その洞察や知見を得るための視点を提供している。
「あなたの人格はひとつだろうか？」

会社、家、Facebook、Twitter、妄想、記憶……。人格がひとつなら、すべての自分が同じアイデンティティを持つはずだが、実際はどうだろう。

アイデンティティの複数性は、ノーベル経済学賞の学者も理論化しているし、文学者も言及している[1]。つまり、現代の複雑な様相をひも解こうとしたとき、ひとりのなかに複数の人格がいるという事実が大きなキーとなるわけだ。

[1] 芥川賞作家の平野啓一郎の「分人」、ノーベル経済学賞のアマルティア・センの唱える「アイデンティティの複数性」などは、人間観察に視点を与えてくれる

1-5-1　BtoCの思考領域

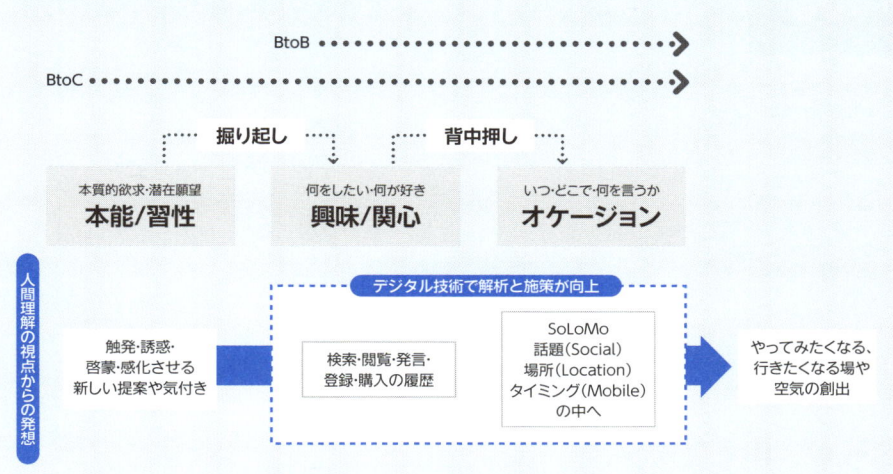

BtoCのWebマーケティングは、伝統的マーケティングにないハードルを強く意識しなければならない。本当に興味を持ってくれるのか？という自問自答だ。

1-5-2　複数のアイデンティティ

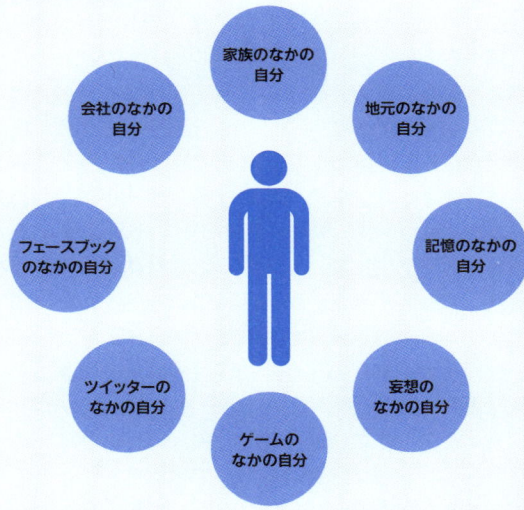

ぜひ、自分のなかのアイデンティティの複数性を自覚してほしい。そして、買い物や体験をしているときの人格に注意を払ってみてほしい。

CHAPTER 01　Webマーケティングの考え方

06　感情の刺激で人々を動かす（海外事例）

【1】欧米の事例は、市民の社会参加意識の違いが生んだ成功例と思われるかもしれないが、アジア諸国でもこういった例は見られる。日本でも新しい世代の社会的行動の高まりに期待したい

「隠された人格への刺激」によって、Webでも大きな話題の形成とユーザー動員に成功した海外事例を3つ紹介しよう。

リーマンショック後に販売が低迷していた高級アイスクリームのハーゲンダッツは大量のハチが忽然と姿を消したという不思議な現象を伝えるニュースに注目した。ハーゲンダッツ自慢のフレーバーは、すべて天然もの。そして、果実や木の実はハチによる受粉がもたらす自然界の恵みだ。そのハチがいなくなると……。そこで彼らはこの問題への社会的な注目と、研究機関への寄付を組み込んだバニラ・ハニービーという新フレーバーを売り出した（図1-6-1左）。多くのユーザーが、動画やSNSでこの問題提起に参加した結果、話題は大量に拡散し、ハーゲンダッツは不況下にあっても売り上げを回復することができた。ここからは、不況で購入を控えた自分ではなく、社会問題に貢献するためには行動を厭わない自分という別の人格の発動を見ることができる。ソーシャル上では、ひとは社会的な善行に敏感になるのだ。

同じく米国の例だが、スポーツ飲料のゲータレードが着目したのは、20年ほど前のアメリカンフットボールのライバル校同士の引き分け試合だった。すでに中年の域に差し掛かった、「元選手」そして「元チアリーダー」たちに、今度こそ決着をつけないか、と再試合の舞台をお膳立てをしたのだ（図1-6-1右）。大人たちのなかには、まだ高校生の自分がそのまま宿っていた！彼らは部室に集まりベンチプレスを持ち上げ、本気の汗をかいたのだ。その傍らにはゲータレードがあった。この現象は地元メディアをはじめ全米にムーブメントを巻き起こし、中年層の同窓会的なスポーツ回帰を大いに刺激した。言うまでもなく、ゲータレードの売上も上がった。

図1-6-2はカナダの事例。シュレディは昔ながらのシリアルスナックだ。誰もが子どもの頃に口にして育った定番商品であるがゆえに、完全に陳腐化したブランドだった。その四角形の商品を斜めに傾け、偶然発明されたダイヤモンド（ひし形）の新製品と称して、発明の瞬間や消費者テストのムービーを大々的にバイラル、国民投票まで行なった。これは確信犯的な自作自演のパロディだ。報道機関までがこの「おふざけ」に乗っかっていった。みんな分かっているうえで、楽しいから商品を買った。

さてどうだろう？本来買わないで済ませていた商品を、自ら積極的に買いに走るという現象がどんなものか、感じていただけただろうか[1]。こういった仕掛けは、ソーシャルメディアと相性がよく、大規模に拡散しブランドの印象を変えてしまうところまで辿り着く。

1-6-1　停滞を打ち破った2つのブランドキャンペーン

Häagen-Dazs loves Honey Bees

www.haagendazs.com/Learn/HoneyBees/

REPLAY,Fueled by Gatorade

www.replaytheseries.com/

米国民の参加行動意識の高さは、日本とは違うかもしれない。
しかし、自分の中でこれらのテーマに反応する「隠された人格」の感情変化を感じてほしい。

1-6-2　ダイヤモンドシュレディの"おふざけ"企画

ユーザーがこうした施策を潜在的に待望していたことは、結果が物語っている。
ユーモアの戦略的活用は、ギャンブルではない。

07 潜在意識と欲求を呼び起こす（国内事例）

日本でもキャンペーンや企画への投票や投稿、参加への呼びかけはWebマーケティングでよくみられる方法論だ。しかし、必ずしも「隠された人格」「眠っている願望」への刺激という設計がなされないまま、方法論の実施だけに留まっていることが多いように思う。告知パワーで一時的な反応は出ても、すぐに衰退するからベースラインへの貢献には至らない。一方、前節の海外事例で紹介した施策がベースラインに寄与したであろうことは容易に想像できる。

では実際にどうやったら、成果が永続的にあらわれるようなプランニングができるのだろう。そのためにはまず、「伝えたい感じさせたい価値や世界観」をイメージしよう。次にそれにより、「刺激される隠された人格や眠っている願望」をイメージする。最後にこの両者を結ぶために、技術的／方法論的なアイディアやクオリティをイメージするのだ（図1-7-1）。

キャンペーン型になるが、メンソレータムのリップスティックで筆者が実施した事例でなぞっていこう。

リップがもたらすものは、つやつやした健康的なくちびるだ。だから「チャーミングでヘルシーなくちびるっていいな！」という価値観と感情がゴール設定される。次に、くちびるを巡る隠された人格や願望を考えると、魅せたい／見たいというふたつの潜在願望に気付く。誰でも美男美女として賞賛を浴びたいという願望はあるが、往々にして現実が許さない。しかし「くちびるなら、私は美人」という光明が、ここに出現する。

方法論はシンプルにした。匿名でくちびる部分の写真でエントリーできるコンテストにしたところ、恥ずかしさのハードルが取り除かれ、くちびる自慢の写真が山のように集まった。50名のファイナリストを厳選してサイトに並べたとき、そこには圧巻で濃密なくちびるワールドが出現した（図1-7-2）。その個性の奥深さと、自分のお気に入りを発見する楽しさという、見る側の潜在願望も強く刺激できたことで、ツイッターで拡散を続け、最終的に数十万ユニークユーザーに平均2分の鑑賞体験を提供した。Ownedは、このコンテストサイトだけである。主にメディア記事と個人のツイッターというEarned領域で拡がった事例だ[1]。

この施策は、定番ゆえに古めかしかったブランドイメージを刷新し、ネットのなかの存在感を確立した。競合品との差別化の視点はこの施策にはない。ブランド自身の信念を忠実に追求し、それをやりきったということが支持されたのだ。

[1] 瞬間芸的な「Bite-sizeエンターテインメント（ひと口のお楽しみ）」は、ネットやソーシャルでよく拡散するが、何も残さないのでは意味がない。発信者の世界観を残してはじめて価値が生まれる

1-7-1 プランの成立要件

そのブランドがユーザーに提供でき、また共有しうる価値観や世界観。
その価値観を運ぶための感情や気分

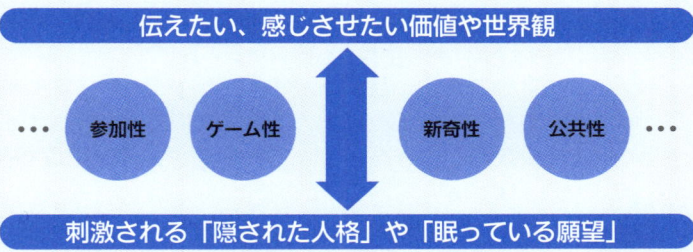

いつもの日常の気分や行動を変えてくれる
魅力的でエキサイティングな誘惑に、自分の不活性な一面が元気づけられる

あくまで、そのブランドとユーザーの間の「ありふれていない」関係を成立させることが重要。
借り物のコンテンツではそうそう成り立たない。

1-7-2 メンソレータムのユーザー参加型企画

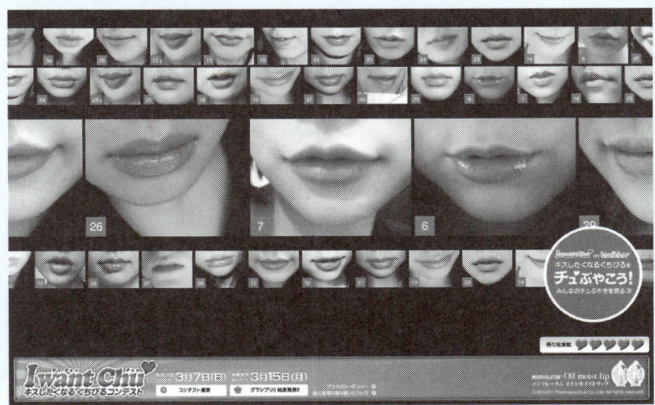

http://iwantchu.com

ツイッターとの相性と、ネットニュース系のネタになったことで、爆発的に拡散。
ユーザーからの素材をユーザーで評価する場を、ブランドがつくった例だ。

08 王国こそがブランドマーケティングの究極形

[1] ブランドが強いと、企業の中のひともユーザーも、目指すことや、やるべきことが共有され、一体化できる。ブランドが言葉を超えた共通言語になるのだ

　ひとの本質的な欲求や潜在願望に達するコミュニケーションをしようとするならば、企業／ブランドも自社が提供する価値の本質的な部分を今一度自覚する必要があるだろう。競合とココが違うというもの言いをした場合、ネットのユーザーたちに批評され、相対化され、多くは陳腐化してしまう。絶対的に企業／ブランドが追求する世界観や本気度が伝われば、相対的な批評を超えて、リスペクトされ受容される層を広げる方向の話に収斂される（図1-8-1）。

　ここからは、ベースラインそのものを大きく支えるOwned領域の、永続的な「サンゴ礁」の例を、ビッグブランドで見てみよう。Webマーケティングの発想や将来のCMOとしての、基本的な構想力を身につけるうえで、原型として頭に入れておいてもいい例だと考える。

　最初はディズニーだ。ウォルト・ディズニーの原点はアニメーションである。アニメが人気になると、グッズやビデオが売れる。日本でも、アニメや特撮モノのTV放映中には、グッズやタイアップ商品のCMが流れるという、コンテンツビジネスとしてのマーチャンダイズモデルがよく見られる。しかし、ディズニーが他の数多あるコンテンツに対して傑出しているのは、ディズニーランドだ。この現実感を排除した、ディズニーのコンテンツ世界の現実化という途方もない情熱は、ビジネスを超えたひとつの王国の創造だ。熱狂的なディズニーファンにとっては、実社会ではなくディズニーランドこそが本当の自分が住んでいる世界だ、という認識すらあるかもしれない。ファンにとってディズニーに投じる消費活動は、本当の自分を維持するための生活費のようなものだろう。セリングをはるかに超えた、究極のマーケティングの完成形がここにある[1]。

　ナイキも王国を築いている。スポーツ用シューズを売るなら、有名アスリートとタイアップして広告を打っていればよいのだ。しかし、彼らは全人類にとっての走りの王国を、デジタル技術を駆使してネット空間に作り出した。走るという個人的な行為を世界で共有する仕組みをつくったことで、ユーザーは自分の居場所を見つけた。王国の民としてのアイデンティティを得たのだ（図1-8-2）。

　自分の中から出てきた、もうひとつのアイデンティティは、それを覚醒させたブランドと一体になってでき上がっている。そのアイデンティティが、現実社会の自分以上に、自分らしい自分だと思えるかぎり、ブランドとの絆は切っても切り離すことができなくなる。その究極の姿は、ブランドが王国をつくることだ。

1-8-1 自社の価値をいかにユーザーに伝えるか

競合との差異や自社の優位性を伝える

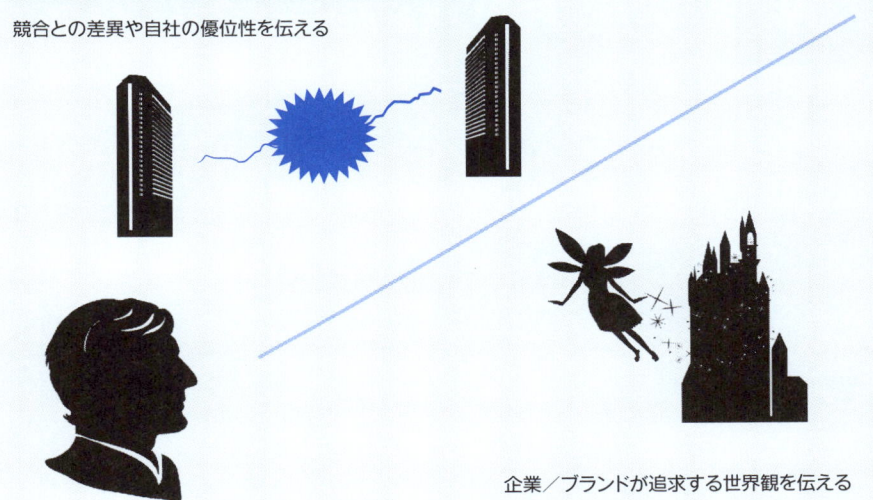

企業／ブランドが追求する世界観を伝える

競合との優位性を打ち出した場合、ユーザーは企業の主張を冷静に判断し、批評する。
一方、世界観の真摯な訴求は、比較という次元を超え、ファンたる受容層を広げることに貢献する。

1-8-2　Web上に生まれたナイキ 走りの王国

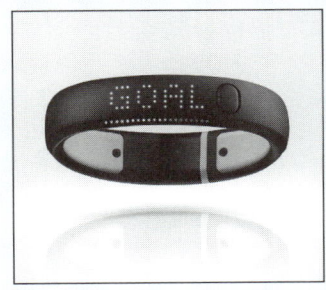

https://secure-nikeplus.nike.com/plus/

ウェアラブルデバイスであるFuelband SE（画像左）を通して、Web上のNIKE＋に情報が送信される。
ログインすれば、消費カロリーや走行距離などのデータがわかるという仕組みだ。
トップページには、世界中のNIKE＋で起きていることがリアルタイムで更新されるという試みも。

09 商品力を超えたメッセージを具現化する

日本でも近年ユニークなカテゴリーから王国が出現した。

健康計測機器メーカーのタニタだ。世界初となる「体脂肪計付ヘルスメーター」を開発した同社だが話題になったのは、その社員食堂のレシピからだ。レシピ本のヒットを受け、実店舗であるタニタ食堂を出店（図1-9-1）。今ではさまざまな異業種とのコラボレーションも広がっている。

タニタには、並んででも食堂に行きたい！と思わせる誘惑の力がある。なぜだろう？彼らの価値観や世界観もまた、シンプルだ。「おいしく健康的なものを食べて、ヘルシーなカラダづくりを。」—私たちは、このタニタという会社を、もはや単なるメーカーとしては見ていない。健康なカラダづくりの王国だ。そして私たちは、この王国の住民になることを望んでいるのだ。

会社というものは、面白い存在である。普通に人が集まって何かをしている以上の、特別なミッションを抱える、特別な意識の人たちの集まりである。タニタからも生真面目に健康を考える姿勢が好ましくにじんでくる。ヘルスメーターは、その価値観のある一部を具現化したツールに過ぎないとさえ感じてしまう。ナイキにとってのシューズが、ある断片に過ぎないと感じるように[1]。

企業やブランドにとっての商品は、ある世界観や価値観からこぼれ出てきた断片で、その奥や背景にある理念や信念、世界観こそ、ひとをワクワクさせるというメカニズムを知ると、さまざまな施策の発想が広がる。

シャンプーブランドが、究極の洗髪サロンを期間限定で出店。

店舗に巨大AR[2]マーカーを設置し、スマフォでキャンペーンを体験。

ビール業界でも、温度にこだわった飲み方、泡が違う飲み方など、実店舗ベースでのプレゼンテーションが、近年話題になっている。

これは、スマフォの普及でオフラインの情報がオンラインに即時にアップされる環境がキーになっている。かつてであれば、メディアの取材は最初の一度のみで、PR換算いくらという試算で終わっていたもの。しかし、今では期間中ずっと個人の体験のフィルターを通し、解像度の高いビジュアルを伴って情報が出続けるのだ。ネット内の話題露出量のベースラインが一定レベルで保てるようになったとみると、現場施策の投資効率が格段に上がったと評価することができる。TVCMの15秒のメッセージでは伝えきれない、ブランドの世界観やおもてなしの本気度が、立体的に、しかも体験的に語られるという好循環が生まれている（図1-9-2）。

---

[1] 成熟した社会では、すべての会社はサービス業だという考え方がある。ユーザーが求めているものは、体験や感動であり、生産されるモノやサービスは、ひとつのアウトプット形態に過ぎないというわけだ

[2] Augmented Realityの略。「拡張現実」を意味し、現実世界に、視覚や触覚で感知できる架空の物体や人物、画像などを浮かび上がらせることによって、空間に新たな情報を付加する技術

1-9-1　タニタのミッションの具現化

▲ブームの火付け役になったレシピ本「体脂肪計タニタの社員食堂」（大和書房刊）ミリオンセラーとなり続編も刊行された。

▲レシピ本から生まれた、東京都千代田区にある丸の内タニタ食堂。タニタ自らが食堂事業として手がけた同店では、美味しく、ヘルシーな食事を一般のお客様に提供している。

1-9-2　街に飛び出したブランド体験

▲アサヒビールでは「氷点下（−2℃〜0℃）のスーパードライ」を体感できるエクストラコールドBARを期間限定で出店。

▲無印良品では「ぜんぶ、無印良品で暮らそう。」キャンペーンの一環として、一部店舗にARマーカーを設置。アプリから読み込むと、その場に木の家が浮かび上がった。

10 Webマーケターが創り出す新しい企業価値

　Webマーケティング講座の入口で、ここまで論じてきたような話に角度を広げた理由を最後に改めて触れておきたい。

　今、あなたは生活者として消費欲をどれほど刺激されているだろうか？ 自由に使っていいお金がたくさんあれば別だが、大雑把に言えば、現実的に欲しいものはそんなに多くないはずだ。

　最近のヒット商品で見るとPCメガネは新しい市場をつくったと言えるだろう。モノのイノベーションがあると、購買意欲は刺激できるという好例だ。しかし、そうでない大多数の商品やサービスは、マーケティングの知恵を投入し続けなければならない。そのためには、OwnedメディアのObservから、Web上での自社の価値観や世界観の提示の仕方をしっかり見出す必要がある。単に製品の特長をわかりやすく伝えるというレベルの作業とは別にだ。

　そのためには自社のビジネスの着眼点、つまりあなたが創業者だったとしたら、一体なにを思ってこのビジネス、この商品で商売しようと思ったかを、さかのぼって考えてほしいのだ。

　そして、その中心にある価値観や世界観と、時代や社会の接点を常に探し続けてほしい。そのときに、表層的なひとの意識や行動だけでなく、深層に潜む人格や願望にも思いを巡らせてほしい。そのうえで、あなたのサイトはどんなサイトなのか、あなたが提供しているのはどんなサービスなのかという話に至る。

　BtoCのWebマーケティングは、あえて直接的な商品のアピールから遠ざけたアプローチが功を奏するケースがある。商品を断片と捉えて、その背後にある世界観そのものでコミュニケーションするというスタンスだ（図1-10-1）。また、現実のフィールドに発火点を仕掛け、Webでその評判をまとめ上げていくという発想もありうる。

　本章の引用事例は、どれもそういった示唆を与えてくれるものだ。未来のCMOたるみなさんには、Webを情報のハブ、ユーザー行動のハブとして捉えて、他の部署の施策の設計にも、Webマーケティングからの視点を事前にも事後にもぜひフィードバックしてほしい。こうすればもっとユーザーの具体的な反応を呼び起こせて、自社の資産となるブランドへの評判を可視化・顕在化できる、と。

　ここまでの話が、技術論や個別知見に入る以降の各講座内容を吸収する「マーケター頭」の下地づくりとしてお役に立てたとしたら幸いである[1]。

[1] さまざまな会社のマーケターが横同士でつながり合う機会も増えている。ぜひ積極的に参加して対話を交わしてほしい。このカタチのない仕事に取り組むうえでの勇気やプライドが得られるからだ

1-10-1　マーケターが見つめるべき領域

企業/ブランドの価値観や世界観
自社の原点を形成する、社会に対する
ミッションを、素直に見つめ直してみよう

<収益の還元>
売らないサービス
どうしても具現化したいブランドの理念
（これまで紹介した事例は、これに当たる）

<収益の源泉>
売りたい製品やサービス
ブランドの一部が結晶化したに過ぎないもの

顧客

POEメディアを通して、触れていなかったブランドの根幹に触れることで覚醒。新しいブランドとの関係が生まれる

Webは、オフラインやマスメディアで起こったユーザーとの化学変化もすべて包含し、つなぎとめるハブである。ゆえに、全体を見て評価する視野が必要。

1-10-2　Webマーケティングが包括する領域

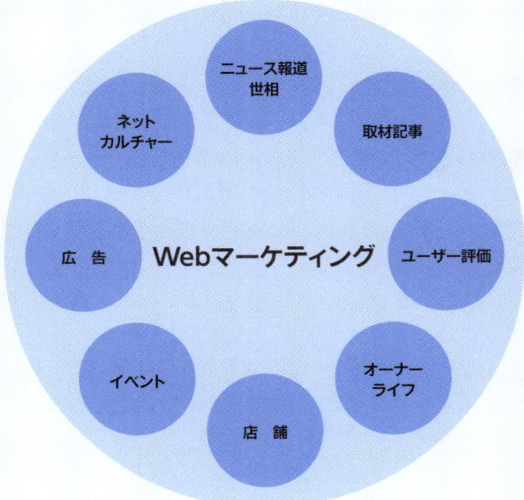

- ニュース報道 世相
- 取材記事
- ユーザー評価
- オーナーライフ
- 店舗
- イベント
- 広告
- ネットカルチャー
- Webマーケティング

どこで起こった、どういう事柄が、自社にとって有益な論調を生むのか？
全方位視野とディープインサイトを備えた分析こそがWebマーケターの真骨頂だ。

ブックガイド

推薦:MarkeZine Academy 事務局

『コトラーのマーケティング・コンセプト』
■著者:フィリップ・コトラー　■監訳:恩藏直人　■発行:東洋経済新報社

マーケティングを体系立て、学問としての形をつくった経営学者コトラー。彼の著書『マーケティング・マネジメント』は刊行後、45年以上経った今も改訂を加え版を重ねている。その重厚で骨太な内容を80のコンセプトに凝縮。入門書の側面も持ちながら、マーケティングの真髄にも触れられる。

『編集者のように考えよう コンテンツマーケティング27の極意』
■著者:レベッカ・リーブ　翻訳:郡司晶子ほか　■発行:翔泳社

これからのマーケティングに必要なのは、編集者のような思考であると説き、そのために必要な知識やテクニックなどを網羅したコンテンツマーケティングの実践書。最終章には、日本のコンテンツマーケティング事例を収録しており、これからはじめる人にまず手に取ってもらいたい一冊。

『経済は感情で動く ―はじめての行動経済学』
■著者:マッテオ・モッテルリーニ　■発行:紀伊國屋書店

人間の心理や感情を経済学に結びつけた新しい学問、行動経済学に関するベストセラー。「価格設定が3つあった場合、消費者は真ん中の価格の商品を選ぶ」など、なるほど!と膝を叩く数々の事例がクイズ形式で紹介されており、BtoCのマーケティングに大きなヒントを与えてくれる。

『創造力を生かす ―アイディアを得る38の方法』
■著者:アレックス・F.オスボーン　■発行:創元社

「ブレインストーミング」の発案者であるオスボーンによる著書。彼が提唱した「オズボーンの法則」は、多くのヒット商品に当てはまり、先入観や固定観念を打ち破るヒントを与えてくれる。マーケティングに特化した本ではないが、アイディアを生み出すため読んでおいて損はない。

『ディズニー こころをつかむ9つの秘密』
■著者:渡邊喜一郎　■発行:ダイヤモンド社

東京ディズニーランドの開業時にマーケティングを担当した著者によって、舞台裏やブランディングの手法が明かされる。まだインターネットのない時代、顧客のこころをつかみ、感動を伝えることに真摯に取り組む姿から、マーケティングの本質にして目指すべきところを改めて気付かされる。

CHAPTER 02

BtoBのWebマーケティング戦略

渥美英紀
Atsumi Hidenori

01 BtoB Webマーケティング戦略の変遷

[1] インターネットなどのネットワークを利用して、商品やサービスの取引を行うことをいう。電子商取引ともいわれる

[2] インターネットと実際の店舗や流通システムを組み合わせたビジネス手法

[3]「ネットからのオーダーは即日納品」「在庫状況をリアルタイムで確認」など、サービスと連携した課題解決手法が開発され、「電子カタログ」「ダイレクトメール（web）」「ウェブセミナー」などの新しい情報発信媒体が続々登場した

[4] 将来、取引や契約が行われる可能性のある見込み客の情報のこと

[5] 見込み客を獲得するための手法

[6] 見込み客を育成し、取引や契約につなげるための手法

　BtoB、すなわちBusiness to Businessの分野においてもWebサイトを活用して積極的なマーケティング活動を行うことは今や当たり前となっている。とはいえ、もともとそうだったわけではない。法人営業においてもWebサイトを活用する顧客が変化し、それに伴ってWebマーケティングに求められる戦略も図 2-1-1 のように変遷してきた。

　1994～1996年頃のインターネット黎明期においては、まだサイトを持っていない企業が大多数であった。一部の企業においてBtoBのためのWebサイトはあったものの、会社概要やアクセスマップなど企業の存在を証明する目的が主であり、マーケティング手法は展示会やダイレクトメール、プレスリリースといった既存の手法がまだまだ強く、Webマーケティングは補完的役割の１つに過ぎなかった。

　1997～2000年頃、インターネットが徐々に普及をはじめると、BtoCにおいてeコマース[1]やクリックアンドモルタル[2]などの活動が活発化し、企業活動にとってインターネットは無視できない存在になる。法人営業においても、製品やアフターフォローの情報を積極的に提示し事業を支援するようにWebサイトの目的が変わり、インターネット独自の特性を利用して新しいモデルを作ろうとする取り組みが活発になってきた。

　2001～2006年頃、ブロードバンド網による本格的なインターネット普及が訪れ、Webサイトを持たない企業はむしろ少数派となる。顧客側から見てもWebサイトが情報収集媒体として第一に利用される媒体となり、最早、軽視することはできなくなった（図 2-1-2）。コンテンツや機能面においても、Webマーケティングならではの課題解決手法や情報発信媒体が登場し[3]、取引先との商談を加速させる役割としてWebサイトが本格的に活用されはじめている。

　2007年以降、さらにインターネットの積極的な活用が進むと、Webから獲得したリード情報[4]を積極的にマネジメントしようという取り組みが活発になり、「リードジェネレーション[5]」や「リードナーチャリング[6]」などのキーワードに注目が集まる。顧客とコミュニケーションをとり、売り上げを上げるための本格的なWebマーケティングが求められる段階に入ったといったらいいだろうか。

　もちろんすべての企業が同じような戦略の変遷を遂げているわけではないが、Webマーケティングの成長の過程が、各企業におけるWebマーケティング戦略の成熟度を測るよい指標となる。過去の先駆者たちの取り組みの変遷は今見ても参考になる点が多いだろう。

2-1-1 BtoBのWebマーケティングの変遷

	1994～1996	1997～2000	2001～2006	2007～
	広報サイト	カタログサイト	課題解決サイト	コミュニケーションサイト
主な目的	企業の存在の証明	製品・サービスの存在証明	・顧客の課題解決 ・商談のきっかけ	中長期的な営業コミュニケーション
主な動向	・企業のWebサイトが登場	・製品・サービスの告知 ・製品・サービスのスペックの確認やアフターフォロー	・ダイレクトメール ・電子カタログ ・Webセミナー ・ビジネスブログ ・顧客DBとの連携	・リードジェネレーション ・リードナーチャリング ・SFAとの連携 ・多言語対応

ユーザーがBtoB分野においてインターネットを使う傾向が強くなるに従い、企業がWebサイトを営業に活用しようという傾向も強くなっていった。

2-1-2 BtoBにおけるユーザーの情報源

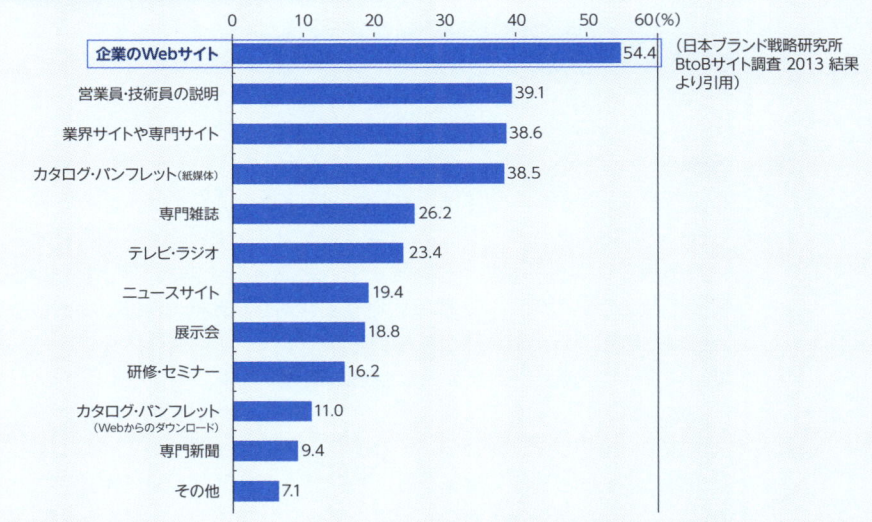

情報源	%
企業のWebサイト	54.4
営業員・技術員の説明	39.1
業界サイトや専門サイト	38.6
カタログ・パンフレット(紙媒体)	38.5
専門雑誌	26.2
テレビ・ラジオ	23.4
ニュースサイト	19.4
展示会	18.8
研修・セミナー	16.2
カタログ・パンフレット(Webからのダウンロード)	11.0
専門新聞	9.4
その他	7.1

(日本ブランド戦略研究所 BtoBサイト調査2013結果より引用)

「企業のWebサイト」を情報収集媒体として利用すると回答した人が最も多く半数を超える。Webサイトがマーケティングの中核になってきたと言える。

02 ターゲットの捉え方

BtoBにおいては一言にターゲットといっても多様だ。大別して4つの視点で整理すると図2-2-1のようになる。

1つ目はRecruit／求職者だ。新卒採用・中途採用・アルバイト募集など、企業に職を求める人である。求職者を集めるだけでなく、求職サイトと提携しその中に専用ページを構築したり、内定者向けの専用SNSを構築したりと独自の戦略を展開している企業もある。

2つ目はIR（Investment Relationship）／投資家だ。株式を公開している企業において、株主報告会を資料つきでライブ中継したり、投資判断のための決算情報を積極的に公開することで新たな株主を集めたりなど、Webサイトを活用した取り組みが積極化している。

3つ目はCSR[1]（Corporate Social Responsibility）／企業の社会的責任だ。元来、情報発信の場がまだまだ少なかったCSRにおいて、Webサイトは新たな情報提供やコミュニケーションの場となっており[2]、今後のさらなる発展が期待されている。

最後はClient／顧客だ。ただし、顧客はより細かく掘り下げ、図2-2-2のように分類する必要がある。まずは今後の売り上げにつなげるための新規顧客（見込客）だ。特に、既存の営業手法の効果が落ちている企業にとって、新たな顧客に対する期待は高い。次に、既存接点顧客。過去にセミナー参加があったり、問い合わせはあったが売り上げとならなかった層。名刺情報から対面の商談までもっていったりなど、商談を加速化・再活性化するためにターゲットにされることも多い。そして、すでに取引のある既存顧客。クロスセル[3]・アップセル[4]を狙うことはもちろん、予算時期を狙ったマーケティング施策を打ったり、会員サイトで囲い込みを行ったりと、今まで人的に行っていた営業活動をWebサイトを活用して効率化する施策を打つことができる。そして、販売活動を支援するパートナー。販売促進のためのデータを提供したり、マニュアルをWebで配布したりといった活用が可能だ。最後にエンドユーザー。販売代理店を通じてしか商品・サービスを販売していない場合は直接エンドユーザーをターゲットとした施策を打つこともできる[5]。

まずはターゲットを整理し、それぞれの課題を明確にしていくことが重要だ。ただし同じ分類にある顧客でも内情は一様でなく、予算獲得状況が異なれば、商談の進展度合いも異なってくる。慎重にターゲットの現状を見極めターゲットごとの課題をはっきりとさせることで、Webマーケティングとして何を遂行するべきかの輪郭が見えてくるのである。

---

[1] 企業が利益を追求するだけではなく、社会的存在として市民や地域や社会全体などのあらゆるステークホルダーに対して果たすべき責任

[2] CSRの情報提供具合を評価したり、企業がスポンサーとなったクリック募金でCSRを支援する第三者サイトも登場している

[3] 購入しようとしている商品の関連商品や組み合わせ商品を提案する販売方法

[4] 購入しようとしている商品と同様で上級な商品を提案する販売方法

[5] FAQを整備してコールセンターへの業務を省力化したり、サプライ品をベストタイミングで提案したりと、エンドユーザーに特化したマーケティング施策も重要度を増している

2-2-1 BtoBにおけるターゲット

ターゲット	Recruit 求職者	IR 投資家	CSR 社会	Client 顧客
主な目的	求職者の獲得	・投資家の獲得 ・投資家の離脱防止	企業の社会的責任への対応告知	・顧客の新規獲得 ・顧客との関係構築
主な対策	・採用情報の提供 ・求職者サイトとの連携	・株主総会の情報提供 ・決算情報の提供	・CSR情報の提供 ・CSR関連の外部サイトと連携	・製品サービスの情報提供 ・顧客の利便性の向上
		・企業情報の情報提供		

ターゲットごとに的確な情報提供を行うためにも、サイトのナビゲーションやサイトの構造そのものについても十分な工夫をする必要がある。

2-2-2 顧客の分類

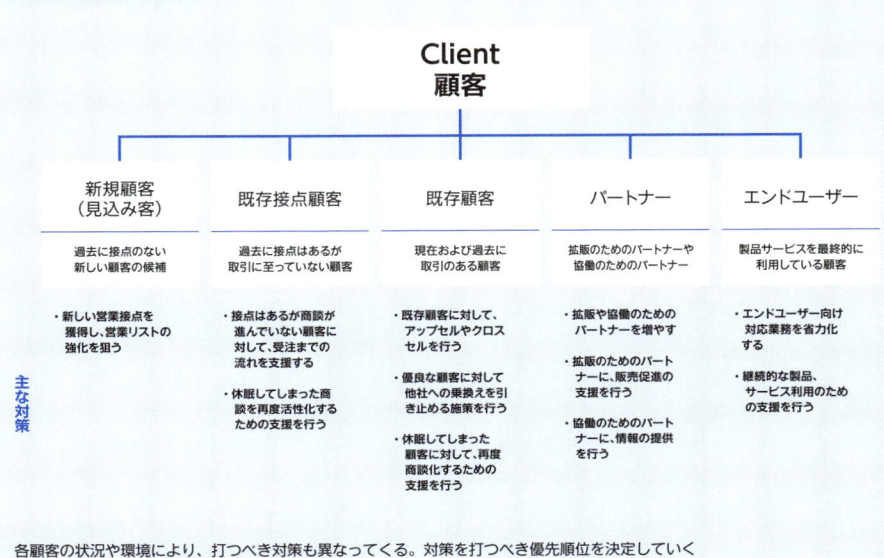

各顧客の状況や環境により、打つべき対策も異なってくる。対策を打つべき優先順位を決定していくため各顧客別に現状を把握することが重要だ。

03 Webマーケティングの目的

プロジェクトによっては「Webサイトのリニューアル」が目的となってしまうことがあるが、本来リニューアルとは手段であって、目的ではない。改めてBtoBのWebマーケティングの本質的な目的について整理してみれば、図2-3-1の2つに大別して考えることができる。

1つはブランディング[1]だ。コーポレート単位からプロダクト単位までさまざまなレベルはあるが、今まではマスメディアが主力であったブランディングにおいて、Webサイトは大きな力を発揮する。認知度の向上、品質や機能の理解促進、企業姿勢のイメージ向上など、成果の測定は比較的あいまいになるが重要な目的の1つである。

もう1つはダイレクトレスポンス[2]の獲得だ。この領域における目的は、シンプルにいえば「営業課題の解決」と言っても過言ではない。全社的に抱えている営業課題については、コーポレートサイトにおいて解決し、プロダクトやサービスごとに抱えている営業課題については各事業サイトにおいて解決を行う。営業課題はほとんどの場合、企業内で一様ではない。商材のリリース時期（新発売／定番商品）、競合相手（多い／少ない）、営業人材（潤沢／少数精鋭）など、取り巻く状況はさまざまであり、すべてを同じ方法論で解決することは難しい。そこで、個々の営業課題を明確にし、Webサイトが担うことができる役割を整理することでWebマーケティングの目的がはっきりとしてくる。

営業課題の解決といった場合、代表的なパターンが図2-3-2だ。新規顧客向け対策は見込み客を集め、新たな顧客を開拓するために施策を行う。Webサイトに集客を行い、資料ダウンロードや問い合わせを促進し、営業担当へリストを提供していく。しかし、営業側に対応できる時間や人材が確保されていなければ、せっかくのリード情報もルート営業[3]や電話問い合わせに優先度を奪われ、後回しにされるケースも多い。営業の対応体制については注意しなければならない。既存接点向け対策では、獲得した名刺情報などからメールマガジンなどを通じてセミナーへの来場を促進する施策などを行う。新規営業に気をとられ、個々の商談を温めたり、再度活性化させることに力点を置いていない企業はまだまだ多く、Webマーケティングが効果を発揮できる領域の1つだ。既存顧客向け対策では、Webを利用して顧客を一律に管理して手間を省いたり、個々人に依存していた営業フォローの品質を一定にするなどの施策を打つ。

いずれにしてもWebマーケティングの活用によって、今までの営業プロセス[4]をどのように変革させるのかが重要な視点となる。

---

[1] 企業が顧客にとって、より価値のあるブランドを構築するための諸活動。認知拡大やイメージ向上などが成果とされる

[2] 購買や資料請求、問い合わせなど、顧客から得られる直接的な反応

[3] すでに取引のある顧客に対して定期的に訪問を行う営業形態

[4] リード情報を獲得してから受注につなげるまでの一連の過程。組織的な営業プロセスもあれば、個人的な営業プロセスもある

2-3-1 BtoBのWebマーケティングにおける目的の整理

	ブランディング	ダイレクトレスポンス
	認知を拡大し、競合との優位性を明示する	営業活動に寄与するための直接的な反応を獲得する
主な目的	・認知度の向上 ・品質や機能の理解促進 ・企業姿勢のイメージ向上　など	・リード情報の獲得 ・商談化の促進 ・既存顧客の活性化　など
成果の測定	認知度調査や顧客満足度調査で行うため比較的あいまいになりがち	・計測がしやすい ・比較的明確になりやすい
プロジェクトの期間	中長期的な施策になりがち	短期的な施策で結果を得やすい

ブランディングとダイレクトレスポンスは、企業の中長期的な発展に向けて、欠かすことのできない両輪といえるだろう。

2-3-2 営業課題別の施策の例

営業課題の解決

	新規顧客対策（見込み客）	既存接点顧客対策	既存顧客対策
よくある課題	・新しい営業先が不足している ・有力な営業先がない	・営業フォローに手が足りない ・放置しているリストがある ・過去の商談結果が未精査	・ルート営業に手間がかかっている ・終了した商談をフォローしていない
施策の例	・リスティング広告による獲得 ・ホワイトペーパー公開によるリード獲得 ・SEO対策によりWebサイトへの流入増強	・メールマガジンによるフォローアップ ・セミナーの開催 ・キャンペーンの実施	・会員サイトを構築 ・顧客データベースの整備
注意点	営業人材が不足している場合、リストが積み上がって対応されない可能性がある	長期間ブランクがある場合反応が出にくく、転職の有無や会社名の変更など精査しなければならない	顧客ごとの取引条件が異なる場合、一律の管理がしにくい

課題を明確にしなければ、集客を行う方法もコンテンツを作る方向性も明確にすることができない。まずは営業組織や営業プロセスの現状把握を行うべきだ。

04 法人の意思決定プロセス

法人では多くの場合、複数人によって意思決定がなされている。はじめは個人的なアプローチだったとしても、社内に理解されるプロセスを経て、多かれ少なかれ稟議[1]を経由し、一定の合意のもと発注が行なわれるのが一般的だ。そのため、単純に個人に向けたアプローチやSEOだけでは効果的とは言えない。法人の意思決定のプロセスを踏まえた上で、その特性に合わせた作戦が必要になってくる。

より具体的に挙げると図2-4-1の5つのステップだ。まずは「社内議論・戦略策定」のフェーズ。旗振り役の人が社内で議論を起こし、来期の戦略策定の項目に上がるという段階だ。この時点では予算も社内合意もしっかりとは決まっていない。次に「案件定義・基本計画」のフェーズだ。議論に上がったテーマについて、具体的に案件の定義をしていき、実行できるレベルの計画まで落としていく段階である。この2つのフェーズが、社内での予算が意思決定される上流工程となる。この上流工程に営業が入り込むことができれば、コンサルティング営業[2]を行うことができるのでWebマーケティングに大きな成果を期待するなら、ここを無視はできない。上流工程での商談の特徴は、課題が明確になっておらず、商品も具体的に検討していないケースが多いことだ[3]。企業の予算取りに関われるメリットがある分、商談期間が長く、不確定要素も多いというデメリットもある。

さらに法人内で意思決定が進んでくると実行担当が決まり、「業者情報収集・コンタクト」のフェーズに入る。この段階では、担当者が検索エンジンを使い、具体的なキーワードで業者を探し、コンタクトをとり、資料請求や問い合わせを行う。さらに「提案評価・業者選定」のフェーズで、集めた資料や提案を社内で回覧し意思決定していき、最後に「社内調整・業者決定」を行い、発注に向けた準備がすべて整う。これら3つのフェーズが決められた予算を適切に配分したり、遂行したりする意思決定の下流工程だ。下流工程での商談の特徴は、課題がある程度明確化されており、検討している商品や納期、性能の要求が具体的になりつつあることだ。一見下流工程を狙ったほうが効率的に思えるが、業者選定段階に入っているため、他社のサイトも閲覧し、おそらく同じような問い合わせを競合相手にも投げている。商談期間が短いというメリットがある反面、コンペ型営業[4]になるケースが多く、価格競争が起こりやすいというデメリットもある。

現状の自社の製品特性や営業戦略に合わせ、Webマーケティングにおいて上流工程／下流工程をいかに狙い分けるかを見極め、コンテンツや問い合わせ窓口を配置しなければならない。（図2-4-2）

[1] 関係者に回覧して承認を得る手法。稟議のための資料を稟議書といい、法人営業においては稟議書に添付しやすい簡潔な資料をダウンロードできるようにするなどの作戦を取るケースもある

[2] 商材ありきで売り込むのではなく、顧客が抱えている課題への解決方法を提供しようとする営業方法。顧客企業の戦略決定や予算決定に参画することができる

[3] 上流工程では、問い合わせ窓口として、セミナー申し込みや診断といった「課題の明確化」に焦点を当てたものが好まれやすい

[4] competition（コンペティション）の略。顧客の要件に適合する商品やサービスを揃えたり、見積もり価格を提案して、他社と競合しながら案件の獲得を目指す

2-4-1 法人の意思決定プロセス

法人の意思決定プロセス	意思決定の段階	商談の傾向	営業の基本方針
社内議論・戦略策定 案件定義・基本計画	案件となるまでの 上流工程段階	商談期間が長く、不確定要素も多い	一旦、リード情報を獲得し、顧客を育成。戦略策定時期にあわせたコンサルティング提案を行う
業者情報収集・コンタクト 提案評価・業者選定 社内調整・業者決定	取引先の選定を行う 下流工程段階	商談期間は短いが、競合との価格競争になりがち	商品選定場面に数多く遭遇し、選定に残るための営業が必要。受注ができた後には、次期意思決定プロセスでの上流工程段階からの営業を目指す

顧客が戦略を決めようとする「上流工程」、戦術を決めようとする「下流工程」それぞれに合わせた施策やコンテンツを選択し、一貫性のあるシナリオが重要。

2-4-2 意思決定プロセスに合わせたWebマーケティング施策の設計例

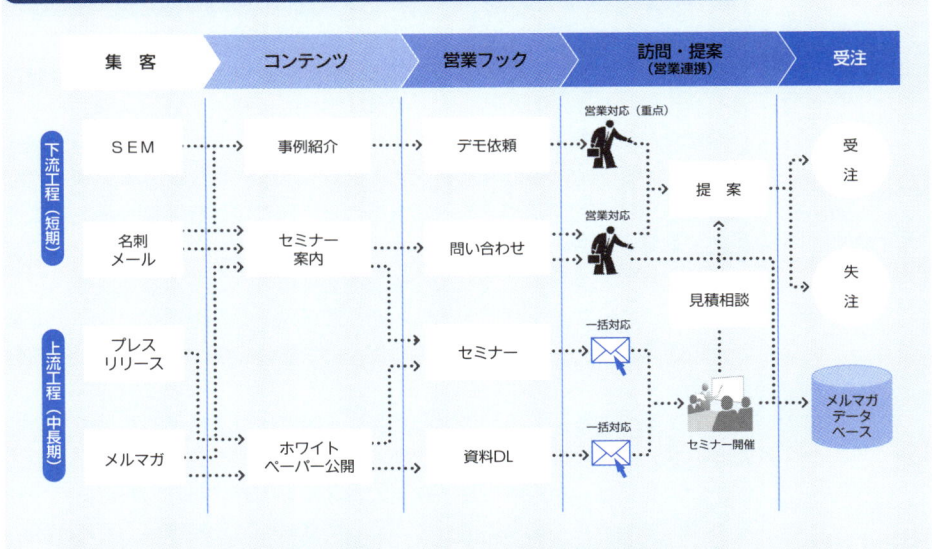

	集客	コンテンツ	営業フック	訪問・提案（営業連携）	受注
下流工程（短期）	SEM	事例紹介	デモ依頼	営業対応（重点） → 提案	受注
下流工程（短期）	名刺メール	セミナー案内	問い合わせ	営業対応 見積相談	失注
上流工程（中長期）	プレスリリース		セミナー	一括対応 セミナー開催	メルマガデータベース
上流工程（中長期）	メルマガ	ホワイトペーパー公開	資料DL	一括対応	

上流工程・下流工程それぞれのニーズを意識したWebマーケティング施策の設計例。集客方法から受注までを一貫したシナリオに落とし込んでいる。

05 戦略の立案

BtoBのWebマーケティングにおける基本的な戦略の枠組みとは、ターゲットと自社の営業課題を明確にし、Webを使った施策が活躍できるポイントを見定め、従来の営業プロセスをそれらを組み込んだものに改変していくことである。そこではコーポレートサイトレベルと事業部サイトレベルとで役割分担を考えなければならない。これをおろそかにすると、重複して業務を行い無駄や不足が出てしまう可能性がある。漏れや無駄のない役割分担を目指すべきであろう。

コーポレートサイトの主な役割は、図2-5-1の8つに分類することができる。ひとつひとつ見ていこう。1.個別の事業ではできないブランディングは、会社としての信頼や競合優位性をロゴや社名を通じて浸透させる役割である。2.事業部を越える集客は、社名を使っての大規模なプレスリリース[1]やドメインに対するSEOなど、事業部の壁を越えた集客を行っていくことだ。3.事業部を越えるコンテンツでは、横断的な事例や先駆的な研究開発など、個々の事業ではできないコンテンツを拡充していく。4.適切な事業へのナビゲーションは、目的を持ってコーポレートサイトに訪れた顧客を適切なコンテンツへと導くための検索システムやサイト構造を実現する役割である。5.事業部間の回遊率向上は関連事業部を結びつけ、クロスセルを実現することが目的となる。6.全社的な顧客の囲い込みでは、企業メルマガを発行したり、顧客DBを構築したりと統合的な顧客基盤を作っていく。7.ルールの統一は、デザインガイドライン[2]や各種ポリシーの策定など、企業として逸脱してはいけない領域を定義する。8.営業部門では持たない機能とは、IR、CSR、Recruitなどを担当する事業部[3]が、営業・販売部門や関連サイトと連携をとり、個々の戦略を陰から支援することである。これらの8つの役割を通じて、コーポレートサイトでは各事業部を営業面で支援しつつ、統一性のある戦略を実現できる土台を作り上げていく。ここでは、サイトの構造にも注目する必要があるだろう。事業ごとに実現したい対策が異なるのであれば、図2-5-2のようにサイトも分化していく必要がある[4]。

一方、事業部サイトでは各事業部の営業課題に深く根ざした戦略が必要だ。Webサイトを新規に構築するならば、そこにいかに集客し、どんなコンテンツを見せ、どの窓口から営業につながる足跡を得るのかという作戦を戦略に合致させて綿密に練り上げる必要がある。各営業部門で対応すべき課題が明確になり、全社的な課題と事業部別の課題に切り分けられ、各々に対策が遂行されるようであれば、それは理想的な姿といえるだろう。

【1】情報発信元の企業による、プレス(報道機関、マスコミ、マスメディア)向けの公式発表。受け取ったプレスが、それを掲載したり、記事を書いたりすることで情報が周知されることを主な目的とする。

【2】企業やブランドのロゴに関する利用規約や、デザインの配色ルール(コーポレートカラー)など、デザイン全般に関する指針。企業が対外的にアピールしたいイメージやコンセプト、ポリシーなどをもとに定められる

【3】一般的な企業では、Recruitは人事部、IRは専任部署または広報部・財務部、CSRは専任部署または法務部が統括していることが多い

【4】新規向け／既存向けなど、事業内でも狙うべきターゲットによってサイトを分化させることで、さらに特化した施策を打ちやすくなる

2-5-1　コーポレートサイトの8つの役割

コーポレートサイトの役割	活動内容や掲載事項の具体例
1. 個別の事業ではできないブランディング	・ロゴ、社名の浸透 ・社長のメッセージ ・企業理念の掲載
2. 事業部を越える集客	・社名を使っての大規模なプレスリリース ・ディレクトリサイト登録などのドメインに対する基本的なSEO ・曖昧なキーワードや社名検索の受け皿
3. 事業部を越えるコンテンツ	・横断的な事例や事業の枠に当てはまらない先駆的な研究開発 ・全体の用語集やFAQ ・報道履歴やアワードなどの受賞履歴の掲載
4. 適切な事業へのナビゲーション	・サイト内検索システムの構築 ・サイト構造の最適化 ・トップバナーゾーンを使った旬の商品、サービスのアピール
5. 事業部間の回遊率向上	・リード情報の受け渡し ・社内リンクの整備 ・事業部間をつなぐポータルサイトとしての役割
6. 全社的な顧客の囲い込み	・企業のメールマガジンの発行 ・顧客データベースを構築 ・展示会やセミナーでの名刺情報の管理
7. ルールの統一	・デザインガイドラインの策定 ・サイトポリシー、個人情報保護方針、免責事項の策定 ・企業としてのルールや統一表記を作成
8. 営業部門が持たない機能 の補完	・Recruit(求人)情報の掲載 ・IR情報の開示 ・CSR活動とその報告

コーポレートサイトに力があると、個々の事業部での成功は全社的に蓄積していく。逆に力が不足ならば、会社全体としての顧客基盤としては蓄積されにくい。

2-5-2　サイト構造の例

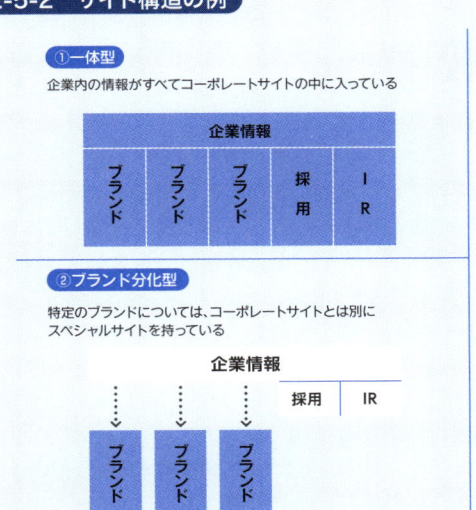

①一体型
企業内の情報がすべてコーポレートサイトの中に入っている

②ブランド分化型
特定のブランドについては、コーポレートサイトとは別にスペシャルサイトを持っている

③ターゲット分化型
コーポレートやブランドの枠組みにとらわれず、ターゲットに合わせてサイトを作っている

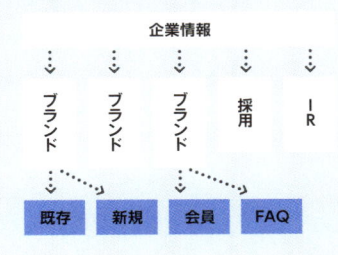

コーポレートサイトといっても、すべての情報を同じ傘の中に入れなければならないわけではない。ブランドのみを独立したサイトにしたりするケースもある。

06 集客プランニング

[1] 知りたい、欲しいなど何かしらの需要が検索を生み出しているとの理解から検索回数のことをこう表現する場合がある

[2] リスティング広告や検索ポータルサイトに表示されるディスプレイ広告など

　BtoBの集客を計画するには、図2-6-1のステップで考えるとよいだろう。まずは自分たちの集客数、リード獲得数を明らかにし、どのレベルまで数値を上昇させたいのか、目標を設定する。現状と目標の差が分かれば、どの施策によってどの程度差を縮めることができるかを推算できる。数値で具体的に考えることによって、施策の評価がしやすくなるのだ。次に、Webサイトに対して行う施策が適切かどうかを知る必要がある。このとき検索エンジンからの流入数がひとつの参考になるだろう。例えば商材、サービスをあらわすキーワードに10,000回／月の検索需要[1]があるとして、検索エンジン広告[2]でCTR5％を実現できれば500回／月の訪問を獲得できる。さらに1％程度のCVRがあれば、5件／月のCVを獲得できるポテンシャルが今のWebサイトにあるということだ。もしそれ以上のCV数を目指しているのであれば、検索エンジンからの集客だけでは不足しているので、どんなにSEOを行なったとしても目標に近づくことはないと分かる。もちろん商材やサービスがニッチで、そもそもの検索需要が少ないケースもあるだろう。その場合、業界サイトに広告を出稿したり、メールマガジンで集客を行う方法もある。まずは目標に対して、Webサイトのポテンシャルを計ることと施策ごとの適切な評価が必要だ。

　次のステップは自分たちの持っている集客のための資産を洗い直すことである。今までの営業活動に付随してきた社内の営業資産を見直すことで、集客として活用できる施策を洗い出す（図2-6-2）。さらに、社外に目を向ければ、専門誌（専門紙）などのプレス媒体と良好な関係が築けていればプレスリリースの掲載やタイアップ記事の出稿に有利に働き、そこから新たなリード獲得につながることもあるだろうし、また補完的な商品を持つ有力な企業があれば、共催セミナーを通じて、顧客データを相互活用する方法もある。集客にあたり実現できそうなマーケティング施策をラインナップし、それぞれに対してどのくらい期待値をもつことができるのかをまずは明らかにするのだ。

　その後、Webのポテンシャルと営業資産の合計が目標とどれだけ乖離しているか検証を行い、必要な施策を策定し、実行する。明らかにリソースが足りなければ、目標を下げるか、新たなリソースを獲得するための予算や人員を確保する必要があるだろう。ひとつの施策の実行が終わってもそこで手を止めず、今までチャレンジしていない施策が現状よりも期待値が高ければ実験を行い、よりよい施策群にブラッシュアップしていくことで集客のPDCAを回すことができる。

2-6-1 集客の検討ステップ

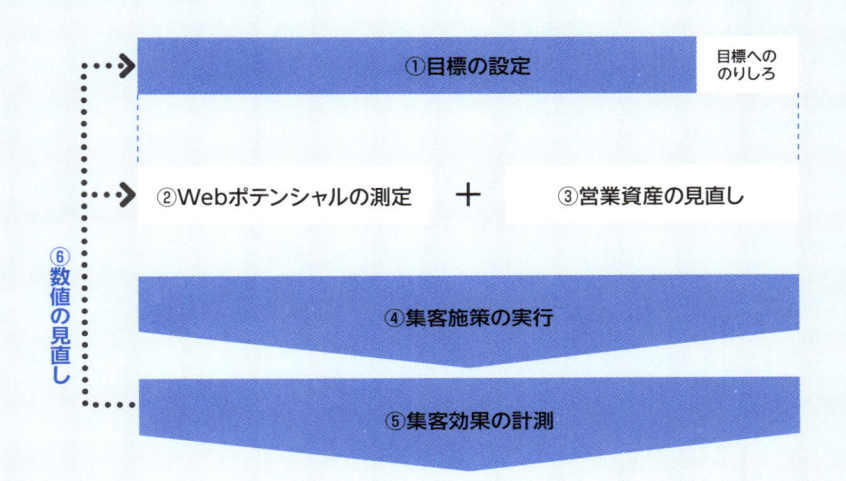

- ① 目標の設定 — 目標へののりしろ
- ② Webポテンシャルの測定 ＋ ③ 営業資産の見直し
- ④ 集客施策の実行
- ⑤ 集客効果の計測
- ⑥ 数値の見直し

目標からWebマーケティングへの期待値を逆算するのではなく、現状のポテンシャルから目標を決めることが望ましい。

2-6-2 営業資産の見直し項目

部門内		社内	社外
・各営業担当の名刺	・展示会の参加者リスト	・全社メルマガの配信先	・専門誌への出稿
・セミナー参加者リスト	・ダイレクトメールの送付先	・プレスリリースリスト	・展示会への出展
・過去の問い合わせ	・メルマガの配信先	・関連商品の既存顧客リスト	・補完商材との共催セミナー

営業資産を見直すことで、見落としているリード情報を洗い直す。各営業担当の名刺などは適切なメールフォローがされておらず、そのままになっていることも多い。

07 コンテンツプランニング

【1】今まで紙によるカタログが主流であったが、電子カタログも徐々に浸透してきている

【2】営業提案の効率化と品質の安定を目指して作られた定型の提案書。事前に作られたものなので、これだけでは個々の顧客の課題に合わせた提案書になっていないことが多い

　すでにすばらしいWebサイトができ上がっており、CVRが高い状態をキープできているのであれば、集客施策を打つだけで営業力強化は実現できるかもしれない。逆の状態で集客施策を打っても、無駄な集客になってしまうばかりか、最悪の場合、「コンテンツが乏しい」「魅力的な商品ではない」というマイナスの印象を与えてしまう可能性すらある。そのため、コンテンツを充実させるということは中長期的に見ても非常に重要であるといえよう。

　コンテンツを企画する上で、その情報ソースとなる営業資産の見直しを行うことは重要だ。多くの場合、カタログ[1]や定型提案書[2]がメインの情報ソースになることが多い。しかし、Webサイトをよく見てから問い合わせをしてきた顧客にとって、それらは既知の情報になる。営業担当が再び同じ情報ソースで提案を行えば、営業力の弱い企業だと思われかねない。カタログや提案書をWebサイトの情報ソースにする場合は、それ以上の個別的で具体的な商談ができることが前提となる。Webサイトへ情報を露出しすぎることによって、現場営業がやりにくくならないように細心の注意が必要だ。

　法人営業におけるコンテンツは「商品力」と「営業力」の2つの要素に分けて考えるとよい（図2-7-1）。商品力コンテンツとは、商品そのものが持っている力で、スペック・機能性、品質・安定性、価格・経済性、専門性・先駆性、サポート・継続性の5つが代表的だ。商品力は開発や仕様が確定してからは変更することはできないのでそれ以上の魅力を見せるためには営業力を付加する必要がある。営業力コンテンツとは図2-7-2に挙げた、事例、実績、人物、データ、ノウハウといった情報だ。その商品をどんな形で提供し、どんな課題を解決した実績があり、それらがどんな人物やデータ、ノウハウに裏付けられているのかによって商品の力を超えるメッセージが伝わるのだ。

　たとえば「事例」だけをとってみても、実際に自社で実験を行い詳細のデータがわかる事例にすることもできるし、ケーススタディとして想定ケースを掲載するタイプの事例もある。仮に大企業だけの事例を公開すれば大企業ばかりをターゲットにしているという印象を与えるし、中小企業ばかりの事例にすればそこがメインターゲットだという印象になる。情報は「あればよい」というわけではなく、伝えたいメッセージが的確に伝わる文脈になっていなくてはならない。さまざまなコンテンツを駆使して、商品力を超えるメッセージが相手に伝わることが大切だ。

2-7-1　コンテンツの分類

商品力 ＋ **営業力**

商品力：
・スペック・機能性
・品質・安定性
・価格・経済性
・専門性・先駆性
・サポート・継続性

営業力：
・事例
・実績
・人物
・データ
・ノウハウ

商品力だけでアピールをしても、それ以上の魅力は伝わらない。営業力のコンテンツを拡充することで、商品力を超えるメッセージができ上がる。

2-7-2　営業力コンテンツの例

大分類	項目	内容
事例	顧客事例	顧客のロゴを掲載し、企業との取引そのものをアピールする
	社名伏せ事例	顧客名を伏せる代わりに改善前後のデータなどをアピールする
	社内事例	社内で実際に実践した内容の詳細をレポーティングする
	ケーススタディ	よくあるケースになぞらえて、商品サービスの活用パターンをアピールする
人物	技術者紹介	開発を行った技術者にフォーカスをしてこだわりや技術レベルの高さをアピールする
	コンサルタント・営業紹介	コンサルタントや実際に訪問をする営業を紹介し、顔を売る
	ビジネスブログ	ブログ形式で業界のニュースや専門知識の解説などを行う
	社長メッセージ	社長からのメッセージ。動画で配信されるケースも
実績	外部評価	外部団体からの受賞・表彰・取材歴などをアピールする
	実績一覧	実績を一覧にし、多くの案件を実行している点をアピールする
	実績数値化	実績総数や内訳を数値化し、コンパクトなメッセージで実績を伝える
データ	マーケティングリサーチ	商品開発時などに実施したマーケティングリサーチの一部を公開する
	ネットリサーチ	特定の業界に関連するリサーチを自らとり、ホワイトペーパーとして公開する
	実地型リサーチ	顧客満足度調査、顧客への販売実績など自分たちで集計したデータを公開する
ノウハウ	方法論	商品情報ではなく、商品の提供方法など自社で培った方法論を公開する
	オンラインセミナー	実際のセミナーを撮影したり、オンライン特別のセミナーを録画・公開する
	技術紹介	専門技術について解説を行ったり、独自技術の紹介を行う
	用語解説	難解な用語や業界専門用語を解説し、特化した業界への強さをアピールする
	よくある質問	質問をたくさん掲載することで、顧客フォローの経験値をアピールする
	小冊子公開	営業上活用している小冊子を公開する

営業力コンテンツは見せ方によってさまざまな演出ができる。適切な表現方法を考えることもコンテンツ企画において重要だ。

08 問い合わせ窓口の設計

ほとんどの企業がWebサイト上に、問い合わせの窓口を設置している。しかし、その設計まで熟慮されているケースはまだまだ少ない。サイト上に「問い合わせ」窓口をひとつだけ置くに留まっているのが現状だ。

優れたサイトでは、資料ダウンロードのような見込み客が気軽にアクションできる窓口と、見積もり依頼のような緊急で具体的な対応を要する窓口を並列で掲載している。これは、問い合わせ窓口を分化することで、顧客の意思決定プロセスのどんな段階でも受け入れられる状態にすることが目的となる。顧客側から見れば「問い合わせ」という言葉だけでは「何がわかるのか」が判別つきにくい。しかし、各々の問い合わせラインナップが一覧となっていれば、瞬時にどんな問い合わせが可能かを理解できる。通常の問い合わせ窓口から来た顧客にいきなり予算を聞いても返答は期待できないが、「見積もり依頼窓口」ならば予算に関する情報も探りやすい。窓口が分化されていれば、各フォームで聞くことができる内容がより詳細になり、後の営業対応がしやすくなる利点もあるのだ。

そのためにもまずは問い合わせを受け付けることのできるラインナップを自社内で洗い出すことが重要だろう。図2-8-1では、窓口の参考例を一覧にした[1]。価格をWebサイト上では公開できない業界や企業であっても、「価格問い合わせ」を設け、企業名を確認したあとに価格を開示するなどの方法もあるし、テスト機[2]の貸し出しを行なっている会社ならば、専用の窓口を作ってもいいだろう。既存の営業コンテンツを工夫することで、問い合わせによってメリットがあるように見せることも可能だ[3]。

さらに、問い合わせ後の対応についても社内での目配りを忘れてはならない。営業がランク分けを行いやすいように、設問項目をよく検討し、対応基準を明確にしておく必要がある。例えば、「具体的な価格の問い合わせに対しては○日以内に返答する」などといったことはもちろん、返信メールだけでなく電話でもフォローするなど、重層的な対応も可能にしておくことが望ましい。また、資料ダウンロードなどのゆるやかな見込み客に対しては、次回セミナーへ優先的に招待を行い、対面での営業の糸口をつかむような中長期的営業施策についても対応基準を明確にしておいたほうがよい。

顧客のWebサイト上での行動は一様ではない（図2-8-2）。企業側から見て作りやすい問い合わせ窓口を作るのではなく、顧客にとって利便性の高い窓口を設計する必要があるのだ。

---

[1] これら以外にも、メールやフォームだけでなく、電話での問い合わせ窓口も設置しておくことが望ましい

[2] 製品導入を検討している顧客に納入環境が合うかを事前確認するための機器。高額製品などではよく行われる営業プロセス

[3] 事例をすべてWebサイト上には公開せず、問い合わせを受けてからのみ提供する詳細の事例集を作るなどの手法がある

2-8-1　問い合わせ窓口の例

分類	窓口	内容
資料提供	総合カタログ	総合カタログを郵送やデータで提供する
資料提供	パンフレット	個別商品のパンフレットを郵送やデータで提供する
資料提供	営業提案書	定型の提案書をダウンロードできるようにする
資料提供	小冊子提供	特別なテーマに絞った小冊子を提供する
資料提供	仕様例・構成例	サーバーやシステムの会社規模に合わせた仕様や構成の例を提供する
資料提供	実務用資料	FAX送信状や法務関連の基本表記などよく使う実務関連資料を提供する
資料提供	分析データ	開発段階での実験データやアプリケーションデータなどを提供する
資料提供	パートナー向け資料	パートナーになるための資料を提供する
資料提供	開発者支援ツール・データ	自社製品を使う開発者に向けてツールやデータを提供する
資料提供	提案支援ツール・データ	販売支援をしている会社に向け、提案に必要なツールやデータを提供する
資料提供	簡易診断	フォームから必要項目を入力するだけの簡単なビジネス診断を行う
個別対応	資料請求	資料の請求を受け付ける
個別対応	相談会	無料相談会や法務相談など専門性の高い相談を個別で受け付ける
個別対応	デモ依頼	商品やサービスのデモンストレーションの依頼を受け付ける
個別対応	見積依頼	見積もりに必要な情報をもらい、見積もり依頼を受け付ける
個別対応	テスト機貸し出し	テスト機の貸し出しを受け付ける
個別対応	サンプル・試用	商品のサンプルを提供したり、サービスのお試しを受け付ける
個別対応	問い合わせ	あらゆる問い合わせを受け付ける
参加対応	セミナー申込み	セミナーへの参加を受け付ける
参加対応	デモ会	ショールームなど当会場を前提としたデモを受け付ける
参加対応	視察申込み	工場内などの視察を受け付ける
参加対応	メルマガ登録	メールマガジンへの登録を受け付ける
参加対応	会員登録	会員サイトへの登録を受け付ける

問い合わせといっても、さまざまな窓口を設置することができる。窓口のラインナップを増やせば、それだけ柔軟に顧客の要望に応える印象にもなりやすい。

2-8-2　サイト閲覧後にとった行動

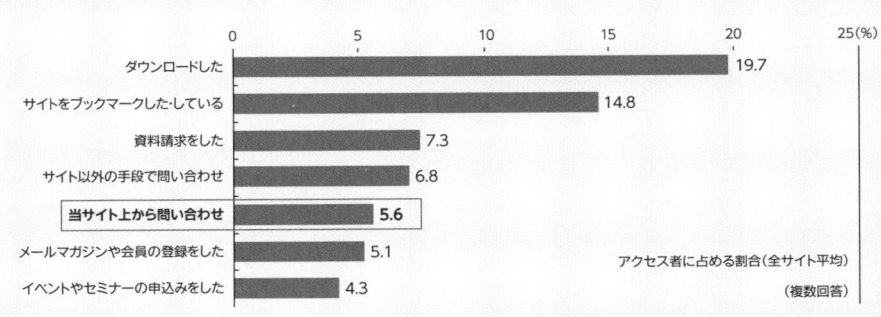

行動	割合(%)
ダウンロードした	19.7
サイトをブックマークした・している	14.8
資料請求をした	7.3
サイト以外の手段で問い合わせ	6.8
当サイト上から問い合わせ	5.6
メールマガジンや会員の登録をした	5.1
イベントやセミナーの申込みをした	4.3

アクセス者に占める割合(全サイト平均)
(複数回答)

(日本ブランド戦略研究所「BtoBサイト調査2013結果」より引用)

問い合わせは顧客が起こす行動のひとつでしかない。電話やメールなどあらゆる可能性に備えて、窓口を設置しなければ機会ロスを生んでしまう可能性がある。

09 Webマーケティングと営業との連携

BtoBのWebマーケティングにおいて、営業部門とマーケティング部門との連携は欠かすことができない。

注意したい点はWebマーケティング施策がうまくいけば「問い合わせが増える」ということだ。増えた問い合わせに対して、人員的な増強、もしくは営業の省力化を行わなければ、顧客対応に無理が生じる。顧客対応がおろそかになれば、連絡対応が遅くなったり、提案に十分な時間を割けなくなったりすることは必須だ。最悪の場合、問い合わせが長時間放置されクレームに発展するケースもある。つまり「問い合わせの強化」と「営業部門の人員の強化」もしくは「営業の省力化」は同時に検討しなければならないのだ。しかし、一時的に営業人員が増加したとしても、中長期的に見て営業部門が無理なくまわる方向性でなければ、良質な営業をキープすることは難しい。結局のところ、営業の省力化はWebマーケティングを遂行する上で常に念頭に置いておかなければならない。

営業の省力化とは、「リードの質が上がる」[1]「ヒント情報がリッチになる」[2]「対応しなくてよいリストが増える」[3]に整理することができる（図2-9-1）。これらが実現することで、息の長いBtoBのWebマーケティングが継続できる仕組みになるのだ。

さらに、Webマーケティングにおいてリアル営業施策との連携は欠かすことはできない。展示会、コールセンター[4]、セミナー、DM、個別電話、個別メール、個別訪問など、通常行っているマーケティング施策とWebマーケティング施策とが連動して動くことが肝心だ。Webとリアルの連携は2つの方向性がある。それぞれを図2-9-2にまとめた。1つは、リード情報獲得にWebを活用し、リアル営業施策によってリード情報をリッチにして、商談化に持って行くという方法だ。例えば、ホワイトペーパー[5]をWebサイトで公開し、ダウンロードしてもらうことでリード情報を獲得、そのうち有力な企業へは個別での電話を通じて、詳細を説明するセミナーへ招待するなどの方法がある。一方、対面でリード情報を獲得した後にWebを活用し、効率的に営業をして商談を加速させる方法もある[6]。リアル営業の前後双方からWebをどう活用していくかを考えなければならない。

これらの施策は多かれ少なかれ部門が分かれていたり、多人数による運営が行われているため、重複して対策を行ってしまうなど非効率が生まれやすい。営業施策に関する情報が一箇所に集まり、各々が連携を意識して行動できる情報管理も重要になるだろう。

---

[1] あいまいな問い合わせが価格の問い合わせになれば、リードの質は高まったといえる

[2] ヒントとなる予算や決定権を持つキーマン、納期などの情報が豊富であれば、的確な営業優先順位をつけ、効率的なアクションを起こすことができる

[3] 資料ダウンロードなどの緊急を要さない営業リストに関しては、他部門からメールマガジンで一括フォローを行うなど、顧客のランク分けによる業務の切り分けなど

[4] 電話問い合わせなどの対応業務を受け付ける拠点。顧客との対話を重視し、コールセンターではなくコンタクトセンターと呼ぶ場合も

[5] 公開報告書一般のことをまとめてホワイトペーパー（白書）という

[6] 例えば、展示会訪問者に対して、特別なURLを配布し、展示会で開催したセミナーの見ることのできなかったセッションを公開するなどの方法が考えられる

2-9-1 営業の省力化

	リードの質が 上がる	ヒント情報が リッチになる	対応しなくてよい リストが増える
施策の例	・有力な広告媒体に出稿し、コンバージョンを得る ・確度が高い問い合わせ窓口を経由して問い合わせが来る	・問い合わせ時の設問への回答が増える ・予算・キーマン・ニーズ・検討時期といった重要情報が事前にある	・資料請求レベルの対応は一括で行う ・商談が進まない案件はメールマガジンで一括対応を行う

受注の最終アンカーを営業担当が担っているならば、Webマーケティングの成功に伴い、営業部門が省力化される営業プロセスに変えていかなければならない。

2-9-2 リアル施策との連携

展示会後の展開

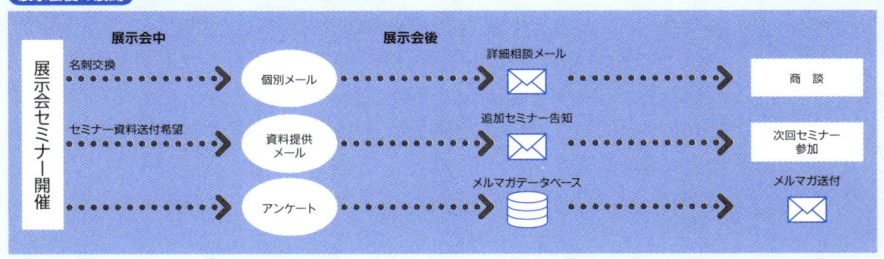

展示会セミナー開催

展示会中：
- 名刺交換 → 個別メール
- セミナー資料送付希望 → 資料提供メール
- アンケート

展示会後：
- 詳細相談メール → 商談
- 追加セミナー告知 → 次回セミナー参加
- メルマガデータベース → メルマガ送付

セミナー前後の展開

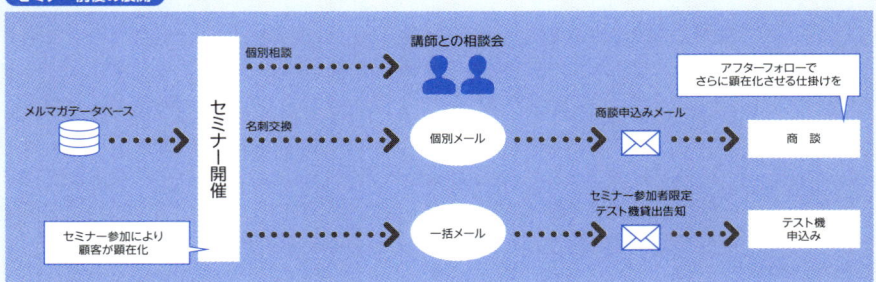

- メルマガデータベース → セミナー開催
- セミナー参加により顧客が顕在化

セミナー開催後：
- 個別相談 → 講師との相談会
- 名刺交換 → 個別メール → 商談申込みメール → 商談
- 一括メール → セミナー参加者限定テスト機貸出告知 → テスト機申込み

アフターフォローでさらに顕在化させる仕掛けを

展示会やセミナーといったリアル施策とWebマーケティングを組み合わせた例。営業ランク付けを行うと、後の営業フォローで優先順位をつけやすい。

10 効果測定のポイント

Webマーケティングにおいて効果測定は欠かすことはできない。実施した個々の施策の成功可否を判断するだけではなく、プロジェクト全体を評価し、次回の予算獲得につなげるためにも必須であるといえよう。ただし、BtoBの場合、効果測定には3つの留意点がある。

1つ目は、部門を越えて成果が成し遂げられるということだ。リードを獲得し、営業訪問し、納品し、売上が立つまでには複数の部門を経由する。しかも、最も重要な成果である受注金額はWeb部門とは異なる部門で測定されることが多い。つまり、データ収集そのものが難しく、分析がWebサイトだけでは完結できないということだ。その中で、広告効果分析、サイト内のボトルネック分析[1]、営業分析、顧客データベース分析など、施策を評価するための分析を行わなければならない難しさがある（図2-10-1）。

2つ目は、リードタイム[2]が長いということだ。はじめてアドレスを獲得してから、営業訪問や提案を経て、受注が決まるまでに2年かかってしまうケースすらある。すべての営業プロセスの完了を待つことはできないため、この場合「中間指標」を明確にする[3]ことが重要になる（図2-10-2）。また、中間指標をどのくらいの時間で区切るのか、ということも重要だ。商材によって適切な分析期間は変わるだろうが、施策を立案し予算を回していくことを考えれば少なくとも半年おきにモニタリングできる体制はとるべきだろう。

3つ目は、Webマーケティングには無駄な数字が多く混じりこみやすいということだ。データの収集がしにくい一方で、Webのアクセスログは、たくさんの数字[4]をとることができる。しかし、数字が多すぎれば数値計測に手間がかかり、無駄な数字に惑わされる可能性も高くなる。分析したつもりにはなるが、結局重要な意思決定の参考にならないのでは意味がない。自分たちが測定できるKPIの中で、経営に直結する数字と「売上」や「コスト」と相関性の高い数字を見つけていかなければならないのだ。

BtoB分野においてはまだまだ統合的なデータ分析は進んでいないといってよいだろう。だからこそ、分析環境を整えることができれば、他社に先駆けてPDCAを本格的な軌道に乗せる手助けになる。個々の施策の成功可否の判断速度が上がるだけでなく、Webマーケティングを通じて行う営業プロセスの変革が、現在抱えている営業課題をどの程度解決できているのかも見えてくる。絶え間ない検証を続けることで、仮に激しい環境の変化があったとしても、データが環境の変化をむしろチャンスに変えてくれるはずだ。

---

[1] 瓶の首のように一箇所が細く詰まりやすいことから、全体から見れば小さな部分が要因となり、システム全体から狙う効果が得られないこと、その要因。まず取り掛かるべき阻害要因という意味で使われる

[2] もともと生産管理などの分野において、工程に着手してから完了するまでの所要時間のことをいう。営業分野では商談となる接点をもってから、受注するまでの期間のこと

[3] 中間指標は候補としていろいろなものが考えられるが、コンバージョン単価、コンバージョンからの受注率が分かれば営業プロセスを二分でき、平均受注単価が分かれば1件のコンバージョンにかけてもよい広告投入額も推算できる

[4] PV数、UU数、コンバージョン率、平均PV数など

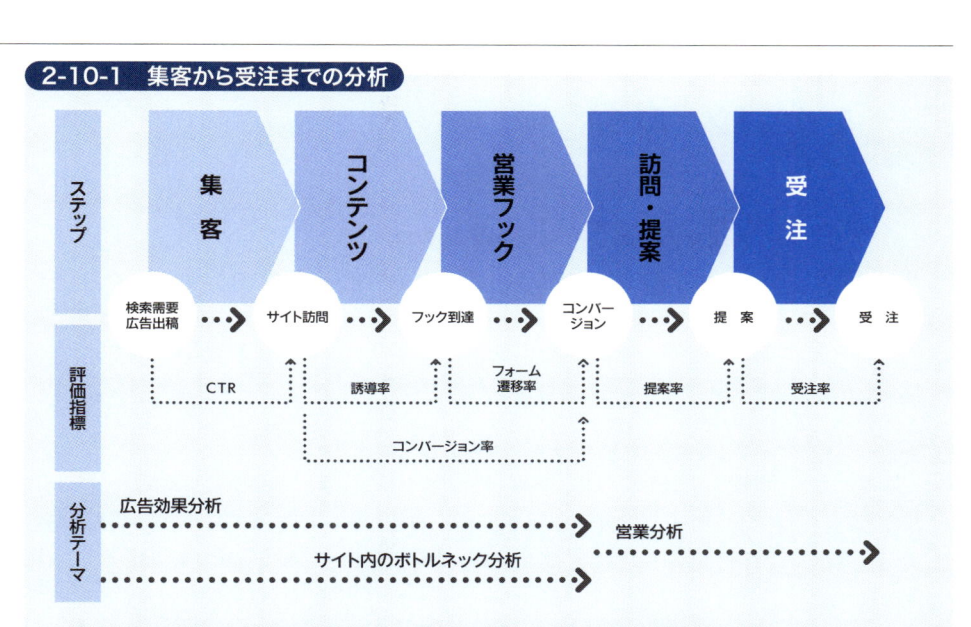

2-10-1 集客から受注までの分析

ステップ	集客	コンテンツ	営業フック	訪問・提案	受注
	検索需要／広告出稿 →	サイト訪問 →	フック到達 →	コンバージョン →	提案 → 受注
評価指標	CTR	誘導率	フォーム遷移率	提案率	受注率
		コンバージョン率			
分析テーマ	広告効果分析	サイト内のボトルネック分析		営業分析	

すべての分析を一気通貫で行うことは難しいが、分析する内容をフォーカスすることで評価や課題の発見は十分に可能だ。

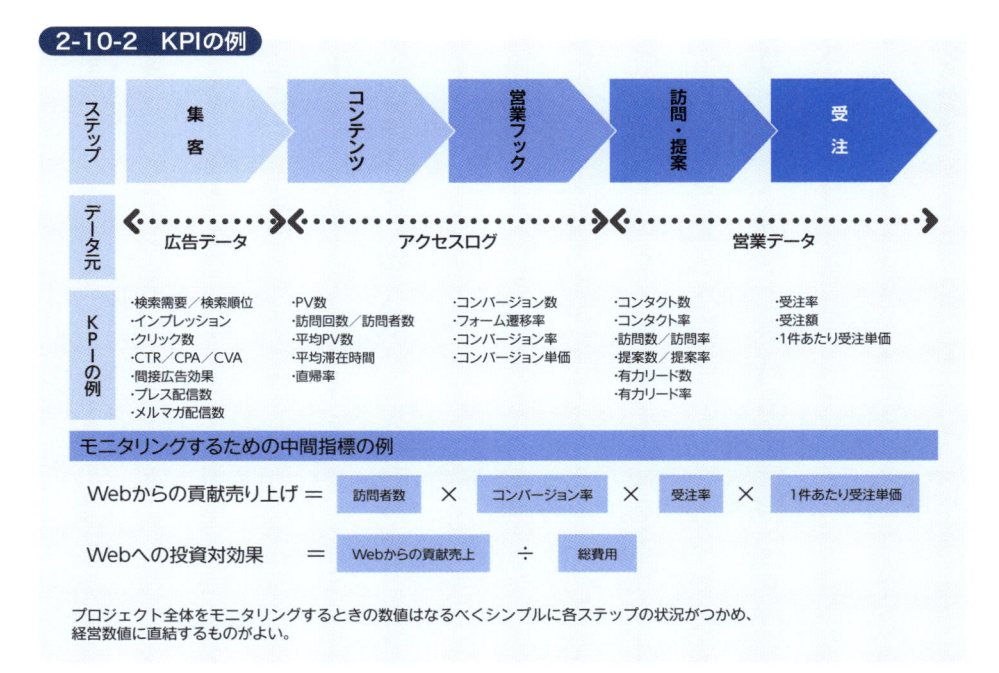

2-10-2 KPIの例

ステップ	集客	コンテンツ	営業フック	訪問・提案	受注
データ元	広告データ	アクセスログ		営業データ	
KPIの例	・検索需要／検索順位 ・インプレッション ・クリック数 ・CTR／CPA／CVA ・間接広告効果 ・プレス配信数 ・メルマガ配信数	・PV数 ・訪問回数／訪問者数 ・平均PV数 ・平均滞在時間 ・直帰率	・コンバージョン数 ・フォーム遷移率 ・コンバージョン率 ・コンバージョン単価	・コンタクト数 ・コンタクト率 ・訪問数／訪問率 ・提案数／提案率 ・有力リード数 ・有力リード率	・受注率 ・受注額 ・1件あたり受注単価

モニタリングするための中間指標の例

Webからの貢献売り上げ ＝ 訪問者数 × コンバージョン率 × 受注率 × 1件あたり受注単価

Webへの投資対効果 ＝ Webからの貢献売上 ÷ 総費用

プロジェクト全体をモニタリングするときの数値はなるべくシンプルに各ステップの状況がつかめ、経営数値に直結するものがよい。

ブックガイド

『BtoB マーケティング ―日本企業のための成長シナリオ』
■著者：余田拓郎　■発行：東洋経済新報社

Webマーケティングについて考える前に、まずBtoBマーケティングとしての全体像を示してくれる一冊。数値による実証を交えており、非常に説得力がある。著者の前作『B2Bブランディング―企業間の取引接点を強化する』（日本経済新聞社）と併せて読みたい。

『インバウンド・マーケティング』
■著者：ブライアン・ハリガン、ダーメッシュ・シャア　■発行：すばる舎リンケージ

ソーシャルメディアなどを使って顧客から「見つけてもらう」手法であるインバウンドマーケティング。集客やリード獲得の手法が限られているBtoBでも有力な手法になることは疑いない。現在行なっている施策に取り入れる実践的な手法を知りたいならば、提唱者による本書を読むべきだ。

『インバウンドマーケティング』
■著者：高広伯彦　■発行：ソフトバンククリエイティブ

国内のインバウンドマーケティング第一人者がその考え方や手法を解説する。上で紹介した本のエッセンスが的確に抜き出されており、専門用語の解説なども充実しているため、読み進めやすい。興味を持った初学者が従来のマーケティング手法との違いをつかむ入口として最適であろう。

『リードナーチャリング』
■著者：上島千鶴、古賀雅隆　■発行：日経BPコンサルティング

顧客のリード情報は集まったものの、うまく活用できていないときに活躍する一冊。顧客育成のテクニックというよりは、考慮しなければならない範囲やポイントに力点が置かれており、リードナーチャリングをこれからはじめようとするときに全体像がつかみやすい。

『ウェブ営業力　御社の営業力が躍進する 75 の処方箋』
■著者：渥美英紀　■発行：翔泳社

BtoBの法人営業力強化に向けたWebマーケティングの指南書。Webサイトを企画・設計する際に参考になるコンテンツを実例から探すことができる。また、営業部門との連携や棲み分けについても紹介され、単なるサイト構築に留まらない営業力強化の戦略立案に役立つ一冊。

CHAPTER 03
集客プランニング
村上知紀
Murakami Tomonori

01 集客の全体像① レイヤー

　Webを使った集客手法には、ネット広告、SEO、リスティング広告、メールマーケティング、WebPRなど数多くの分野があり、それぞれが1冊の本には収まりきらないくらいの深い専門性を持っています。本章のテーマである「集客」の目的は、さまざまな手法を駆使しながら、できるだけ多くの良質なユーザーを自社サイトに集めることです。自社サイトにはコーポレートサイトやECサイト、または、ソーシャルメディア上のページ、さらにはキャンペーンページやグループ企業なども含まれます。

　この目的を達成するために、Webマーケティング担当者が持つべき知識はどんなものでしょうか。まず必要なのが、それぞれの集客手法の特徴を知ること。特定の手法についての深い知識ではなく、各手法の違いを理解することが第一です（図3-1-1）。

　集客手法の特徴を際立たせる切り口には、「レイヤー」「コスト」「強み」の3つがあります。本節では、まずはレイヤーから見ていきます。

　レイヤーとは、ユーザーが集まる場所を指します。各レイヤーに存在するユーザーに対して、適切な集客手法を取って、最終的に自社サイトまで誘導することが集客です。全体図は自社サイトを中心とした同心円状に描かれ、外側に向け、「Web」「デバイス／アプリ」「オフライン」の順でレイヤーが並びます（図3-2-1）。

　中央に位置する自社サイトを取り囲むのが検索エンジン、Webメディア、ソーシャルメディアといったWebのレイヤーです。それぞれに対して、検索エンジンマーケティング、ネット広告、ソーシャルメディアマーケティングなどで対応していきます。

　さらに、Webのレイヤーの外側がデバイス／アプリのレイヤーです。PCのアプリ、スマートフォンやタブレットのネイティブアプリ、ブラウザのツールバーなどを利用しているユーザーが集まっています。クラウドではないアプリケーションの世界も立派な集客レイヤーです。このレイヤーでは、スマフォアプリなどの配布によって便利な機能やコンテンツを提供し、自社の製品やサービスを訴求することなどが集客手法になります。

　最後の一番外側がオフラインレイヤーです。テレビCMのようなマス広告、新聞・雑誌の広告、屋外広告、店舗、イベントといったメディアやチャネル全般が含まれます。このリアルな世界にいるユーザーとの接点や橋渡しは、Webマーケティングといえども視野に入れておきたいところです。

　これらのレイヤー全体を俯瞰的に見る視点があれば、デバイス／アプリでの集客が弱い、というように自社の課題が分かります。

3-1-1 さまざまな集客手法

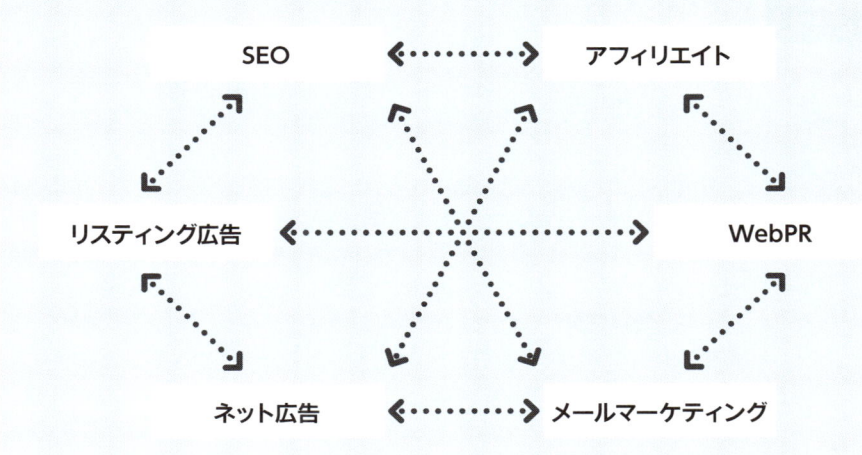

```
     SEO     <·········>    アフィリエイト

  リスティング広告  <·········>      WebPR

    ネット広告   <·········>   メールマーケティング
```

Webマーケティングに用いる集客手法は多種多様。ひとつひとつの詳細なノウハウを仕入れようとする前に、まずは、それぞれの違いを把握したい。

3-1-2 4つのレイヤーを俯瞰する

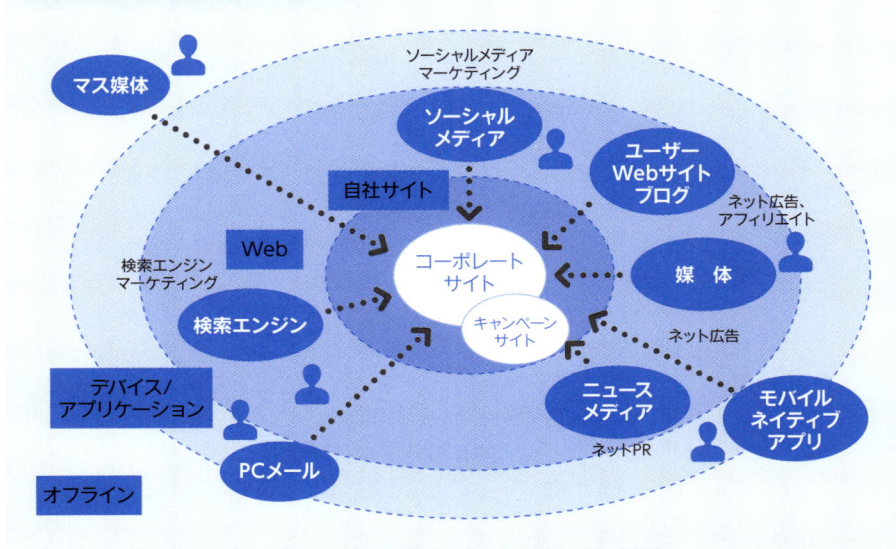

（図：オフライン、デバイス/アプリケーション、Web、自社サイトの4つのレイヤー）

- マス媒体
- ソーシャルメディアマーケティング
  - ソーシャルメディア
  - 自社サイト
- ユーザーWebサイト ブログ
- ネット広告、アフィリエイト
- 検索エンジンマーケティング
  - Web
  - 検索エンジン
  - コーポレートサイト
  - キャンペーンサイト
  - 媒体
  - ネット広告
- デバイス/アプリケーション
- ニュースメディア
- モバイルネイティブアプリ
- PCメール
- ネットPR
- オフライン

オフライン、デバイス／アプリケーション、Web、自社サイトという4つのレイヤーを俯瞰し、外側のレイヤーにいるユーザーを自社サイトに引き寄せる。

053

02 集客の全体像② コストと強み

【1】無料の集客は、お金をかけずに有機的に自然に集客されるという意味で、オーガニック集客と呼ばれることがあります

本節では、集客手法をコストと強み、それぞれの切り口から整理していきます。まずはコストを軸に集客方法を決定する場合、大きくは有料か、無料かで枝分かれします。

有料集客は、媒体に広告費用をかけて集客するための手法で、広い意味でのネット広告と検索エンジンを活用する広告の2つに分かれます。前者の代表例はバナー広告、タイアップ広告、動画広告です。後者は検索連動型広告（リスティング広告）が該当します。

一方、無料集客[1]は、広告費用をかけずにWeb上の露出を高めて、集客を最大化するための手法です。自社内で行うSEOや、プレスリリース、WebPR、インフルエンサーなどを対象にしたPR手法、さらには、既存ユーザーに対してのメールやソーシャルメディアなどによるアプローチなど、図3-2-1で無料集客の手法に挙げた5つに分類できます。

図3-2-2は、各手法をそれぞれの強みでマッピングしたものです。強みをあぶりだすために、確度（確実／不確実）と目的（リーチ／集客）の2つの軸を設定しています。投じる予算やその他の条件に依存しますので、イメージ的な理解には留まりますが、確実に集客したい場合は、図右下のネット広告やリスティング広告という、コストはかかるもののある程度の集客数が手堅く見込める手法を使います。中長期的な観点でユーザーの認知を獲得したり、関係作りをしたい場合、また、露出自体の最大化を目指す場合には、集客性は不確実でもリーチをとることができる図左上の手法、ネットPRやソーシャルメディアの活用が適しています。

ある程度集客プランニングの経験があれば、このような二軸的な考え方をせずとも、どの集客方法が適切かが直感的にわかるようになります。そのためには、PDCAサイクルを通じてデータに基づいた検証を行い、より精度の高い仮説を得られるように知識と経験を溜めていく必要があります。「あれをやったらクリック単価30円以内で抑えられそう」「この手法ならば前回よりも20％増で集客できるかも」といったラーニングから得られた知識が、上流工程であるプランニングにも応用されるのです。効果検証に用いる指標と目標値はKPI（＝ Key Performance Indicator）と言います。ユーザーの入り口となる媒体の効果だけでなく、Webサイトへの集客、Webサイトでの体験、そして出口としてのコンバージョンそれぞれにKPIを設定しましょう。そのうえで、今回の集客手法が目標に対してどうだったのかをWeb解析などのデータから検証します。

3-2-1 有料集客と無料集客

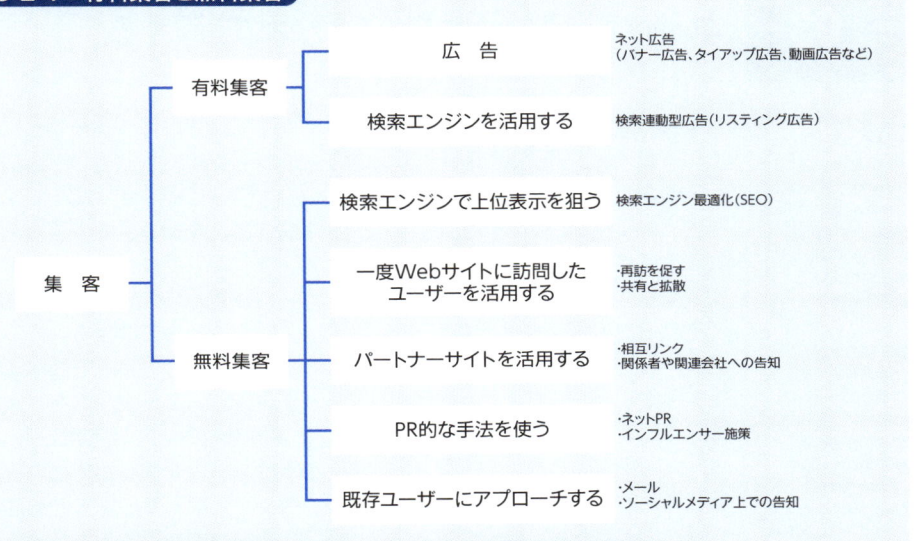

- 集客
  - 有料集客
    - 広告 — ネット広告（バナー広告、タイアップ広告、動画広告など）
    - 検索エンジンを活用する — 検索連動型広告（リスティング広告）
  - 無料集客
    - 検索エンジンで上位表示を狙う — 検索エンジン最適化（SEO）
    - 一度Webサイトに訪問したユーザーを活用する
      - ・再訪を促す
      - ・共有と拡散
    - パートナーサイトを活用する
      - ・相互リンク
      - ・関係者や関連会社への告知
    - PR的な手法を使う
      - ・ネットPR
      - ・インフルエンサー施策
    - 既存ユーザーにアプローチする
      - ・メール
      - ・ソーシャルメディア上での告知

有料の媒体を用いる集客以外にも、広告費用をかけずに、Web上における露出を高める手法がある。

3-2-2 施策のマッピング

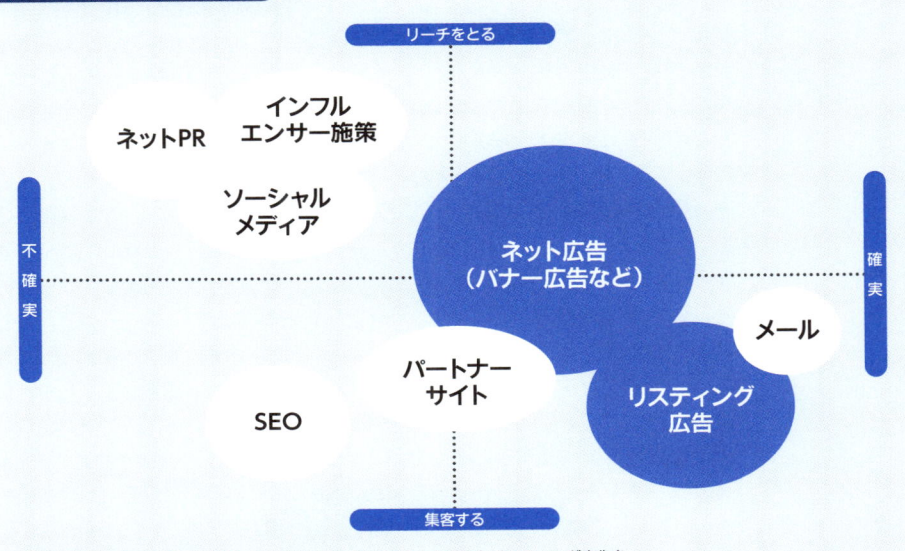

軸：リーチをとる ⇔ 集客する／不確実 ⇔ 確実

- ネットPR
- インフルエンサー施策
- ソーシャルメディア
- ネット広告（バナー広告など）
- メール
- パートナーサイト
- リスティング広告
- SEO

確実に一定数のユーザーを集客したい場合には、有料のネット広告とリスティング広告を利用するのが基本だ。

03 ユーザーの行動をシナリオで考える

[1] ユーザーの購買行動を
Attention（注目）
Interest（興味関心）
Desire（欲求）
Memory（記憶）
Action（行動）
の5つのプロセスで捉えた行動モデル

[2] 電通が提唱した行動モデルです。
Attention（注目）
Interest（興味関心）
Search（検索）
Action（購買）
Share（共有）
の5つのプロセスでユーザー行動を捉え、主にECの分析に適しています

　集客の企画を考える際に往々にして抜け落ちてしまうのがユーザー視点での検証です。Twitterを使って口コミを広げようという企画が氾濫していますが、ユーザーの動機付けや行動の設計ができていなかったためにまるで広がらない、ということもよく起きています。また、多額の予算を投じて大手サイトに広告を出して集客したが、コンバージョンには思うように貢献しなかった、ということも多くはユーザー視点の欠落が原因です。

　それぞれの集客のアイディアをバラバラに提供するのではなく、1つのストーリーに織り込み、ユーザーの入り口から出口までの自然で強い流れを生み出すように考える必要があります（図3-3-1）。ユーザーになりきって、入口から出口までの流れを追いながら企画を検証していきましょう。ユーザー視点から見た、行動に説得力のあるシナリオを作り出すための発想と考え方のことを筆者は、シナリオシンキングと呼んでいます。集客の企画を立てたなら、自分の頭の中で以下のような質問をしてみましょう。

・いつ、どこで、どうやってユーザーはこの企画に気づくだろうか？
・ユーザーは、なぜ企画に参加したいと思うだろうか？
・実際に参加するだろうか？　参加のハードルはもっと低くできないか？
・企画に参加するだけではなく、コンバージョンするだろうか？

　ポイントは、疑い深くあることです。さらにブラッシュアップして良いアイディアを生み出すために、アイディアを殺すのではなく、本当にそうかをしつこく前向きに問い続ける態度が必要です。

　このシナリオを考える際に助けになるのが、ユーザー行動の基本モデルです。AIDMA [1]、AISAS [2] など、さまざまなモデルがありますが、ここでは筆者独自のモデルであるMAEEP（マイープ）を紹介します（図3-3-2）。これは、Motivate（動機付け）→Action（行動）→Experience（体験）→Examine（理解促進）→Purchase（購入）という順序でユーザーの行動を捉えたもので、Webを中心としたデジタルキャンペーンでバランスよく使えることが特徴です。一例を挙げると、企画を軸にしたTVCMを打って製品に対するユーザーの動機付けを行い（Motivate）→ユーザーの検索に対してリスティング広告で網をかけ（Action）→ランディングページで製品機能を体験できるようなコンテンツを用意し（Experience）→製品機能に興味を持ったユーザーが製品情報サイトで情報を集め（Examine）→ECサイトで購入する（Purchase）という流れになります。このように基本モデル（ここではMAEEP）に、場やツール、リソースを当てはめることで、より具体的なシナリオを考えることができます。

3-3-1 シナリオシンキングのポイント

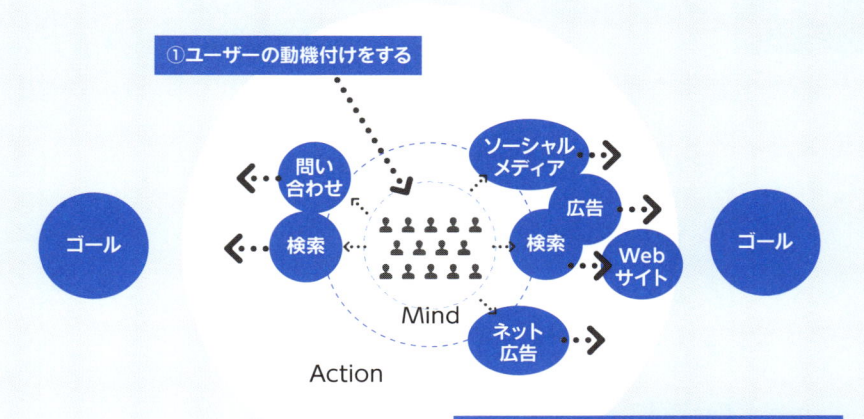

①ユーザーの動機付けをする

ゴール ← 問い合わせ ← 検索 ← [Mind] → ソーシャルメディア → 広告 → Webサイト → ネット広告 → ゴール

Action

②ユーザーの動機付けに基づいて、ユーザーの行動を演出し、ゴールまで導く

①ユーザーを動機付け、②ゴールまで導くための複数のアイディアが必要。また、それらが1つの流れに織り込まれ、入口から出口へ滑らかに進むのが望ましい。

3-3-2 ユーザー行動モデルの例（MAEEPを使ったデジタルキャンペーン）

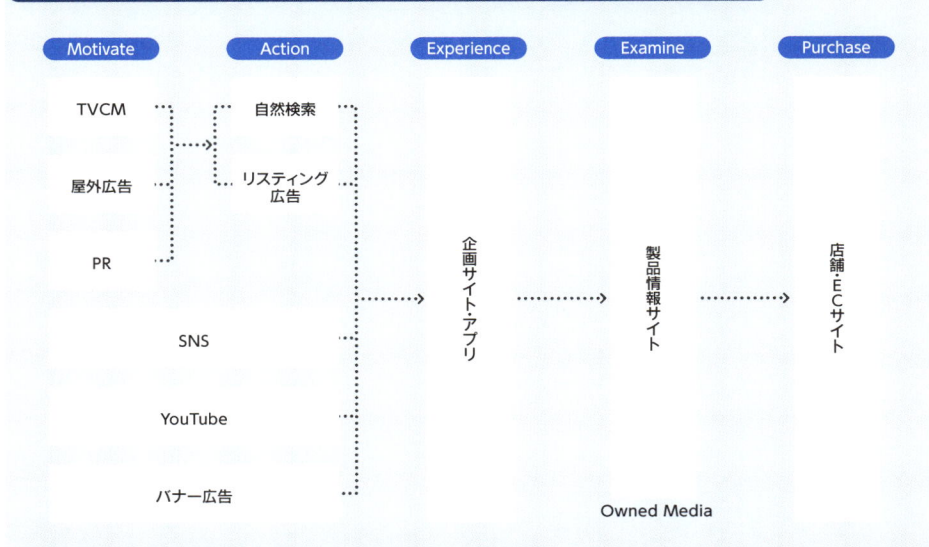

Motivate	Action	Experience	Examine	Purchase
TVCM	自然検索			
屋外広告	リスティング広告			
PR		企画サイト・アプリ	製品情報サイト	店舗・ECサイト
SNS				
YouTube				
バナー広告				

Owned Media

MAEEPを用いた、あるデジタルキャンペーンでのユーザーの動きは上のようになる。はじめにCMやPRなどで動機付けを行い、その後ユーザーの行動に対して受け皿を用意して、購入まで導いていく。

04 集客におけるユーザーシナリオ

　集客プランニングで考えるべきシナリオは、ユーザーシナリオ、展開シナリオ、そしてソーシャルシナリオがあります。この3つは俯瞰レベルで図3-4-1のような観点で設計を行い、さらに、組み上がった各シナリオについて、詳細レベルでモチベーションシナリオとコンバージョンシナリオを考える必要があります。本節では、まずはユーザーシナリオを解説します。

　ある動機や目的をもったユーザーが、どのような気持ちで、どんな行動をとるかというストーリーを考え、その中のコンタクトポイントをとらえます。そこにアプローチするにはどんなメディアを使うかということが、ユーザーシナリオのポイントです。

　ユーザーが引っ越しのために物件を探しているというシチュエーションで考えてみましょう。図3-4-2の例1は、はじめに街の名前と家賃を条件に検索し、Webサイトの物件詳細ページにランディング。そこで詳細を検討した後一旦サイトを離れ、物件の比較サイトを経由してから再度サイトを訪れて資料請求する、というシナリオです。この場合、ユーザーの気づきはキーワード検索から生まれるので、そこにアプローチするために検索エンジンマーケティングは必須になるでしょう。また、手法だけでなく、検索クエリから駅からの距離や築年数など、何を気にしているかという気持ちを考えることで、ランディングページに必要な情報も見えてきます。

　例2はテレビCMをきっかけにサイトに訪問し、物件情報をプリントアウトして不動産屋に直接向かうパターンです。この場合、CMでの接点が重要になりますので、サイト名やブランディングを前面に出した訴求方法が効果的です。

　上記のような行動シナリオは無限に考えられるため、絞りきれなくなる危険性もあります。ここでのアドバイスは、私道は捨て、国道だけを見ていきましょうということ。シナリオは3〜5つくらいに絞って、それに応じたプランを考えることを目安にするといいでしょう。

　また、ユーザーの行動や気持ちは何を土台に考えればよいのか、という疑問も出てくるかと思います。自分の頭で思いつくシナリオを考えることで十分だと思いますが、ベースとなるファクトが事前に必要であれば、現状のデータや調査に基づいて、しっかりと関係者でブレストして決めてもいいかもしれません。実際はやってみなければわからないので、ある程度の仮説レベルでやってみて、あとで検証・改善した方がうまくいきます。

3-4-1 ゴール達成に向けて考えるべきシナリオ

俯瞰レベル

①ユーザーシナリオ
ユーザーが、どこで気づきを得て、どのような行動を経て、ゴールにたどり着くか

②展開シナリオ
時間の視点で、いつ、どのような順番で、何を提供するか

③ソーシャルシナリオ
ユーザーの利用によって、提供する場やツール、リソースがどのように自動的に成長していくのか

＋

詳細レベル

どのようなメッセージをどのような順番で受け取ると行動を起こしたくなるか（モチベーションシナリオ）

ユーザーがどんな流れでゴールに至るか（コンバージョンシナリオ）

俯瞰レベルで3つのシナリオについて考えた後、詳細レベルでモチベーションシナリオとコンバージョンシナリオについて詰めていく。

3-4-2 ユーザーシナリオの例

例1

街名と価格条件で、検索エンジンで検索 ⋯▶ サイトの物件詳細ページにランディング ⋯▶ 詳細情報を検討 ⋯▶ 物件の比較サイトで条件を比較 ⋯▶ 再度サイトを訪問して、資料請求

はじめに、街の名前と価格条件で、検索エンジンで検索して、サイトの物件詳細ページにランディング。そこで詳細情報を検討した後、一旦サイトを離れて、物件の比較サイトで条件で比較を行い、再度サイトを訪問して、資料請求をする

例2

テレビCMを見てサイトのブランド名を知る ⋯▶ 検索エンジン経由などでサイトに訪問 ⋯▶ 価格条件を確認 ⋯▶ いくつか物件をプリントアウト ⋯▶ 不動産屋に足を運んで内見

テレビCMを見てサイトのブランド名を知ってサイトに訪問。その中で価格条件などを確認して、いくつかの物件をプリントアウトして、実際にその街の不動産屋さんに足を運んで内見して決める

ユーザーシナリオの例。同じ不動産業でも、ユーザーシナリオはいろいろなパターンが考えられる。

05 展開シナリオとソーシャルシナリオ

　本節は、集客プランニングの3つのシナリオのうち、残る展開シナリオとソーシャルシナリオについて解説します。

　展開シナリオは、ユーザーの気持ちや行動をユーザーシナリオとして考えたうえで、そこで出てきた媒体や手法について、どのようなタイミングで、どのように組み合わせるとより集客効果が高まるか、またはユーザーを見失わないかについて、時間軸に沿って考え、媒体や施策を選定する考え方です。

　図3-5-1は、新製品のローンチにあたって、製品サイト、またはキャンペーンサイトを受け皿として、どのように集客していくかという展開シナリオの例になります。期間は、ゴールデンウィーク商戦のはじまる4月からボーナス・お盆商戦を含む8月まで。集客手法としては、テレビCM、有料バナー、PR、リスティング広告、メルマガ、ソーシャルメディアを使う予定になっています。またこのシナリオの策定にあたっては、①初動に予算を集中させる、②施策を重層的に打つ、③一定のボリュームを確実に集める、④検索エンジンにも受け皿を作る、⑤ソーシャルメディアを活用するという5つのポイントを踏まえています。この例は、短期的かつ予算も大きく、複数の施策を打てることを前提としていますが、キャンペーンの種類や規模にかかわらず、どんなユーザーを連れてくるかというユーザーシナリオに、展開シナリオによる時間の概念を組み合わせて両面から考えるというポイントは共通です。

　ソーシャルメディアを活用したい、またはユーザー参加型のキャンペーンを行いたいという場合は、ソーシャルシナリオを考える必要があります。ソーシャルシナリオは図3-5-2のように、自動回転しながら拡大していくことが求められます。例えば、ユーザーが写真をアップすればするほど（ユーザーが利用する）、他のユーザーの参加を促し口コミや共有ボタンなどで拡散し（ユーザーがアクションする）、認知や検索されやすさが拡大していく（プレゼンスの拡大）。そして、新たに興味を持ったユーザーが引き寄せられる（ユーザーが知る）という仕組みです。ソーシャルシナリオは、このように4つの段階に分けて、それぞれの行動が後押しされるような施策を考えていくとよいでしょう。

　TwitterやFacebookといった既存のソーシャルプラットフォームには、自動回転の仕組みがあらかじめ備わっています。自社プラットフォームを活用する場合には、これらと同じようにうまく回っていく環境づくりを検討することが、課題の中心になるでしょう。

3-5-1 展開シナリオの例

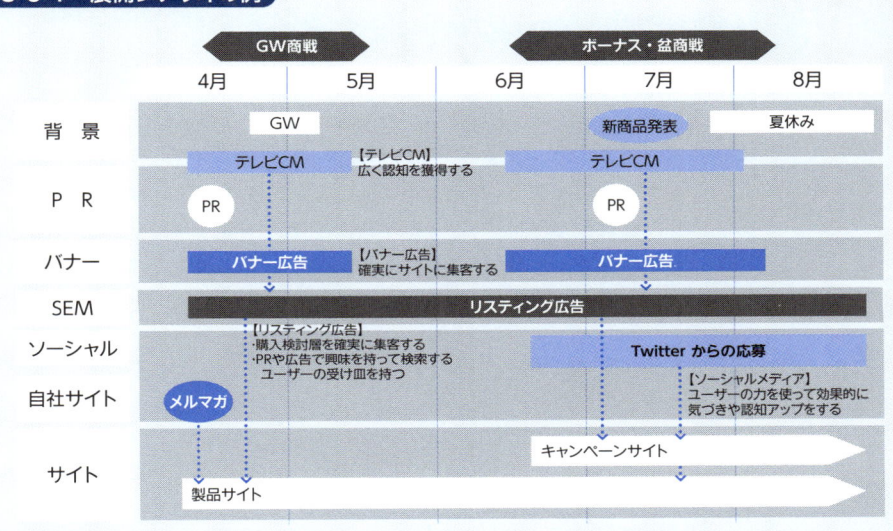

	4月	5月	6月	7月	8月
			GW商戦	ボーナス・盆商戦	
背景		GW		新商品発表	夏休み
PR	テレビCM / PR	【テレビCM】広く認知を獲得する		テレビCM / PR	
バナー	バナー広告	【バナー広告】確実にサイトに集客する		バナー広告	
SEM		リスティング広告	リスティング広告		
ソーシャル		【リスティング広告】・購入検討層を確実に集客する・PRや広告で興味を持って検索するユーザーの受け皿を持つ		Twitterからの応募	
自社サイト	メルマガ			【ソーシャルメディア】ユーザーの力を使って効果的に気づきや認知アップをする	
サイト		製品サイト		キャンペーンサイト	

商戦期に合わせ展開シナリオを考える場合、ユーザーシナリオに沿って、複数の媒体に同時に企画を走らせ、ユーザーが接触するフックを豊富に用意する。

3-5-2 ソーシャルシナリオの自動回転

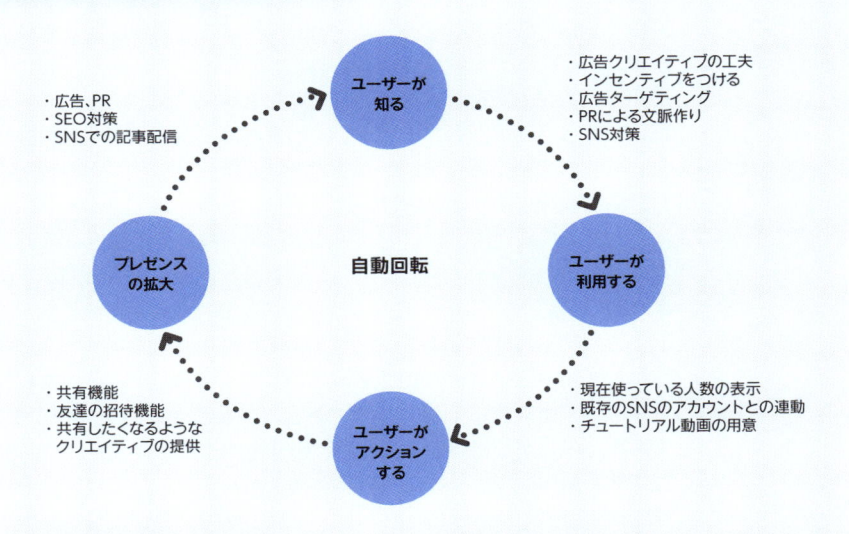

自動回転

- ユーザーが知る
  - ・広告、PR
  - ・SEO対策
  - ・SNSでの記事配信
  - ・広告クリエイティブの工夫
  - ・インセンティブをつける
  - ・広告ターゲティング
  - ・PRによる文脈作り
  - ・SNS対策
- ユーザーが利用する
  - ・現在使っている人数の表示
  - ・既存のSNSのアカウントとの連動
  - ・チュートリアル動画の用意
- ユーザーがアクションする
- プレゼンスの拡大
  - ・共有機能
  - ・友達の招待機能
  - ・共有したくなるようなクリエイティブの提供

ソーシャル的な要素を使って集客したい場合、ソーシャルシナリオを考える必要がある。策定の焦点は、いかに自動回転しながら拡大していく仕組みが作れるか、ということになるだろう。

CHAPTER 03　集客プランニング

06　集客数と効率を把握する

【1】シナリオに依存しますが、訪問回数のトータルは有料集客の見込み数の1.3〜2倍くらいの場合が多いようです

　できるだけたくさんのユーザーを自社サイトに連れてくるシナリオを考えた後は、それをどのようにやったら、より効率良く集客できるかを検討し、概要に修正を加えつつ細部を詰めるプランニングが必要になります。

　まずは集客数がどれくらいの規模になるかを把握します。展開シナリオから媒体や手段と予算配分が分かりますので、まずそれを表にまとめます（図3-6-1）。基本的には、媒体ごとのCPCと予算からクリック数を計算します。

　リスティング広告だと1クリック○円くらい、といった想定ができますので、その数字からクリック数を概算します。この段階では、集客数の目安をつかむのが目的です。

　有料媒体に関しては、広告代理店にメディアの提案をしてもらうのもいいでしょう。媒体資料に想定インプレッション数やクリック数、CPCといったデータが入っていますので、それをもとに集客数をアップデートします。また、自社でメディアを選定する場合でも、ほとんどのメディアではユニークユーザー数やユーザー属性、媒体の特徴などをまとめた媒体資料をPDFでダウンロードできるようにしています。

　表を作って集客数の全体ボリュームを知る方法の他に、数字を導線図にプロットして議論する方法もよく用いられます（図3-6-2）。手間はかかりますが、このような資料を作成することで、どこからどれくらいの集客があるかを視覚的に理解できるので、有用な議論に結びつきやすいです。導線図を作って集客数をマッピングする場合は、有料集客も無料集客も含めましょう。有料に関しては、予算と想定CPC、集客数、Webサイトへの合計訪問回数を示すとよいでしょう。

　トータルの訪問回数は、有料集客で確実に見込める集客数の何倍が無料で来るから、全体でこれくらい、というロジックで数字を想定することがよくあります[1]。有料集客によって全体がどれくらいレバレッジされるかという意味で、レバレッジ度合いと呼ぶこともあります。

　また、効率性の評価という意味では、集客単価を見るとよいでしょう。計算の仕方は非常にシンプルで、集客にかかる予算のトータルを母数に、集客見込み数を割り算することで、単価を出すことができます。媒体費だけでなく制作費用を母数に含める場合もあります。こうして算出した数字をこれまでの実績に照らし合わせ、また、他のプロジェクトと比較しながら、集客の効率を検討していきます。

3-6-1 媒体ごとに集客数の目安をつかむ

	10月	11月	12月	1月	2月	3月	合計	CPC	クリック数
Web 媒体費	3,188,880	1,788,880	3,688,880	2,200,000	2,200,000	2,200,000	14,677,760		198,372
媒体1	2,000,000	1,000,000	1,000,000				4,000,000	330	12,121
媒体2	488,880	488,880	488,880				977,760	230	4,251
媒体3	200,000	200,000	200,000	200,000	200,000	200,000	1,200,000	80	15,000
媒体4	400,000						400,000	80	5,000
リスティング広告	100,000	100,000	2,000,000	2,000,000	2,000,000	2,000,000	8,100,000	50	162,000
総製作費	20,500,000	500,000	500,000	500,000	500,000	500,000	23,000,000		
Web制作費	20,000,000						20,000,000		
PDCA費用	500,000	500,000	500,000	500,000	500,000	500,000	3,000,000		

それぞれの媒体に対する詳細な予算配分とCPCの想定からクリック数の見込みを計算する。

3-6-2 導線図をもとに集客数を算出する

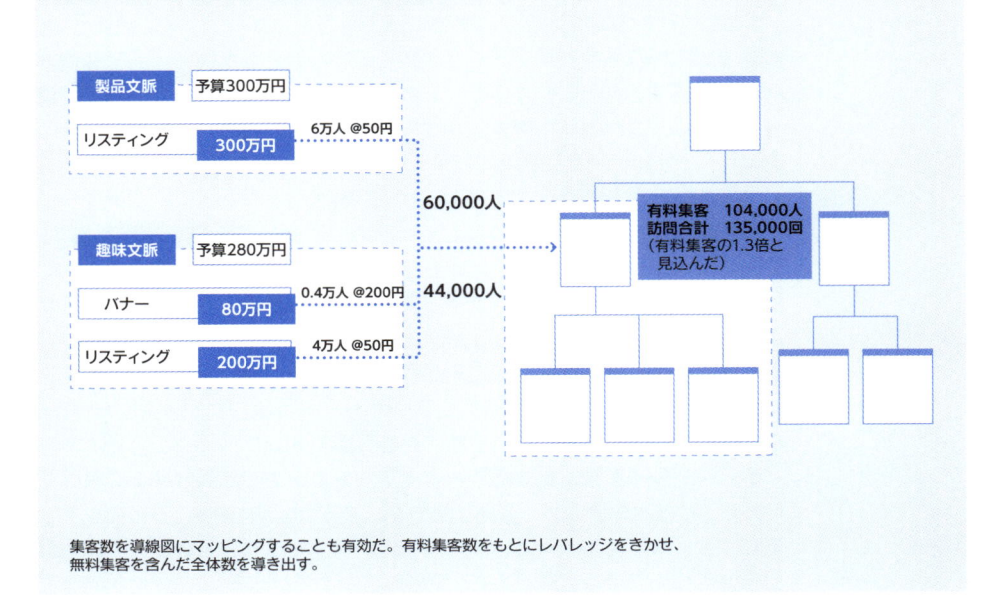

製品文脈 — 予算300万円
- リスティング 300万円 → 6万人 @50円

趣味文脈 — 予算280万円
- バナー 80万円 → 0.4万人 @200円
- リスティング 200万円 → 4万人 @50円

60,000人
44,000人

有料集客 104,000人
訪問合計 135,000回
(有料集客の1.3倍と見込んだ)

集客数を導線図にマッピングすることも有効だ。有料集客数をもとにレバレッジをきかせ、無料集客を含んだ全体数を導き出す。

07 ネット広告の種類と特徴

「ネット広告」は、非常に広い範囲を含む名称ですが、基本的には、Web上の広告全体を指します。表現方法や課金の仕組みの違いによって、さまざまな種類がありますが、そのうち4つを詳しく見ていきましょう。

【ディスプレイ広告】
　画像やFlashなどを使って表示される広告のことです。表示エリアが比較的大きいため、表現の自由度が高く、クリエイティビティを活かした訴求が可能です。最も一般的といえるものは、Webページの上部や右側などに配置されているバナー広告です。もともとはバナー（旗）の形をした横長の広告を呼んでいましたが、現在は、さまざまなサイズやフォーマットのバリエーションが存在しています[1]。さらに、定型のサイズを持たない、よりクリエイティブな表現が可能な形式の広告もあります[2]。

【動画広告】
　動画を使用した、時間軸で展開される広告全般を指します。バナー枠の中で動画を使う、動画の中に広告を埋め込む、動画共有サービスにアップしてユーザーの口コミによる広がりを仕掛ける場合などがあります。インターネットCMと呼ばれることもあります。

【タイアップ広告】
　Webサイトのコンテンツと連動する広告です。ターゲットに合致した、集客力の強い媒体を利用することが多く、旅行会社が地図サイトで沖縄旅行の特集をするなどの例が当てはまります。コンテンツとして広告が提供されるため、ユーザーが興味を持って読んでくれる可能性が高くなります。

【行動ターゲティング広告】
　閲覧したサイトの傾向や広告のクリック履歴などをもとに、ユーザーごとに興味があるジャンルを推測して、それに基づいて広告を配信します。アドネットワークと呼ばれるネットワーク上に登録された多数のサイトで配信され、広告のタイプもバナー広告やテキスト広告などさまざまな形が選べます。また、一度サイトに訪問したものの離脱したユーザーを追跡して、別のサイトを閲覧中に広告を配信する広告をリターゲティング広告と言います。特定のページを閲覧したユーザー、何回目の訪問をしたユーザーなど、細かく配信条件を設定することも可能です。

　ディスプレイ広告、動画広告、タイアップ広告の例を図3-7-1に挙げています。いずれの場合も、効果を高めるには適切な媒体選定とクリエイティブが必要になります。また、メール広告やアフィリエイトなど、その他のネット広告については図3-7-2で簡単にまとめています。

[1] 標準よりも小さいサイズのバッジ広告やスモールバナー、正方形に近いレクタングル、縦長のスカイスクレーパーなどがあります

[2] カーソルを合わせると拡大表示するエキスパンド広告、別ウィンドウで表示されるポップアップ広告、全画面表示のフルスクリーン広告などがあります

3-7-1 表現力豊かなネット広告

ディスプレイ広告（バナー広告）

ディスプレイ広告は、画像、Flash、動画といった形式を利用して表示される広告。表現の自由度が相対的に高く、クリエイティブを活かした訴求をすることが可能。こうしたディスプレイ広告の中で最もポピュラーなのがバナー広告。例えば、標準よりも小さいサイズのバッジ広告やスモールバナー、正方形に近いレクタングル広告、縦長のスカイスクレーパー広告などがある。

タイアップ広告

サイトのコンテンツと連動させた広告。ターゲットに合っており集客力の強い媒体を利用。コンテンツとして情報提供されるため、ユーザーが興味を持って読み、さらなる関心をアップさせやすい。

インターネットCM（動画広告）

動画を使用し、時間軸で展開される広告。バナーの形式で動画を使う、動画の中に広告を埋め込む、動画共有サービスにアップし、ユーザーの口コミによる広がりを仕掛けるなどの形式がある。

ネット広告には、バナー広告以外にも、タイアップ広告や動画広告などさまざまな種類がある。

3-7-2 他のさまざまなネット広告

テキスト広告	[PR]などの文字と一緒に1行で表示されることが多い、テキスト形式による広告。文章としてダイレクトにメッセージを伝えることができる。
メール広告	メールを利用した広告。定期的に配信されるメールマガジンに広告を差し込むタイプとオプトインした読者に送られるダイレクトメール形式のものがある。
コンテンツ連動型広告	ユーザーが閲覧しているコンテンツに関連する内容が表示される広告。車のページであれば、車に関連する広告が出てくる。
アフィリエイト	ブログなどのアフィリエイトサイトに貼られた広告をユーザーがクリックし、ランディングした広告主のサイトで購入や会員登録をした場合に、広告掲載サイトの運営者に広告主から報酬が支払われる仕組み。

ネット広告は多くのバリエーションを持ち、それぞれ効果はもちろん、コストやユーザーが触れるタイミングも異なる。自社の商材や目的に合ったものを選びたい。

08 媒体の選定と広告表現

[1] 各種のターゲティング技術を用いた広告サービスを利用して、媒体ではなくユーザーを選ぶというアプローチもあります。性別、年齢、地域、時間などを切り口にターゲットを絞り込めます

本節では高い集客効果を得るために必要な媒体選定と広告表現について、まとめます。

まず、自社サイトに集めたいユーザーを明確化した上で、どこにアプローチすると効果的かを考えます[1]。

例えば、ダンスの投稿動画コンテストをキャンペーンの一環として行うとしましょう。この場合、積極的に動画を投稿してくれそうなユーザーに効率的にリーチすることが必要になります。ダンス好きのユーザーが多くいるようなコミュニティサイトや、YouTubeなどの動画共有サイトなどに広告を配信することが考えられます。

広告代理店にユーザーシナリオや展開シナリオの情報や要望を伝えて、メディアメニューの提案を受けることもできます（図3-8-1）。広告メニューの種類とともに、想定クリック数、CTR、平均CPCといった数字が出てきますので、それを考慮し、どのメニューにするかを選定します。

どの媒体に出稿するかを選定したら、効果的な広告表現（クリエイティブ）を考えます。バナー広告、レクタングル広告などのディスプレイ広告は、表現の自由度が高いため、より視覚的な訴求が強くなります。その結果として、認知を高めたり、強く印象付けたり、興味を喚起するといった効果が高まり、Webサイトへの誘引も強くなります。

最近Web広告で増えてきているのが、Flashや動画などのリッチコンテンツを使ったクリエイティブです。動画を使う場合には、各シーンの演出や流れについての工夫が非常に重要になります。

また、メッセージや文言（ラベリング）も重要です。どのような順番で、どのようなメッセージを受け取ると行動を起こしたくなるのか、というモチベーションシナリオを考え、具体的なPRリリース文章、リスティング広告のタイトルや説明文、バナー広告やWebサイト上のコピーやデザインを考えましょう。先述のダンスコンテストの例だと、ダンスをしている動画を組み込んだディスプレイ広告で訴求すると効果的かもしれません。また、「コンテスト優勝者には100万円が当たる！」というように魅力的なインセンティブをつけたり、「今あなたがコンテストに参加すべき10の理由」「なぜコンテストに参加するとモテるのか？」というようなちょっとした興味をひく表現にすることで、クリックされやすくなります（図3-8-2）。

Webサイトに訪問はしたものの、すぐに帰ってしまうという直帰ユーザーを減らすためにも、広告とランディングページとの間に整合性をとることも忘れてはいけません。

3-8-1 メニューの選定

媒体名	メニュー	予想リーチ	想定クリック数	CTR	平均 CPC
媒体A	メガリーチピクチャー	16,000,000	12,800	0.2%	45円
媒体B	メガリーチピクチャー	16,000,000	12,800	0.02%	45円
媒体C	TOPバナー	3,000,000	12,000	0.1%	13円
媒体D	TOPバナー	3,000,000	12,000	0.3%	13円
	アプリバナー	20,000,000	60,000		
媒体E	トップピクチャー	1,200,000	7,200	0.5%	67円

メニューを決める視点は、クリック数(誘導数)、CTR(クリック効率)、CPC(コスト効率)の3つ。

3-8-2 広告表現のポイント

思わずクリックしたくなるような表現方法をとることが重要
・興味をひく表現　・魅力的なインセンティブ　・課題の解決策を提示　など

広告表現では、事実やスペックのみ伝えるよりも、明確なメッセージや工夫した文言(ラベリング)が効果的なこともある。

09 検索エンジンマーケティング①

検索エンジンからの集客を最大化する取り組みを SEM（検索エンジンマーケティング＝Search Engine Marketing）と呼びます。SEMの取り組みには大きく分けてSEOとリスティング広告があります（図3-9-1）。

Webサイトやページの構造を検索エンジン用に最適化し、特定のキーワードで検索された際に検索結果ページでなるべく上位表示されるように取り組むことがSEO（Search Engine Optimization）です。高いシェアを持つYahoo! JAPANとGoogleへの最適化が基本となりますが、YahooでもGoogleの検索アルゴリズムが使われるようになっていますので、Google向けにSEO対策をすることの重要性が一層増しています。

SEOには、図3-9-2に挙げた3つのポイントがあります。

1つめはクローラー対策です。検索エンジンは、それぞれが独自のクローラー（検索ロボット）を持っており、自動的にインターネットを巡回して、検索エンジンの情報を集めています。そのため、クローラーがWebサイトの情報を正しく取得できるようにすることが必要になります。これをクローラビリティの向上といいます。そのための施策のひとつがWebの登録です。Googleでは、クローラーに自社サイトを巡回してもらえるように、ウェブマスターツールからクロールのリクエストができます[1]。また、クローラーはリンクを辿りながら情報収集しますので、ページ同士がリンクし合う構造にすると、クローラビリティはさらに高まります。

2つめは良質な被リンクを増やすことです。検索エンジンはリンクの数を人気投票のように捉えています。ですが、リンクのみでコンテンツが何もないサイトからなど手当たり次第にリンクを増やすこと、または作為的に作られたり、自動生成された被リンクはGoogleからはペナルティの対象として捉えられてしまいます。リンクされているサイトが質の高いコンテンツを提供しているほど、検索順位を上げる評価基準のひとつになります。被リンクを増やすためには、同じテーマを持つWebサイトなどに相互リンクしてもらえるように依頼するなど、地道に外部サイトに働きかけることが必要です。また、新商品の発表や市場調査のデータを媒体に向けてリリースするなど、PRの手法も効果的です。掲載されると、ニュースサイトやポータルサイトなどの良質なサイトからの被リンクが得られます。

3つめはHTMLの最適化です。検索エンジンは、ページタイトルやdescriptionメタタグ[2]、URLなど、さまざまな要素を掲載順位の参考にしています。Googleが配布している検索エンジン最適化スターターガイド[3]に詳細が掲載されていますので、必ず目を通しておきましょう。

---

[1] サイトマップを作ることで、埋もれてしまいそうなWebページもその存在を知らせることができます

[2] HTMLのheadタグの間に配置するテキストです。短い文章を記述することができ、Googleなどの検索エンジンに対して、ページの概要を伝える役割があります

[3] Googleウェブマスターツール内でPDF形式で提供されています。ドキュメント名で検索すると、すぐ見つけることができます

3-9-1 検索エンジンマーケティング

SEO

SEO(検索エンジン最適化)は、特定のキーワードで検索された際になるべく上位表示させるための施策

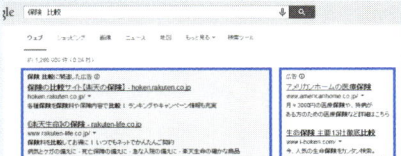

リスティング広告

リスティング広告は、検索エンジンに広告費を支払って検索結果ページの特別枠に広告を表示する施策

SEM（Search Engine Marketing）＝ SEO ＋ リスティング広告。検索エンジンを舞台としたマーケティング施策の総称だ。

3-9-2 3つのSEO施策

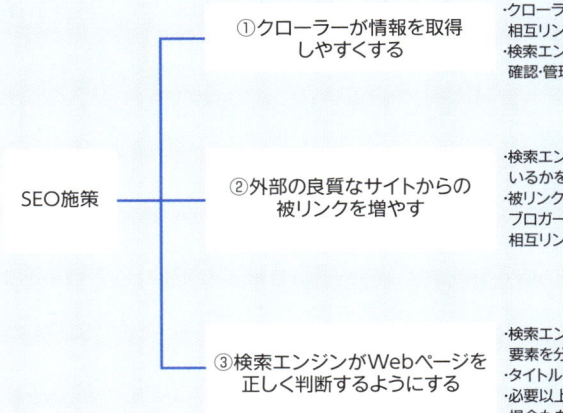

SEO施策
- ①クローラーが情報を取得しやすくする
  - ・クローラビリティを上げるためには、サイトの登録、相互リンクの構造、サイトマップ、シンプルなURL
  - ・検索エンジンが、クロール状況やインデックスの状況を確認・管理できるツールを用意していることもある
- ②外部の良質なサイトからの被リンクを増やす
  - ・検索エンジンは、どれだけ他のサイトからリンクされているかを人気のバロメーターと考えている
  - ・被リンクを増やすためには、相互リンク、PR施策、ブロガー施策、ディレクトリ登録、グループ内サイトでの相互リンクなどの施策がある
- ③検索エンジンがWebページを正しく判断するようにする
  - ・検索エンジンは、キーワードの出現頻度や位置などの要素を分析して、重要度や関連度を判断する
  - ・タイトルやdescriptionメタタグが重要だとみなされる
  - ・必要以上にキーワードを使うと、順位を落としてしまう場合もあるので注意

SEO（検索エンジン対策）は、①クローラー対策、②被リンクの獲得、③HTMLコーディングの最適化の3つの観点から行う。

10 検索エンジンマーケティング②

SEMで、一定の期間である程度のボリュームを確実に集客したい場合、リスティング広告が効果的です。主なリスティング広告としては、Yahoo! JAPANが提供するYahoo! プロモーション広告、Googleが提供するGoogle AdWordsがあります（図3-10-1）。それぞれ、配信先となる検索エンジンや詳細なシステムなどは異なるものの、リスティング広告には共通して6つの大きな特徴があります（図3-10-2）。

①クリックされやすい　ユーザーの能動的な検索行動の結果として広告が表示されるため、クリックされやすく、興味関心の強い優良な見込み客をサイトに誘導することができます。テレビCMやPR施策を実施した場合の受け皿としてリスティング広告を使うこともできます。

②クリック課金　広告が表示されただけでは課金されず、ユーザーにクリックされた時点ではじめてコストが発生するクリック課金を採用しています。また、広告費が一定額を超えたら表示されないようにもできるので、予算もコントロールもしやすいです。

③低コスト　少額または無料でアカウントを開設でき、1クリック数円から広告掲載を開始できます。開始のハードルが低いのは、中小企業にとってもありがたい特徴です。また、出稿がシステム化されており、かつ手軽で、小規模事業者や個人でも直接出稿できるため、広告代理店を利用する必要がありません。マージンを支払う必要がなくなるのでその分安く運用できます[1]。

④入札制　キーワードの入札金額などによって広告の掲載位置が変動します。掲載順位が高いとより目立つ位置に表示されますが、広告の質もクリック率という形で評価に取り入れられます。単に高い入札額が必要な仕組みではないので、ある意味フェアなやり方と言えます。

⑤反映が早い　SEOであれば施策を行ってから結果が出るまで相対的に長い時間がかかりますし、メディアに出稿するには、決められた期限までに完全パッケージの形で入稿する必要があります。リスティング広告であれば、自社内ですばやく掲載や停止の設定を行えますので、出稿後にPDCAサイクルを回していくことができます。

⑥効果検証しやすい　表示回数やクリック数、コンバージョン数、コンバージョン率などの詳細なデータが管理画面から得られますので、次の施策を考えたり、短所を補い長所を伸ばすことができます。例えば、コンバージョン率が低いキーワードの出稿を止めて、高いキーワードのバリエーションを追加したり、クリックされやすいタイトルに変更したりできます。

[1] たくさんのキーワードを運用すると手間がかかるため、大規模にリスティング広告を展開する企業では外部の業者に運用を任せているところも多いです

3-10-1 代表的なリスティング広告

Google AdWords

http://www.google.co.jp/adwords/
Googleの検索結果とそのパートナーサイトなどに広告を表示する

Yahoo!プロモーション広告

http://promotionalads.yahoo.co.jp/
Yahoo! JAPANの検索結果とそのパートナーサイトなどに広告を表示する検索連動型広告「スポンサードサーチ」が利用できる

Googleが運営するGoogle AdWords（アドワーズ）とYahoo! JAPANが運営するYahoo!プロモーション広告の2つが、リスティング広告で大きなシェアを占めている。

3-10-2 リスティング広告の特徴

①クリックされやすい	能動的な検索行動の結果として広告が表示されるため、クリックされやすい。興味や関心の強い見込み客をサイトに訪問させるための有効な方法
②クリック課金である	ユーザーがクリックした時点でコストが発生。つまり、ユーザーがサイトに訪問するという効果があってコストがはじめて発生する。投資対効果が見えやすい
③低コストから始められる	低コストで、アカウントを開設することができる。また広告代理店を通さず直接出稿できるため、マージンが不要
④入札制である	キーワードごとの入札金額によって順位がリアルタイムに変動。ユーザーからの評価をクリック率という形で取り入れて掲載順位が決定されている
⑤反映が早い	ブラウザから簡単に掲載の設定を行ったり、停止したりすることが可能
⑥効果検証がしやすい	表示、クリック、コンバージョンの数や率など詳細なデータを得ることができるので、次の取り組みを考えやすいというメリットがある

リスティング広告には、6つのユニークな特徴がある。工夫次第で費用対効果を高められるため、中小事業者にも向いている。

ブックガイド
推薦：MarkeZine Academy 事務局

『新版 リスティング広告 成功の法則』
■著者：阿部圭司　■発行：ソーテック社

リスティング広告のコンサルタントである著者が、リスティング広告の本質（考え方）を伝えるために記した書籍の増補改訂版。リスティング広告の基本から応用まで、しっかりと押さえてある。自分で広告運用する人はもちろん、広告を発注する立場の人にも有用となるだろう。

『すぐに使えてガンガン集客！WEBマーケティング111の技』
■著者：山田案稜　■発行：技術評論社

SEO、リスティング広告、ブログ、ソーシャルネットワークなどを使って、Webマーケティングで成果を出すためのテクニックを111集めている。「すぐに使えて」とあるが、単なるテクニックから、中長期的なPDCAを回すための施策までカバーしており、実直な方法論も満載だ。

『デジタル・クリエイティビティ』
■著者：村上知紀　■発行：翔泳社

デジタルキャンペーンを成功させるために必要なフレームワークやマインドセットなどをまとめた一冊。デジタルだけでなく、リアルな場への拡張方法などにも触れている。変化の波に乗って、新しい時代のキャンペーンを引っ張っていく際に、その道しるべとして手元に置いておきたい。

『改訂版 ネット広告ハンドブック』
■編著：徳久昭彦、永松範之　■発行：日本能率協会マネジメントセンター

ネット広告の種類や効果測定方法を網羅的に紹介する書籍の改訂版。ネット広告の基本を押さえながら最新の技術まで幅広く学べるので、これからネット広告ビジネスの入り口に立つ人に最適だ。スマートフォンやソーシャルメディア領域の新しい情報も豊富に追加されている。

『インターネット白書2013-2014 すべてがつながる未来へ』
■編集：インターネット白書編集委員会　■発行：インプレスR&D

国内のインターネット利用状況に関する最新調査報告書。最新版では、ウェアラブルデバイスや、データを使いやすい形で広く流通させるオープンデータなど、新しいインターネットビジネスを展望している。紙の書籍はオンデマンド方式で発売され、Amazonや一部書店のみで購入可能。

CHAPTER 04
ウェブ分析とPDCA
小川 卓
Ogawa Taku

CHAPTER 04 ウェブ分析とPDCA

01 ビジネスゴールの設計

　本章では、アクセス解析とウェブ分析を中心に据え、データをウェブマーケティングにおいてどう活用していくかについてお話ししていきます。

　分析の目的とは、皆さんのサイトやサービスにおける課題を発見して、施策を効率よく行い改善していくことです。その中でデータは「過去をもとに現在を読み解き、未来を変える」役割を果たします。過去のデータを見て、現在の数字と比べることで、今は良い状態にあるか、それとも悪い状態にあるかを判断することができます。その情報をもとに気づきを得て施策を行い、より良い結果に変えていくことが分析の基本的な考え方です。

　データを見るうえでもっとも大切なことは、きちんとビジネスのゴールを設定しておくことです。何がゴールかを把握していないならば、データを見る意味も、分析する必要もありません。ゴールは、指標、数値、期間の３つの要素すべてを兼ね備えている必要があります（図4-1-1参照）。

　指標とは、達成するべきビジネスのゴールを端的にあらわすアクションのことです。多くのビジネスの場合、「売上をあげること」になるでしょう。

　数値とは、売上や会員数など、指標によって達成される絶対的な値です。

　期間とは、そのゴールをいつまでに達成するかです。売上１億円を目指す場合でも、設定された期間で難易度や施策はまったく変わってきます。

　この３つを含む「2014年度の売上高を１億5,000万円にする」、「第３四半期に有料会員を2,000人獲得する」のようなパターンが目標として望ましいでしょう。逆に「とにかく売上をあげる」のように具体的な数値がない目標は、今の施策のまま進めていいかどうかも、どこまでやればいいのかも分からないので、よくないパターンです。最終的な結果が出るのが１年後だとしても、１ヶ月ごとなどに途中経過を見て、必要に応じて軌道修正していけば、大きく失敗する可能性は低くなります。

　このとき、日々の改善活動が目標の達成につながるように、中間指標としてKPI（Key Performance Indicator）を設定するのが一般的です（図4-1-2参照）。例えば、売上をあげることが目標の場合、フォームを改修して離脱率を下げたり、コンテンツに手を入れたりといった施策は目標にはすぐ響いてこないため、実施内容が可視化しにくいといえます。そこで、目標につながる数字をKPIに設定し、その値を観察しながら振り返りを行なっていきます。成果がわかるまで時間がかかるのであれば３カ月ごとなど、週単位で数字が出るようならば毎週振り返りを行なってもいいでしょう。

　次の節では、目標とKPIの設定に役立つビジネスロードマップについてご説明します。

4-1-1 ゴールに必要な3つの要素

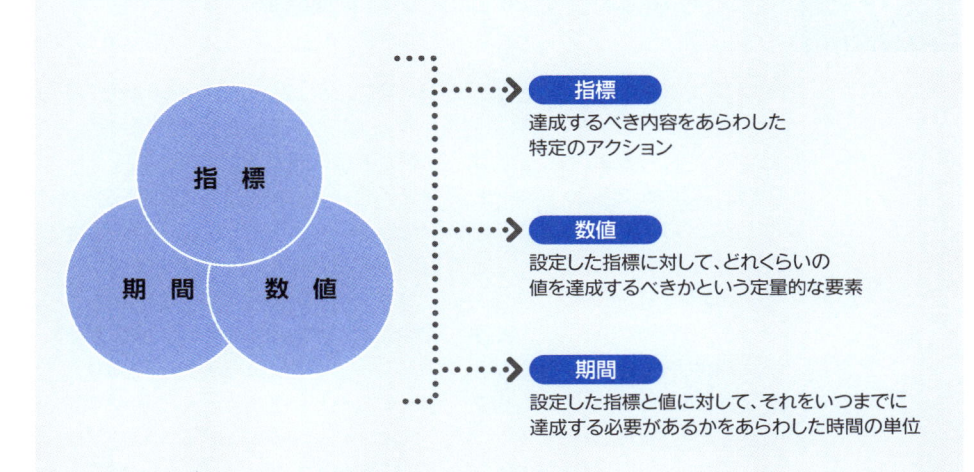

指標
達成するべき内容をあらわした特定のアクション

数値
設定した指標に対して、どれくらいの値を達成するべきかという定量的な要素

期間
設定した指標と値に対して、それをいつまでに達成する必要があるかをあらわした時間の単位

ビジネスにおけるゴールは、必ず、指標、数値、期間が含まれる形で設定しよう。
目指すべきゴールがない状態でやみくもに分析を行っても、施策につながるヒントは見つからない。

4-1-2 目標とKPIの関係

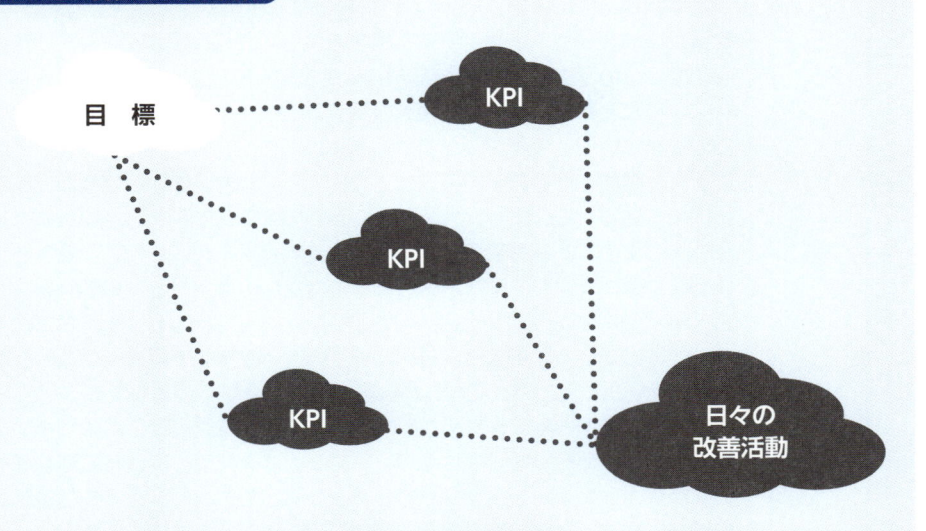

目標 — KPI — KPI — KPI — 日々の改善活動

日々の改善活動を積み上げて、中間指標となるKPIを達成していき、最終的なビジネスゴールを目指す。KPIはひとつだけでなく、複数設定することが望ましい。

02 ビジネスロードマップの作成①

　ビジネスロードマップとは、ビジネスの出発点からゴールまでのモデルを現在の数字と目標を含めて図示したものです。完成例は図4-2-1のようになります。作成することによるメリットは大きく3つあります。
①目的・目標の整理　我々のビジネスのゴールは何か、そこに至るためにはどんなプロセスを踏まないといけないか、サイトにはどこからお客さまが来ているのか、といったことを確認して整理することができます。
②社内での目線合わせ　関係者でビジネスロードマップを話し合いながら作成し、共有することで、問題意識や目標に対する目線合わせができます。
③必要なデータの洗い出し　ビジネスゴールを達成するために取得すべき数字はどれか、そして現在の数字はどうなっているかが作成を進めることで自ずと明らかになります。
　ビジネスロードマップの作成の流れを図4-2-2に示しました。本節では、現状の把握が完了する 3.指標 までを解説します。
　まずはじめに設計を行い、ビジネスのスタート地点と最終的なゴールを確認します。ゴールは前節で確認したように、「指標（何を）」「数値（どのくらい）」「期間（いつまでに）」を含んだ形で設計しましょう。
　次は図示を行います。ビジネスロードマップでは、訪問者数、お問い合せ数、成約数など、定量化できる場を四角形で表し、場の遷移を矢印で表します。このとき、あらゆる経路からの流入を洗い出し、マップに書き入れていくことが大切です。まずスタートとゴールを書き入れ、その間のプロセスを四角形と矢印でつないでいきましょう。
　次は、指標となる数字を確認して書き入れていきます。数字がわからない箇所があるなら、まず、社内のどこかの部署で数字をとっていないか確認しましょう。どこも管理していなかった場合は、データがとれるような体制を早急に準備してください。気をつけたいのは、ウェブの担当者だからといって、オンライン上の数字だけ把握していればいいわけではない、ということです。なぜなら、ゴールまでの数字がすべて見えていないと改善すべき場所とその重要度がわからず、意思決定ができなくなるからです。例えば、売上が把握できていないなら、リスティング広告にどのくらい予算をかけていいかわかりませんし、コストだけを見て、受注まで進む確率の高い有力な流入元をカットしてしまうかもしれません。大局的な視野の欠如が、パフォーマンスを大きく下げてしまうことがあるのです。
　すべての四角形の中に数字が書き込めたなら、それをつなぐ矢印の遷移率が計算によって求められるはずです。

4-2-1　ビジネスロードマップの完成例

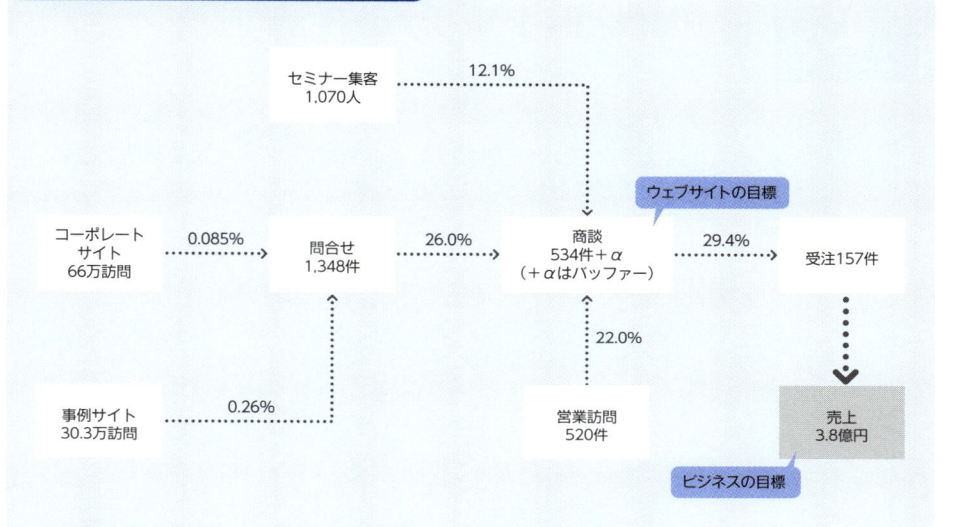

```
                        セミナー集客      12.1%
                        1,070人
                                              ↓
                                                          ウェブサイトの目標
コーポレート    0.085%     問合せ    26.0%    商談        29.4%   受注157件
サイト                    1,348件            534件＋α
66万訪問                                    （＋αはバッファー）
                          ↑                  ↑                    ⋮
                                            22.0%                  ↓
                                                                  売上
事例サイト      0.26%                       営業訪問               3.8億円
30.3万訪問                                  520件
                                                          ビジネスの目標
```

ビジネスロードマップを見れば、ビジネスゴールを達成するにはどんな道筋をたどればいいのか、集客元はどこで、どのくらい来ているのかが一目瞭然にわかる。

4-2-2　ビジネスロードマップの作成プロセス

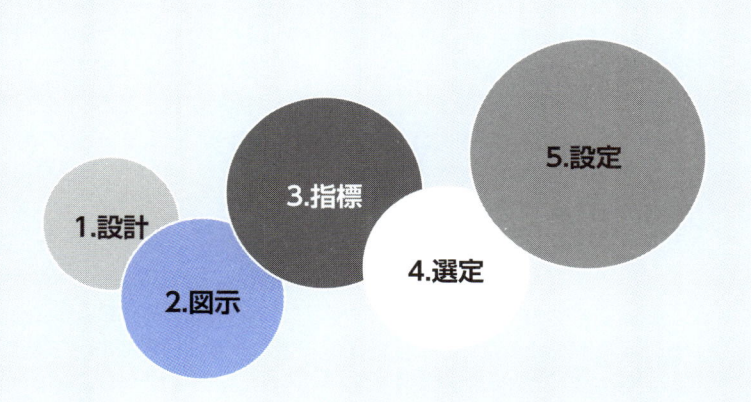

1.設計　2.図示　3.指標　4.選定　5.設定

ビジネスロードマップは、5つのプロセスを経て、完成させることができる。関係者全員で協議しながら作成することで、気づきを増やし、目標に対する目線合わせも行える。

077

03 ビジネスロードマップの作成②

　現在の指標を洗い出し、ビジネスロードマップに数字が書き込めたならば、次は改善ポイントを選定します。すべての流入元と遷移率を改善しようとすると手が回らなくなるので、改善ポイントは2つか3つくらいに絞りましょう。選定の基準は3つあります。

　1つめはボリュームです。もともとの数が大きいところを増やしたほうが成果は大きくなります。例えば、流入数100件のところを10%改善しても増加数は10件ですが、流入数5,000件のところならば、同じ10%の改善でも500件の増加が見込めます。

　2つめは、見立てです。改善の余地、と言い換えることもできます。どうしたらいいか見当もつかなかったり、過去2年間取り組んできたのでこれ以上改善するところが思いつかない、というところは優先度を下げたほうがいいでしょう。逆に、今までほとんど手をつけてこなかったところは、改善の余地が大いに残されているので優先的に手を付けるべきです。

　3つめは、実現難易度です。アイデアはあるけれどそれを実現するための時間やリソースが足りないという場合や、サイトの大幅リニューアルのように稟議を通して予算を獲得してからでないとできない施策は、後回しにせざるを得ません。まずは、リンクの追加やコピーの変更など、社内だけですぐにできるような改善案はないか検討してみるとよいでしょう。

　図4-3-1では、「売上」がゴールですので、そこに直結する「商談」をKPIに設定しました。さらに商談数を上げるため、日々の改善で成果があらわれやすい3箇所を、第二KPIとして改善ポイントに選定しています。

　優先する指標が決まったら、選定した箇所に対してどこまで改善するかを設定します。推奨したいのは、選定数nに対して、n−1個の達成で100%に到達するよう設定するというやり方です。どういうことかというと、例えば図4-3-1でKPIに設定した商談数534件を達成するには、昨年度実績の415件に119件上乗せしなければなりません。そこでn−1、この場合2つの改善ポイントで100%、1つあたりは50%を達成できるように目標値を設定するのです。具体的な数値の求め方は図4-3-2のようになります。

　このパターンだと3つ全部達成できたときに目標に対して達成率150%になりますが、これは意図的にそうしています。目標は必達すべきものではありますが、思うように数字が上がらないこともあります。また、予期せぬトラブルから手を付けられずに終わった箇所があっても残りの2つで100%が達成できれば安心です。このようにバッファーを積んでおくことで、不測の事態にも対応できますし、施策にも余裕や広がりが生まれます。

4-3-1 値の把握と改善ポイントの選定

売上目標の達成には534件の商談が必要

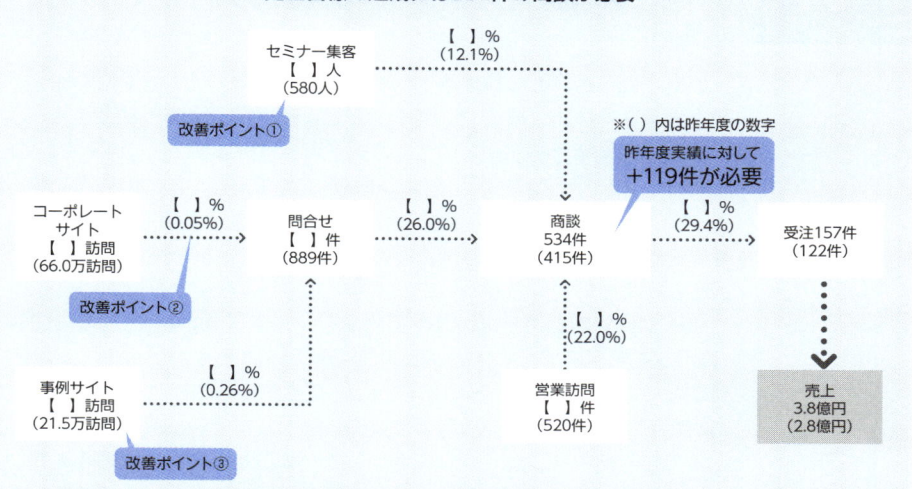

```
                          セミナー集客         【 】%
                          【 】人           (12.1%)
                          (580人)
                                              │
                      改善ポイント①            │
                                              ▼
コーポレート  【 】%   問合せ    【 】%    商談      【 】%   受注157件
サイト       (0.05%)  【 】件   (26.0%)   534件     (29.4%)  (122件)
【 】訪問              (889件)            (415件)
(66.0万訪問)
                                              ▲
   改善ポイント②                             │
                                          【 】%
                                          (22.0%)
事例サイト   【 】%                           │
【 】訪問   (0.26%)                       営業訪問                売上
(21.5万訪問)                              【 】件                3.8億円
                                          (520件)              (2.8億円)
   改善ポイント③
```

※（ ）内は昨年度の数字

昨年度実績に対して
＋119件が必要

ボリューム、見立て、実現難易度から、総合的に判断し、「セミナー集客」「コーポレートサイトから問い合わせへの遷移率」「事例サイトの訪問者数」の3箇所を改善ポイントに選定した。

4-3-2 目標達成に必要な改善幅の求め方

改善ポイントの数－1で目標が達成できるよう改善幅を決定。残りの1つは予備のバッファー

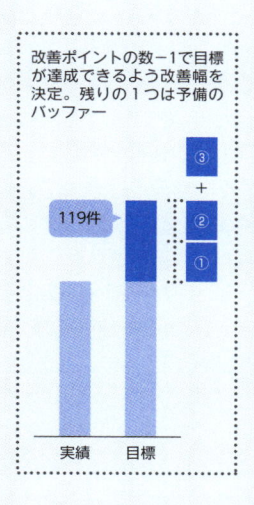

1 セミナー集客数
- 昨年度の実績　　　　580人×12.1%＝70人
- 59.5人増やすには?　　n_1 ×12.1%＝129.5人
- →n_1＝1,070人

2 コーポレートサイトから問合せへの遷移率
- 昨年度の実績　　　　660,000人×0.05%×26%＝86人
- 59.5人増やすには?　　660,000人× n_2 ×26%＝145.5人
- →n_2＝0.00085＝0.085%

3 事例サイトの訪問者数
- 昨年度の実績　　　　215,000人×0.26%×26%＝145人
- 59.5人増やすには?　　n_3 ×0.26%×26%＝204.5人
- →n_3＝302,515人

このような計算で目標到達への不足分を求めることができる。すべての改善ポイントで目標達成できなくても、合計では達成できるようにバッファーを積んでおくことで成功率は上がる。

04 ウェブ分析でPDCAを回す

　ビジネスの目標と改善するべきポイントが決まると、サイトやページの改善施策を具体的に進めていけるようになります。改善のプロセスとしては、よくPDCAサイクルという考え方が用いられます。これはPlan、Do、Check、Actionの頭文字からなる継続的な事業運用のための概念です。改善がすばやく行え、その結果がスピーディーに定量化されてあらわれるウェブマーケティングとの相性はよく、データ分析に取り組んでいる企業では必ずといっていいほど使われています。

　データ分析においては、改善の施策を考えて（Plan）、それを実施して（Do）、結果を確認して（Check）、原因を特定する（Action）という円循環になります。Actionの次は再びPlanに立ち返って、サイクルを継続的に回していきます。施策を考えて実施したら必ずその結果まで見届けること、そして結果を次サイクルに活かしていくことが肝です（図4-4-1）。

　このプロセスは、必ずPからはじめなければいけないわけではありません。どこからスタートしてもPDCAサイクルは回りますので、基本的に取り組みやすいところからスタートして構いません。これからアクセス解析をはじめようという場合やサイト規模が小さいうちは、私はDoからスタートすることを推奨しています。なぜなら、サイトができたばかりのころやデータを取りはじめて間もないうちは、そもそも十分なデータ数が集まっていないので、データに基づいて何かをやるのは難しいからです。アクセス数が10件でもコンバージョンが4件ならCVRは40%となりますが、サンプルが少なすぎて、その結果から結論を導き出すことはできません。そういうときは、まずはデータではなく仮説をもとに施策を考えて、とりあえず実行（Do）してみることが必要です。すでに施策を行なっている最中ならば、Checkから、つまり現在の数字を確認するところからはじめてもいいでしょう。大事なのはスタート地点ではなく、プロセスを回していくことなのです。そのためには何に気をつけたらいいかを図4-4-2にまとめました。PDCAサイクルは途中で止めてしまっては意味がありません。つまずきがちなポイントに気をつけて、継続的に回していきましょう。

　ここではウェブ分析を例に解説しましたが、ウェブマーケティングにおけるPDCAサイクルは、集客キャンペーンやメルマガなど、すべての施策に応用できます。さらに、PDCAには、ビジネスの方向転換や新規事業計画など、全体戦略に及ぶ大きなものもあります。立場によっては、サイトの日々の改善といった小さなPDCAとともに、ビジネス全体に関する大きなPDCAを回すこともセットで考えておく必要があります。

4-4-1 PDCAに基づくウェブ分析のプロセス

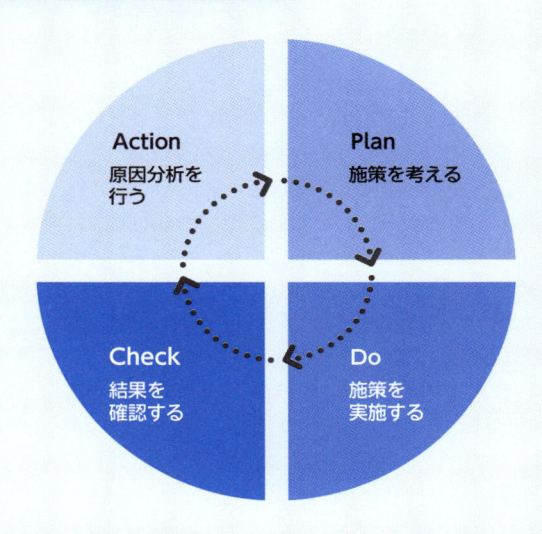

Action
原因分析を行う

Plan
施策を考える

Check
結果を確認する

Do
施策を実施する

PDCAに基づくウェブ分析とサイト改善は上図のようになる。PDCAサイクルはどこからはじめてもよい。準備として、モニタリングすべき指標の選定と現在の値の確認は必ず行なっておこう。

4-4-2 起こりがちな問題点とその解決方法

PlanからDoへ
施策を考えたが実現できない

原因と解決のヒント

①難易度が高い
②時間がかかる
③効果が可視化されていない

特に③を解決することが最優先
まずは「できる施策を予測して行う」
わからなければ改善幅は2割で設定

DoからCheckへ
施策を実施したが評価を行わない

原因と解決のヒント

①評価項目を決めていない
②データが取得できない
③数値を見る人がいない／見方がわからない

評価項目を決め、指標の値がとれるツールを用意、はじめから詳細な分析ができなくても構わないので、担当者を決め、毎日データを見ることからはじめる

ActionからPlanへ
行なった施策が次に活かせていない

原因と解決のヒント

①施策のストックの重要性が理解されていない
②結果の報告・共有ができていない

行なった施策の結果や分析を元に
次の施策を行なったほうが精度が高まる

CheckからActionへ
結果を確認したが次につながらない

原因と解決のヒント

①原因特定の方法がわからない
②内容を他の人に相談できていない

つまり「分析方法」がわからないということが最も大きな原因。まずは、数値をセグメントして見てみよう

PDCAサイクルは、継続的に回していくことが何よりも大事。やりっぱなしになっていたり、途中で止まっているようであれば、プロセスを切り分けて原因を究明後、解決策を考えていく。

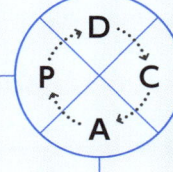

05 アクセス解析ツールの紹介

　ウェブ分析で使われるツールは、アクセス解析ツールとデータ分析ツールに大別され、そこからとれるデータに関しては、図4-5-1のように分類することができます。店舗などのオフラインと比べると、オンラインでは非常に多くのデータがとれることがわかります。サイト内のデータの計測は、主にアクセス解析ツールを使っていくことになりますが、国産だけでも数十種類以上、海外のものも含めると100種類以上のツールがあります。その中でも一番知名度が高く、よく使われているものがグーグルの提供する、Googleアナリティクスです（図4-5-2）。

　特徴としては、無料で使えること、機能が豊富でバージョンアップが頻繁に行われることが挙げられます。また、解説書やネット上の記事も豊富なため、ほかのツールと比べて使い方を覚えやすく、また、トラブルの解決方法を見つけやすい点もメリットです。反面、アップデートでメニューやレイアウトが頻繁に変わるので、慣れには努力が必要なこと、せっかく学んだことがすぐ古くなってしまうことなど、悩ましい点もあります。

　また、大きなサイトを運営している会社ほどネックになってくるのが、集計されたレポートの状態でしかデータがダウンロードできない、という点です。Googleアナリティクスでは、ログデータがグラフや表に集計された状態で提供されます。つまり、あるユーザーが何時何分に訪問して、どのページを見て……といった生のログデータは取れないので、個々のユーザーの行動分析などはできません。ログデータをエクスポートして自社のデータベースに取り込んだり、ユーザーの閲覧履歴をもとにレコメンドを出したい場合などは、少なくとも現時点では、ほかのツールを使う必要があります。それでも、BtoB、BtoCを問わずほとんどのサイトについて、Googleアナリティクスはオススメできます。無料なので、直接の利益を生まないコーポレートサイトなどにも導入しやすいといえます。

　ツール選びで大切なのは、ビジネスロードマップや目標に基づいてどういう数字やデータが必要なのかをしっかり把握し、それを計測するのに必要十分なツールを選ぶ、という視点です。現在の環境ではとれないデータが出てきたときや十分な分析ができないときに、はじめてツールの導入や乗り換えを検討します。「とりあえず」で導入してから「このツールはこんなデータがとれるけど何かに使えないだろうか？」という考え方では順序が逆なので注意してください。また、高額で高機能なツールが必ずしも最適なツールというわけではありません。サイト規模や目的に合わせて、自社にあったものを選びましょう。

4-5-1 ツールの分類とそこからとれるデータの種類

サイト内

● アクセス解析ツール
　訪問者数・訪問回数
　遷移率・離脱率
　コンバージョン率
　新規とリピートの数
　参照元・検索エンジン

● UI関連ツール
　ヒートマップ
　クリック箇所
　スクロール量
　ページ表示時間
　ソーシャルブックマーク数

サイト外

● 検索キーワードツール
　検索回数・トレンド・順位

● 競合分析ツール
　競合のアクセス数
　競合のブランド認知・関連ワード

● ソーシャルメディア分析ツール
　自社アカウントの分析
　（発信情報の拡散度など）
　トレンド分析（流行のキーワードなど）

訪問者数、離脱率、コンバージョン率といったサイト内のデータは主にアクセス解析ツールで取得する。競合サイトやソーシャルメディアなど、サイト外の数値やトレンドをとれるツールも存在する。

4-5-2 Google アナリティクスのレポート画面

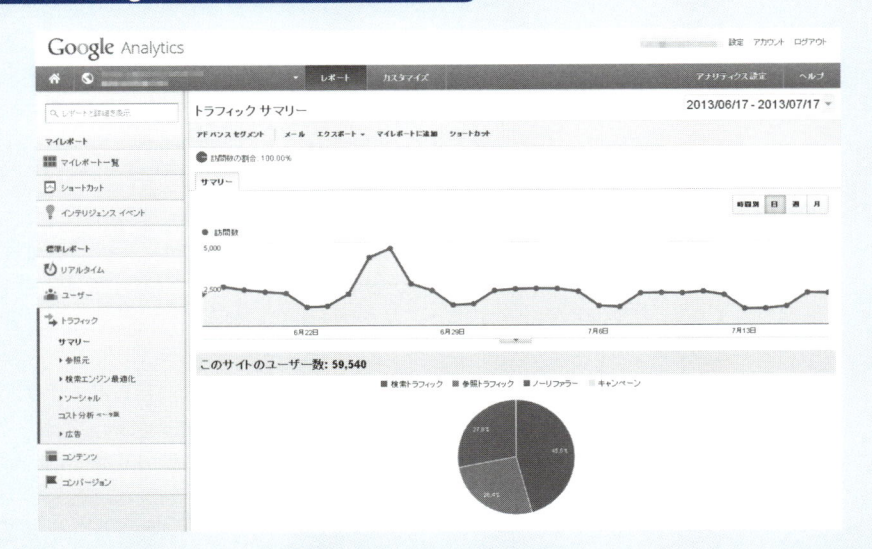

Google アナリティクスは、無料ながら高機能で、国内外で最もシェアの高いアクセス解析ツール。画面左端のレポートメニューで選択したデータやグラフが中央に表示される。

CHAPTER 04　ウェブ分析とPDCA

06　トレンドを施策に活かす

[1] 調べたいキーワードを入力して、期間や地域を指定すると、最も多かった時期を100とした相対的な検索数の期間グラフが表示される

　データは、数字だけ抜き出して、ただ眺めているだけでは気づきを得ることはできません。そこに、時系列によってどう増減しているか、という視点を加えることで見えてくることがたくさんあります。この時系列による変化をトレンドといいます。アクセス解析ではデータからトレンドを見つけることで、変化の規則性や傾向に合わせた施策が考えられるようになります。日単位、週単位、月単位など、さまざまな粒度で切り分けて比較するしてはじめて、データが価値あるものになるのです。

　図4-6-1はキッズ向けサイトのアクセス数を3年分集計したものです。このグラフから2つの気づきが得られます。ひとつは、どの年も3月、8月、12月に大きくPV数が増えていること。この時期は、夏休みやお正月など長期休暇で小中学生が自宅にいることが多いので、いつもよりもアクセスが増えていると予想できます。増減の理由がわかれば、そろそろ夏休みに入るからPVは増えそうだ、4月に入って学校がはじまったからPVは前月よりも落ちるだろう、という予測を立てて、サイト運営に活かすことができきます。もうひとつは、2012年6月だけPV数がほかの年の約1.5倍に増えているということ。このようにトレンドから大きく外れた値にサイト改善のヒントがあります。増えた原因を、データを手がかりに特定し、それをもう一度再現できないだろうか、という視点で考えます。雑誌に広告を出して流入が増えていたならば、もう一度出稿することで再現できるかもしれませんし、ある人気サイトが大きな流入元になっていたなら、そのサイトにコンタクトを取って掲載をお願いする方法も考えられるでしょう。トレンドから外れた値には、必ず原因があります。その原因を特定して、うまく活用できるかが大きな成果を狙うポイントになります。

　図4-6-2は、2013年の「こたつ」の検索数の増減をGoogle Trends [1]で調べたものです。10月第1週くらいから検索数が上がりはじめ、11月にピークを迎えています。ユーザーが「肌寒くなってきたな」と感じた頃に検索は既にはじまっています。こたつの特集ページを作ろうとしたら、まだ残暑が厳しい9月頃から着手しないと機会を損失してしまいます。

　このように、トレンドを施策に活かすには、月ごとの変動であったり、週末に訪問者が多いというような規則性を見つけて先読みすること、そしてトレンドから外れた値である特異点を探して原因を特定し、施策のアイデアとすることが重要です。なぜ数字が増減したのか、増えたならばそれをもう一度再現することができないか、減ったならばそれを起こさないようにするにはどうすればいいのか、ということを考えていきましょう。

4-6-1 年間の月別平均PVからトレンドをつかむ

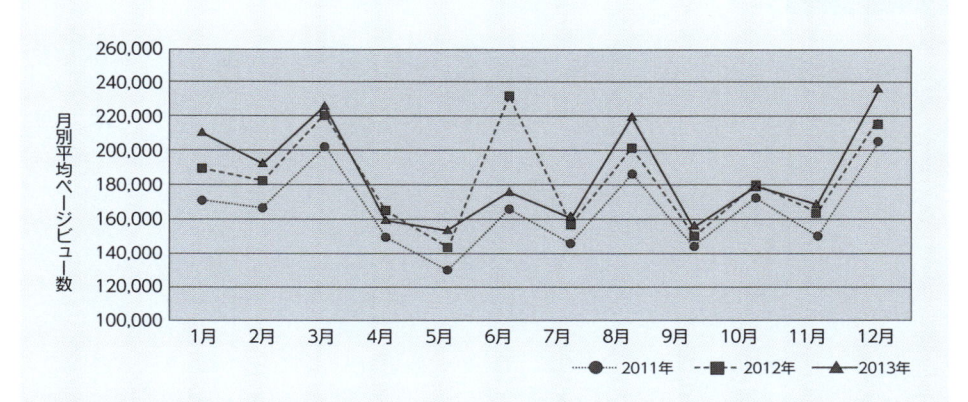

あるキッズ向けサイトのアクセス数は上図のようであった。年間を通して増減を見ることで、トレンドの傾向がわかる。さらに他の年と比べると、トレンドから大きく外れた値が見つかることがある。

4-6-2 「こたつ」の2013年検索トレンド

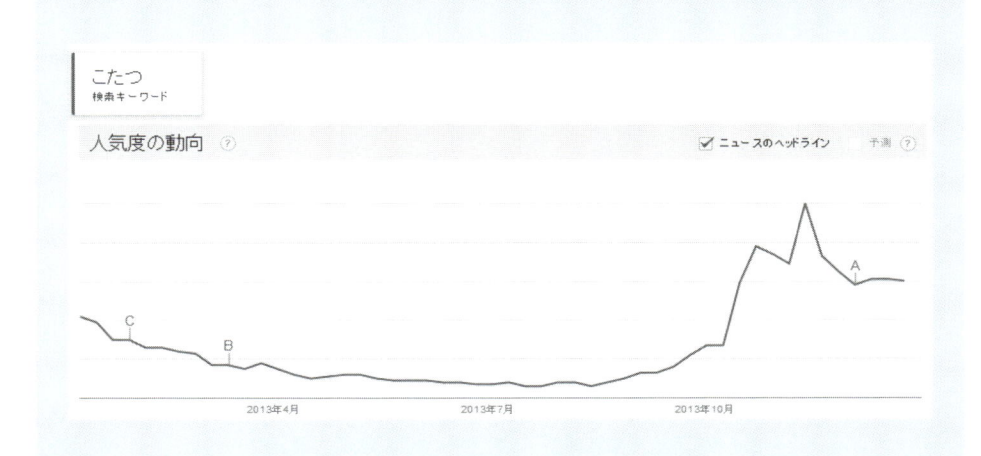

キーワードの時系列に沿ったトレンドを調べるにはGoogle Trendsが役に立つ。「こたつ」で調べたところ、10月〜11月頃に検索数が急増している。こういったトレンドを施策に活かしていく。

07 セグメントの活用事例①

トレンドと並び、アクセス解析におけるデータの見方として重要なのがセグメントです。セグメントとは、一言でいうと、同軸による分解です。

あるECサイトの1ヶ月のデータが、50,000PV、コンバージョン率2.0%、売上100万円だったとします。これだけで、何か改善点を見つけようとしても情報が足りないため、なかなか難しいと思います。そこで、このサイトの新規・リピーターそれぞれの数字はどうなっているか、という観点で、数字を分解します。すると、図4-7-1のように、リピート顧客に比べて、新規のコンバージョン率が3分の1以下になっていることがわかりました。この場合、セグメントの軸は、訪問者の属性、つまり新規かリピーターか、という視点になります。明らかに新規の人だけ数字が悪いので、新規の人に優しくないサイトになっていることが予想されます。例えば、「はじめての方は」というガイダンスページをつくったり、新規の人に対してポイントをサービスするなどのアイデアが出てくるかもしれません。

もしセグメントせずに、データだけを見たら、どこをどのように改善していいかわからないままだったはずです。数字を分解してみることで、今まで見えていなかったことが見えてくるので、それを分析や改善のヒントにつなげることができます。セグメントの軸は、新規またはリピートといったユーザーの属性や流入元などが代表的です。また、検索エンジンから来る人とブックマークから来る人では、行動パターンは全然違いますし、ランディングページがどこだったか、特定のコンテンツを見たかどうかでもコンバージョン率はかなり変わってきます。ある切り口でセグメントしてみたけれどこれといった傾向が見当たらない場合でも、もう一度違う視点からセグメントしてみると新たな気づきが得られることが多くあります。

図4-7-2は、あるサイトで、ユーザーがどのページを入り口として訪問してきたかによってセグメントし、それぞれの直帰率をGoogleアナリティクスで集計したものです。ページごとの訪問数と、サイト全体の平均直帰率と比べてどのくらい直帰率に差があるかが表示されています。平均直帰率は48%ですが、ページEから入ってきた場合はその約2倍、ページAの約4倍の直帰率になっているので、優先的に改善すべきことがわかります。第3節でお話ししたように、改善ポイントを選定する基準のひとつはボリュームです。まずは流入数が多く、直帰率が高いページC、D、Eを改善することが、平均直帰率を改善するには効果的です。また、改善の際は、直帰率が低いページAやページBのレイアウトやコピーを参考にすると、どう改善すべきかヒントが得られるかもしれません。

4-7-1 セグメントの基本的な考え方

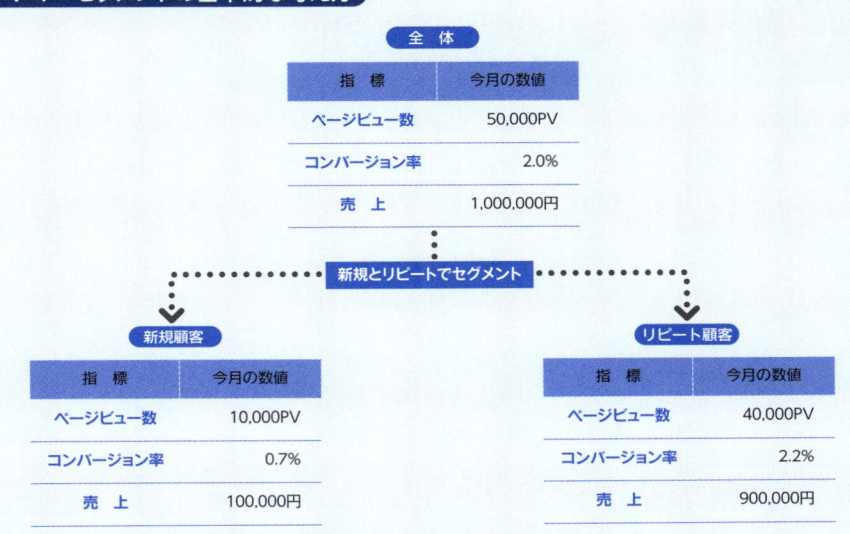

全体

指　標	今月の数値
ページビュー数	50,000PV
コンバージョン率	2.0%
売　上	1,000,000円

新規とリピートでセグメント

新規顧客

指　標	今月の数値
ページビュー数	10,000PV
コンバージョン率	0.7%
売　上	100,000円

リピート顧客

指　標	今月の数値
ページビュー数	40,000PV
コンバージョン率	2.2%
売　上	900,000円

漠然とアクセス解析の全体の数字だけ見ても気づきは得られにくい。新規顧客とリピートのように、データをセグメントすることで、強みや課題が浮き彫りになり、次の施策が立てやすくなる。

4-7-2 入り口ページでセグメントして直帰率を分析

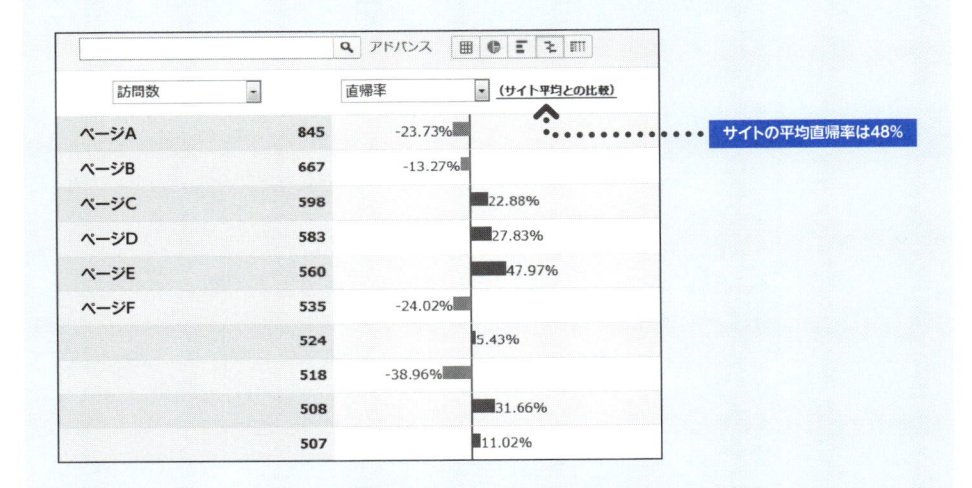

	訪問数	直帰率	(サイト平均との比較)
ページA	845	-23.73%	
ページB	667	-13.27%	
ページC	598		22.88%
ページD	583		27.83%
ページE	560		47.97%
ページF	535	-24.02%	
	524		5.43%
	518	-38.96%	
	508		31.66%
	507		11.02%

サイトの平均直帰率は48%

改善による影響が大きいのは、訪問数が多いページ。直帰率が高いページも、改善の余地が大きい。
つまり、上図では、訪問数=大、直帰率=高のC、D、Eが優先。

CHAPTER 04　ウェブ分析とPDCA

08　セグメントの活用事例②

【1】企業の商品紹介ブログや特集ページにも応用できる考え方になる

　図4-8-1は、あるソーシャルゲームのユーザーの動きをGoogleアナリティクスで分析したものです。このサービスでは「ゲームをはじめる」のボタンをタッチすると、チュートリアルが開始されます。画面に出てくる操作説明に従いながら、全部で10数ページあるチュートリアル画面を最後まで進んでいくと本編がはじまりますが、その過程で少しずつユーザーが離脱しており、最終的な突破率は35％となっていました。

　そこで、どこでユーザーが多く離脱しているかを調べるためにページごとにセグメントしたものが図4-8-1の左上です。ページの遷移率を見ていくと、最初のページから次のページに進んだユーザーが48.98％と、早くも半数以上が離脱しています。その後のステップでは、いずれも90％以上のユーザーが次ページに遷移できていますので、優先的に改善すべきポイントは最初のページということがわかります。次に、離脱の原因を探るため、各ページの平均表示時間（秒）を集計したものが図4-8-1の右下です。問題となっているページを見てみると、他のページと比べておよそ3〜5倍の時間がかかっていました。同じ画面に長時間とどまっているのは、ユーザーが次に何をしたらいいのかわからず迷っている、また、何をするゲームなのか伝わりにくいという2つの仮説を立て、「ゲームをはじめる」のボタンを大きく見やすくする、デザイン周りに手を入れるという2つの施策を行いました。その結果、チュートリアル突破率が10％改善し、1日の新規登録者が100人増、増加した新規登録者による売上へのインパクトは480,000円／月と大きな成果を上げることができました。このように、突破率全体で見るのではなく、各プロセスに切り分けて、課題がどこかを発見し、ユーザーの負担や煩わしさをいかに軽減するかという方向で考えていくことで、離脱率は改善します。

　次は、閲覧コンテンツによってセグメントする例をご紹介します。図4-8-2は、私のブログをアクセス解析したものです。私はこのブログのコンバージョンを1回の訪問でユーザーが2つ以上の記事を見ることと設定しています。7番と9番の記事では、訪問者数は2割ほどしか差がありませんが、CV数は8倍以上の開きがあります。つまり、ほかの記事でもたくさんのコンバージョンを稼ぎたいのであれば、参考にすべきは7番の記事ということになります。記事の内容や書き方はもとより、他記事へのリンクの場所など、ポイントを洗い出してひとつひとつ検証します。また、達成度が高い記事のみを参考にするのではなく、低い記事もしっかり見て、どこでコンバージョンに差が出ているのかを比較するのも有益です[1]。

4-8-1 ページごとにセグメントして遷移率を分析

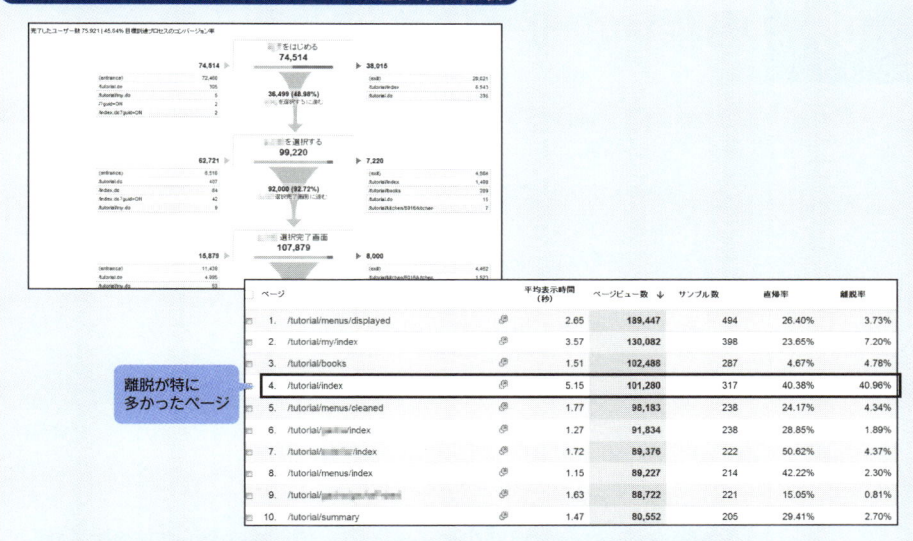

離脱が特に多かったページ

	ページ		平均表示時間(秒)	ページビュー数 ↓	サンプル数	直帰率	離脱率
1.	/tutorial/menus/displayed		2.65	189,447	494	26.40%	3.73%
2.	/tutorial/my/index		3.57	130,082	398	23.65%	7.20%
3.	/tutorial/books		1.51	102,488	287	4.67%	4.78%
4.	/tutorial/index		5.15	101,280	317	40.38%	40.96%
5.	/tutorial/menus/cleaned		1.77	98,183	238	24.17%	4.34%
6.	/tutorial/　　　/index		1.27	91,834	238	28.85%	1.89%
7.	/tutorial/　　　/index		1.72	89,376	222	50.62%	4.37%
8.	/tutorial/menus/index		1.15	89,227	214	42.22%	2.30%
9.	/tutorial/		1.63	88,722	221	15.05%	0.81%
10.	/tutorial/summary		1.47	80,552	205	29.41%	2.70%

Googleアナリティクスの目標到達プロセス レポート（左上）でコンバージョンまでを俯瞰的に見た後、離脱が多いページをさらに詳しく見ていく。ここでは、ページの平均表示時間に注目した。

4-8-2 コンテンツごとにセグメントしてCV数を分析

		PV数	訪問	滞在	直帰	新規
7.	アクセス解析やTwitter分析など、3年間でレビューした100個のツールをまとめた『ウェブ分析ツール大全』を公開！- リアルアクセス解析					
	すべての訪問	15,468	12,069	00:02:42	77.54%	69.83%
	コンバージョンが達成された訪問	3,698	1,520	00:03:38	0.00%	21.98%
8.	ウェブサイトの課題発見のために、筆者が普段から使っている「解析系ツールボックス」の中身を紹介！- リアルアクセス解析			突出してCV数が多い記事		
	すべての訪問	13,752	12,698	00:04:50	86.87%	84.91%
	コンバージョンが達成された訪問	1,519	901	00:07:55	0.00%	28.64%
9.	アクセス解析だけでは分からない、サイト上でのユーザー動向を追うツール8＋2種 - リアルアクセス解析					
	すべての訪問	12,493	10,707	00:03:30	82.26%	76.74%
	コンバージョンが達成された訪問	448	361	00:02:50	0.00%	23.44%
10.	Twitter解析ツール１５種比較レビュー(2011年版) - リアルアクセス解析					
	すべての訪問	12,138	11,269	00:05:31	88.11%	83.70%
	コンバージョンが達成された訪問	1,905	1,324	00:08:10	0.00%	37.59%

売上などの数字には直接はつながらないページでも、コンバージョンを定義することで分析可能になる。成果が大きいコンテンツを見つけ、他のページに応用できるポイントがないか考えてみよう。

09 各種レポートの特徴とその利用目的

　レポートの目的とは、ウェブサイトを分析した内容を「正確に」「わかりやすく」他の誰かに報告し共有することです。分析した本人だけがわかっていても意味がないので、①報告対象者が必要としている、または興味がある内容になっていること、②伝えたいメッセージが明確になっていること、③次に取るべきアクションが可視化されていること、④定期的に作成され共有されていることが優れたレポートの要件になります。

　レポートの種類は多種多様なものがありますが、ここでは日次、週次、月次と、期間を粒度にとって3つご紹介します。

　日次レポートは毎日作成することになりますので、手間をかけず、シンプルにすることが求められます。Googleアナリティクスのマイレポート機能などを使って、ビジネスロードマップで設定したゴールとKPIについて自動配信される環境を整えることが最優先になるでしょう。データの急激な変化を捉えることが目的になるので、毎日続けることが重要です。

　週次レポートは、月次の目標に対して進捗を確認することが主な目的です。ビジネスロードマップを俯瞰できる内容にして、指標の良し悪しが一目でわかるようにしましょう。施策を評価してコメントを付ける場合は一言二言と最低限にして、その分、新しい施策の考案に時間をかけます。

　月次レポートは、会議の場で経営層が意思決定を行う判断材料になるので、先月はどうだったか、今月の方針はどうするかなどをグラフを交えて詳細に報告する必要があります。主にPowerPointで作成され、数十ページに及ぶこともありますので、目次をつけたり、フォーマットについて考えたりと見やすさに配慮する必要も出てくるでしょう。年間やクオーター目標の見直しや新しい提案は月次レポートに含めた形で行いますので、プレゼンできる方式での資料作成が求められます（図4-9-1参照）。

　月次レポートにおいては、同時に提出するサマリーシートが最も重要になります。サマリーシートとは、先月と今月の状況が3分でわかるように簡潔にまとめた1枚のペーパーです。これさえ読めば何が重要かわかりますので、進行と分厚い資料と突き合わせせずとも要点が伝わり、会議がスムーズに進みます。また、重要な数字だけを抜き出すことで、社内外の関係者に拡散しやすい、過去のデータと数字を比較しやすいというメリットもあります。サマリーシートの作成例を2つ、図4-9-2に示しました。グラフがあるパターン、ないパターンなどいくつか考えられますが「俯瞰して見やすい」、「3分でわかる」、この2つを心がけて会社にあったレポートを作成しましょう。

4-9-1 月次レポートの作成例

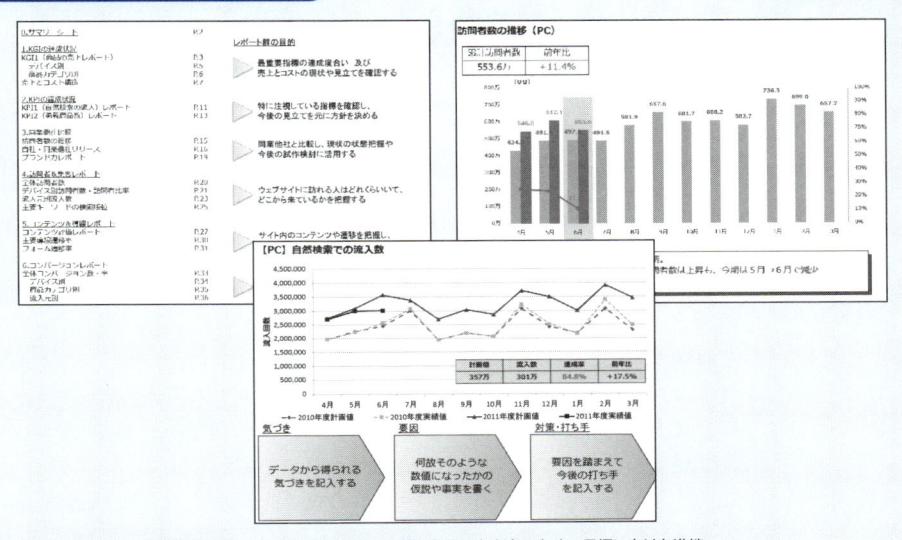

月次レポートは、会議の場などでプレゼン資料としても使われることが多いため、目標に向けた進捗の数字を伝えるだけでなく、見やすさ、わかりやすさにも重きをおく必要がある。

4-9-2 サマリーシートの作成例

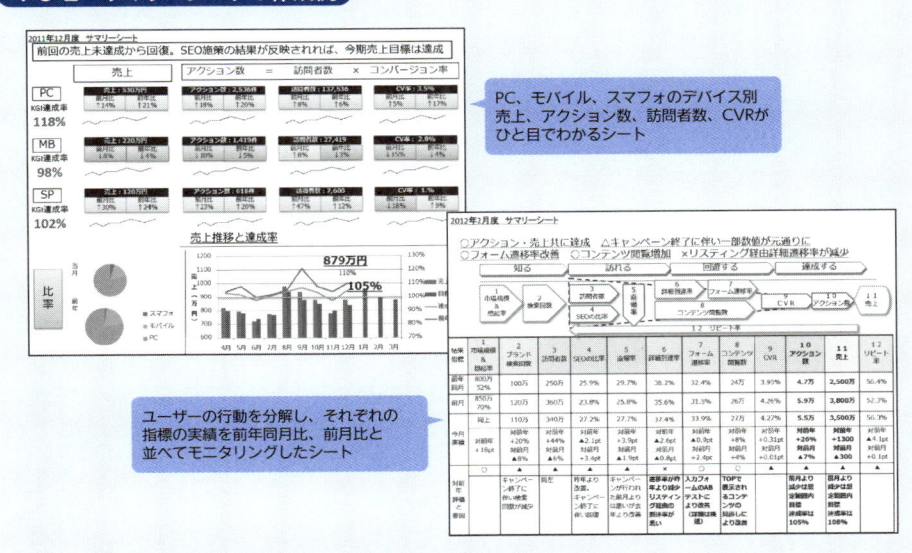

PC、モバイル、スマフォのデバイス別売上、アクション数、訪問者数、CVRがひと目でわかるシート

ユーザーの行動を分解し、それぞれの指標の実績を前年同月比、前月比と並べてモニタリングしたシート

サマリーシートは、先月と今月の状況がひと目でわかるように1枚のシートで作る。
俯瞰的して見やすい、3分でわかる、という2つのポイントに気をつけよう。

10 アナリストに求められる役割

　最後はアナリストの役割についてお話しします。5年前くらい前、アクセス解析のツールを導入している企業は、まだそれほど多くありませんでした。それが今ではほとんどの企業でアクセス解析やデータ分析が行われており、精度や手法もどんどん進化しています。アクセス解析のニーズは今後ますます高まると予想されますので、解析を専門にしないウェブマーケターの方でも正しい判断をするために、データの見方やアクセス解析に関するスキルや知識は幅広く身につけておくべきでしょう。

　参考までに、アナリストの必要スキルを図4-10-1にマッピングしました。すべてをマスターする必要はなく、自分が今どんなスキルセットを持っているか、今後どう伸びていきたいかによって、苦手部分を補うべきか、専門性をさらに高めるべきか詰めて考えていきましょう。

　アナリストの仕事において、データの集計は受動的、分析は能動的と言えます。ウェブサイトからデータを集計して、エクセルでグラフ化し、結果をレポートとして会社や上司に伝えることも仕事のひとつではありますが、分析しないと、ただ数字が増えた、減ったという誰にでもわかる結論しか出てきません。そこで、分析が必要になりますが、分析はツールが自動ではしてくれません。データからサイトの良いところ、改善すべきところを発見して、気づきを得られるかどうかは、アナリストの腕次第です。

　とは言え、集計と分析に使う時間と労力は、全体の50％以下に留めましょう。いくら詳細に分析をしても、そのことで直接売上が上がるわけではないからです。その先は提案を行い、人を動かし、自分で施策を実行していく必要があります。データを分析するだけの人にはならないでください。

　分析の必要がないときは、分析しないという判断も必要です。特にサイトを立ち上げたばかりの頃はまだ十分なデータが集まっていないので、無理に分析しようすると、精度が下がり、誤った判断を招いてしまいます。分析が有効になる目安としては最低月1万ビューほど。それ以下ならば、まずは集客に力を注ぐべきです。

　なぜそうなったのか、どういう要因があったのか、それを改善するためには何をすればいいのかをアイデアとして提案することこそが大事です。それができて売上に貢献してはじめて、アクセス解析ツールを入れる意味、仕事としての価値が生まれます。

　ウェブ分析はビジネスゴールに貢献することが最も大切です。目標達成に向けてデータを使って何ができるかを考え、本章で解説したトレンドやセグメントを活用して、分析と施策で他社と差別化していきましょう。

4-10-1 アナリストの必要スキルマッピング

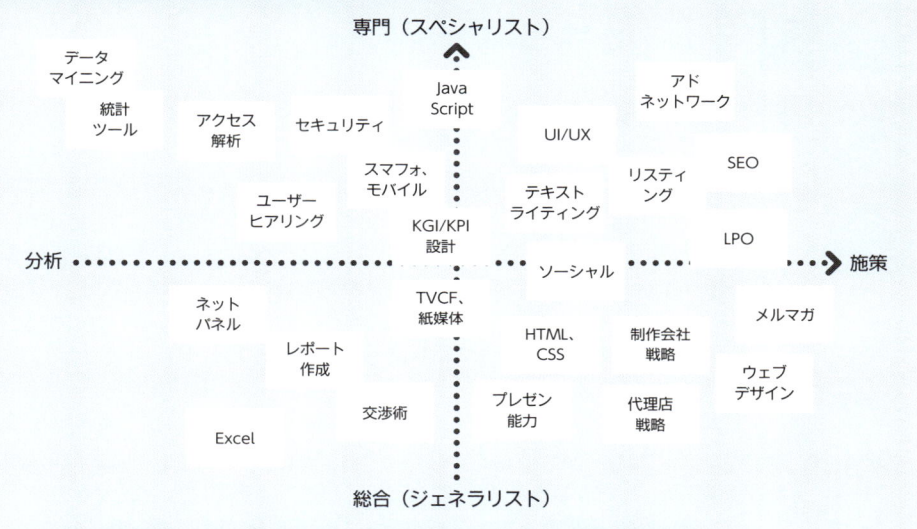

専門（スペシャリスト）

- データマイニング
- 統計ツール
- アクセス解析
- セキュリティ
- JavaScript
- UI/UX
- アドネットワーク
- スマフォ、モバイル
- リスティング
- SEO
- ユーザーヒアリング
- テキストライティング
- KGI/KPI設計
- LPO

分析 ……………………………………………………………→ 施策

- ネットパネル
- TVCF、紙媒体
- ソーシャル
- 制作会社戦略
- メルマガ
- レポート作成
- HTML、CSS
- ウェブデザイン
- Excel
- 交渉術
- プレゼン能力
- 代理店戦略

総合（ジェネラリスト）

アナリストの必要スキル・知識は多岐にわたる。自分が既に持っているスキルは何か、業務を遂行するうえで必要なスキルは何かを認識し、どんなアナリストを目指すかというビジョンを持ちたい。

4-10-2 ウェブ分析とPDCAまとめ

1 ビジネスのゴールをしっかり設定する
→ゴールが定まっていないと、改善も目標設定も立ち行かない

2 データを見る目的を理解しよう
→過去のデータから現在を把握し、そこから気づきを得ることで、ゴールを確実に、かつ効率よく達成するため

3 ビジネスロードマップで現状と目標を把握する
→ゴールとそこに至るビジネスプロセスを図示することで、現在の数字の把握、目標達成に必要な数字の確認、改善ポイントの洗い出しができる

4 改善の基本はPDCAを回すこと
→ PDCAサイクルはどこからスタートしてもよい。途中で止めないこと、そして一度回しきっても継続的に回し続けることが大事

5 レポートは「正確に」「わかりやすく」作成すべし
→報告対象者が必要としている、または興味がある内容になっていること、伝えたいメッセージが明確になっていること、次に取るべきアクションが可視化されていること、そして定期的に作成され共有されていることが重要

本章全10節の内容を簡単にまとめると上図のようになる。ウェブ分析の領域は非常に奥が深く、面白い。興味をもった分野があれば、さらに知識を広げるために積極的に学んでいってほしい。

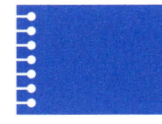

ブックガイド
推薦:MarkeZine Academy 事務局

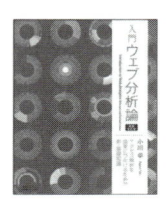

『入門 ウェブ分析論 アクセス解析を成果につなげるための新・基礎知識』
■著者:小川 卓　■発行:ソフトバンククリエイティブ

本章の執筆者である小川氏の著書。ウェブ分析にはじめて取り組む人でもデータの海で迷うことがないように、基本の解説が手厚い。また、分析の前提となる統計学、需要が増しているソーシャルメディア分析も網羅。状況の変化に流されずに、自分から答えを導き出す実践力が身に付けられる。

『データ・サイエンティストに学ぶ「分析力」』
■著者:ディミトリ・マークス、ポール・ブラウン　■発行:日経BP社

近年注目を集めている「データサイエンティスト」について書かれた本。大企業のビッグデータなど、スケールの大きい話が目を引くが、分析で大切なことや見据える先はデータの規模に関わらず同じだと気付かされる。先進的な海外事例からは、マーケティングの未来がすぐ傍に感じられる。

『完全独習 統計学入門』
■著者:小島寛之　■発行:ダイヤモンド社

データ分析に必要な統計学の「超」基本書にして入門書。Excelや難しい公式は使わず、中学までの数学を使って解説しているので、はじめて統計学に触れる人でも読みやすい。ウェブマーケティング上で統計学が求められる場面は多い。本書をきっかけに数字やデータに強くなろう。

『分析力を武器とする企業　強さを支える新しい戦略の科学』
■著者:トーマス・H・ダベンポート、ジェーン・G・ハリス　■発行:日経BP社

組織として分析力を高め、競争力に変えていくことの重要性や有益性がよくわかる一冊。分析力を武器に成功した米企業の事例が、その手法や注意点とともに豊富に紹介されている。組織全体の変革が求められるため、マーケティング担当者だけではなく、経営層にも読んでもらいたい。

『「それ、根拠あるの?」と言わせない データ・統計分析ができる本』
■著者:柏木吉基　■発行:日本実業出版社

分析から画期的な施策を思いついても、会社の意思決定層を納得させなければ実行に移すことは難しい。説得やプレゼンの根拠となる数字を、統計を使ってデータから抜き出す手法について、新人が学ぶ物語仕立てで紹介。実務に則しているので、一から統計学を学ぶ時間がない方にもオススメ。

CHAPTER 05
リスクマネジメント
渥美英紀
Atsumi Hidenori

01 重大事故のケーススタディ

Webマーケティングが企業活動において重要度を増すにしたがって、そのリスクも拡大している。過去に比べてデータの持ち出しなどが容易になり、悪意のあるケースでの危険度はますます高くなっている。悪意のないケースでも、意図しない場所[1]で反響が拡大し、収拾するのが大変になるケースも多く見られる。インターネットの可能性が広がるほど、リスクに関するマネジメントレベルも上げていかなければならない。

過去に起こった象徴的な重大事故をいくつか紹介しておこう。まずはECサイト上で価格を誤って記載してしまったケースだ（図5-1-1）。20万円のPCを10分の1の価格である2万円と間違って記載し、そのまま公開。大規模掲示板サイトに「格安のPC発見！」という書き込みがなされ、瞬時に大量のオーダーが入ってしまう。急遽、価格を修正したり、一旦販売中止にするなどの対応をしたものの、その対応に不備があり苦情が殺到。結局、当初の誤った価格で販売することで事態を収拾し、大きな損害が出た。発端は数字の入力間違い1つだけ、という些細なものだが、損害を出してしまっただけでなくブランドイメージの低下を招く結果となった。

次は、社員が個人情報をノートPCで持ち歩いて、うっかり紛失してしまったケース。もし悪意のある人の手に渡ってしまえばノートPC内のデータが流出してしまう可能性が高まることになる。また、外部委託先にて自社情報の紛失や流出が起こるケースもあり、自社だけでなくプロジェクト全体に関わる外部委託先までを踏まえたルールづくりやルール遵守を徹底しなければならない。

最後は、Webサイトがコンピューターウイルス[2]に感染してしまい、自社のWebサイトを通じて一般のユーザーにウイルスを拡散してしまったケースを紹介しよう（図5-1-2）。2010年より流行したガンブラーウイルス[3]はWebサイトを閲覧するだけで感染。サイト管理者が感染すると、管理しているサイトを改ざんしウイルスを植え付け、さらに拡散させる。多くの大手企業でも感染が確認されニュースとなった。委託先が感染するケースもあり、自社内のウイルス対策やWebサーバーの管理方法だけなく、外注先の管理や契約条項などもリスクとして認識しなければならないことが改めて明白になった。

また、近年では国際的なハッキング集団[4]に狙われる事件も現実に起こっており、無視できないリスクとなっている。まずは他社の例を参照し、どんなケースが起こりうるか、起こった場合どんな対応をとっているかを情報収集すべきだろう。

---

[1] 2ちゃんねるなどの匿名掲示板やTwitterなどのSNSで炎上、また、情報がP2Pのネットワークに流出し全世界に拡散してしまうようなパターンもある

[2] Webサイトや電子メールを通じてコンピューターに感染し、自身を増殖する特殊なプログラム

[3] Webサイトを閲覧するだけで感染し、Webサイトを改ざんすることで感染を拡大させるタイプのコンピューターウイルス

[4] 不正侵入などを複数人で行う集団。悪意を持って行うハッキングは「クラッキング」と呼ばれ区別されることも

5-1-1 価格の記載ミス

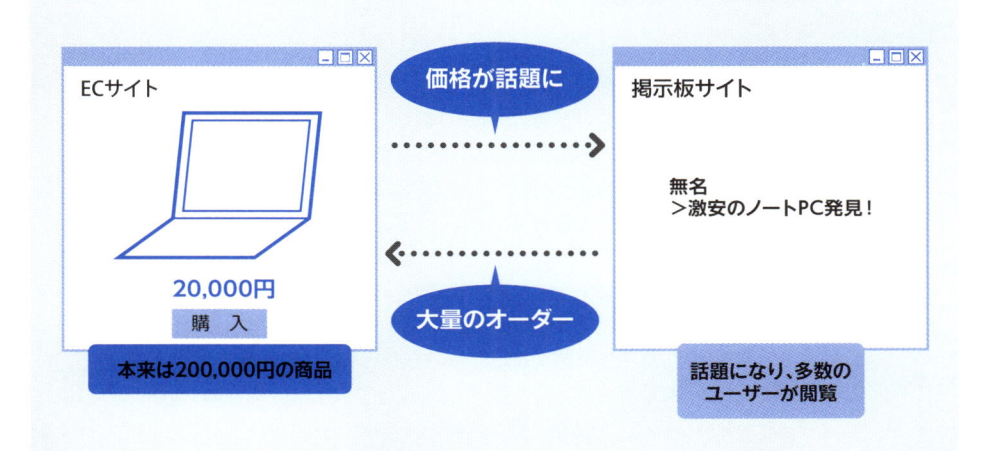

ECサイト　20,000円　購入
本来は200,000円の商品

価格が話題に → 大量のオーダー ←

掲示板サイト
無名
＞激安のノートPC発見！

話題になり、多数のユーザーが閲覧

重要な更新作業にはダブルチェック以上の体制で臨むと同時に、ミスが起こってしまった場合には迅速かつ適切な対応が求められる。

5-1-2 ウイルスへの感染

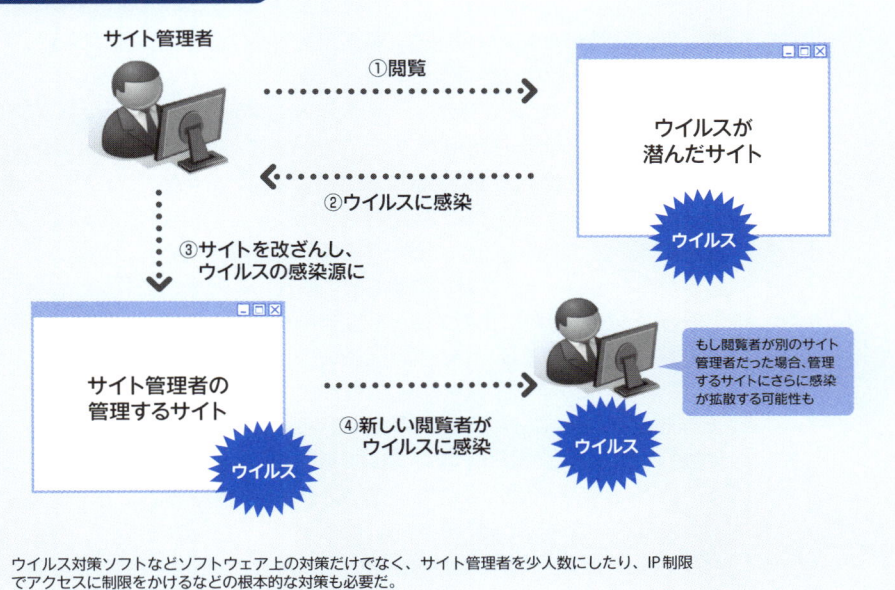

サイト管理者
①閲覧 →
②ウイルスに感染 ←
ウイルスが潜んだサイト　ウイルス

③サイトを改ざんし、ウイルスの感染源に

サイト管理者の管理するサイト　ウイルス
④新しい閲覧者がウイルスに感染 →
ウイルス

もし閲覧者が別のサイト管理者だった場合、管理するサイトにさらに感染が拡散する可能性も

ウイルス対策ソフトなどソフトウェア上の対策だけでなく、サイト管理者を少人数にしたり、IP制限でアクセスに制限をかけるなどの根本的な対策も必要だ。

02 リスクの傾向

[1] 各リスクの発生確率、もし発生した時の損害規模、対策にかかるコストなどから対応すべきリスクへの優先順位を評価すること

[2] 直訳では「遵守」など。企業のコンプライアンスと言った場合、法令や社会規範を遵守しながら企業活動を行うこと

[3] ドスと読む。Denial of Service attackの意味で、サービスの提供を妨害したり応答不能にするよう、大量のデータを送りつけ処理をパンクさせる不正な攻撃

　リスクマネジメントにおいて、リスク評価[1]は重要なプロセスになる（図5-2-1）。Webマーケティングの5つのリスク傾向を理解しておくことは、リスク評価の際に適切な判断につながるだろう（図5-2-2）。

　まずはソーシャル化だ。1つのミスがソーシャルメディアとあいまって大きく波紋を広げることがある。一度、ミスの情報がソーシャルメディアに出ると、その中で情報が行き交うため、削除は難しい。そればかりかインターネット上に情報が未来永劫残る可能性もある。ソーシャルメディアの持つ双方向性がマイナスに現れたケースだ。

　中継化も大きな特徴である。ソーシャル化とあいまって、事故対応のプロセスが実況中継されてしまうケースだ。特に誤った対応をとってしまうと、初期対応をはじめ、個人に向けた謝罪メールがSNSや掲示板などで第三者に公開される恐れもある。今やアフターフォローまで、企業の一挙手一投足が注目されていると考えたほうがよい。発生確率の高いリスクについては対応手順を事前に明確にしておいたほうがよいだろう。

　次に、社外化だ。元社員による情報の漏洩やアルバイトによる顧客情報の流出が後を絶たないが、外部委託先など社外から情報が流れるケースも無視できない。社内規定やコンプライアンス[2]だけでは対処できないため、外部委託先の審査や定期的な調査、契約条件などを整備・見直しするなどの対策を行わなければならない。

　継続化も見逃すことができないポイントだ。特にセキュリティ関連では、OSやウイルスソフトを定期的にアップデートするなどの処理は必須となっている。さらにセキュリティ事故のケーススタディを継続的に行い、インターネットセキュリティへの定期的な情報収集と最新技術の動向には常に注目する必要があるだろう。また、部署や担当者を決めておかないと、いざ事が起こったとき、企業内で誰も担当者がいない事態になりかねない。

　最後に、国際化だ。企業によっては発生する確率は非常に低いかもしれないが、国外からアタックを受けるケースは無視できない。DoS攻撃[3]といわれる大量のアクセスを同時に受け、サーバーをダウンさせられたケースもある。Webマーケティングにおいて海外市場を狙うか否かを問わず、意識しておかなければならない傾向だろう。

　これらの傾向を勘案しながら、各リスク項目の影響度合いを考慮し、対策へのコストを明確にするべきだ。その上で、優先順位をつけ、リスクを受容できるか否か、対応する場合どのレベルまで対策を打つのかを具体的にしていく必要がある。

5-2-1 リスクマネジメントの手順

リスク項目の一覧化	リスクの評価			優先度と対応方針
	発生確率	発生時の損害	対策にかかる費用や労力	
例）リスク1	発生確率A	損害大	小	優先度1
リスク2	発生確率B	損害小	中	優先度3
リスク3	発生確率B	損害中	小	優先度2
リスク4	発生確率C	損害小	大	リスク許容

リスクの段階評価や数値評価を行い、全体像が分かるようにする。一定期間置いたら最新の状況で再評価し、発生確率や被害の増減を織り込んで次期に活かす。

5-2-2 リスクの傾向

ソーシャル化	中継化	社外化	継続化	国際化
波及的にリスクが広がる	リスク発生時の対応も注目される	社外からも自社情報が出る	いたちごっこを前提に	サイトは海外にもつながっている
よくあるケース	**よくあるケース**	**よくあるケース**	**よくあるケース**	**よくあるケース**
・ミスの状況がソーシャルメディアで話題に ・過去のミスの情報が消せない	・対応にさらにミスがあったり手間取った様子がブログで中継される	・外部委託先にて情報の紛失があった ・外部委託先の再委託先で情報の漏洩があった	・最新のアップデートを行っておらずウイルスに感染してしまった	・海外からの大量アクセスでサーバーがダウン ・海外から不正なログインを検出した
基本対策	**基本対策**	**基本対策**	**基本対策**	**基本対策**
・ソーシャルメディア上の情報には手を打つことはできないため、誠意ある事後対応を続ける	・事前に起こりやすそうな事故への対応方針を明確にする	・事前に外部委託先の調査や審査を行う ・契約条項を見直す	・常に最新のアップデートを行う ・継続的管理項目について責任者を明確にする	・不正に関するアクセスログをチェックする ・既知のセキュリティ対策を怠らない

どんなリスクの傾向があるかを知り、Webマーケティングのプラス面だけでなく、マイナスに傾いたときの危険性にも同時に目を向けなければならない。

03 法務に関するリスク

電子メールが急速に普及すると、アドレスを推測するなどして無差別かつ大量に配信される迷惑メールが社会的に問題となった。これらの迷惑メールを抑制するために、2002年、特定電子メール法[1]が公布・施行されている。施行後、メール配信を行う際の事前許可が必要になったり、受信同意の記録保存が義務化されるなど改正を経ており、今後も実情に合わせた改正がされていくであろう。また、Webマーケティング上欠かせないのが個人情報保護法[2]だ。個人情報漏洩事故や個人情報の販売などが問題になり2005年より施行された。個人情報を取得する上での、利用目的を明記するなどルールが明確化され、現在のWebサイトでは個人情報保護に関するポリシーを記載することは、当たり前となっている。

このようにWebマーケティングを遂行するにあたっては、今後もWeb技術や手法の発展などに伴う法律の施行や改正を注視していかなければならない。そのためには、自社が関連するであろう法律を洗い出すことが重要だ。「よく行う施策」にあわせて関連する主要な法律を参考例として図5-3-1にまとめた。例えば、プレゼントキャンペーンを行う際は、景品表示法の懸賞に関する項目が該当する。懸賞の方式によって、懸賞品の金額上限や総額が定められているため、担当者は必ずチェックを行うべきだ。他にもECサイトを構築する際には特定商取引法に基づき、責任者の明示や返品に関する条件を明記する必要がある。

さらに、注意しなければならないのはインターネット広告の表現だ。出稿にあたっては、広告コピーの審査が法律よりも厳しい場合がある。例えば、検索エンジンなどに広告出稿するリスティング広告の場合、図5-3-2のような流れになり、審査では最上級表現[3]が弾かれてしまう。これは、コピーの中だけではその根拠を説明や確認ができないためである。もし嘘があれば景品表示法の優良誤認[4]などに該当する可能性があり、ぎりぎりのものは認められないというケースが多い。

また、食品や健康器具などでは「必ず痩せる」「肌が若返る」「ガンが治る」などは薬事法[5]違反となり、特に審査が厳しい。具体的な広告コピーの違反例は都道府県の自治体サイトなどに掲載されているため、自社に関連する商品があれば事前に調べたほうがよいだろう。

まずは、Webマーケティングの施策に応じて考慮しなければならない法律を列挙し、きちんと認識しておくことが大切だ。その上で迷ったり、対応がグレーになりそうなポイントを明確にし、自分たちだけで判断せず、必要に応じて専門家に問う姿勢が肝要であろう。

---

[1] 正式名称は「特定電子メールの送信の適正化等に関する法律」。無差別かつ大量に送信する迷惑メールを規制し、インターネットなどの通信環境を良好に保つことを趣旨とし総務省が定めた。「特電法」とも略される

[2] 正式名称は「個人情報の保護に関する法律」。個人情報の適切な保管、利用などを義務付けている。過去6ヵ月以内に一度でも5,000件以上の個人情報を持つ事業者は対象となるため、ほとんどのWebマーケティングを遂行する事業者が対象になるといってよいだろう

[3] 「業界1位」「顧客満足度ナンバーワン」「トップクラスの性能」などの表現

[4] 商品・サービスの性能や品質を、実際のスペックよりも高く申告したり、他と比べて優れていると偽って宣伝する行為

[5] 医薬品、医薬部外品、化粧品及び医療機器の品質、有効性および安全性の確保のために、それらの運用などを定めた法律

5-3-1 よくある施策への主要法律の例

施策	法律・内容
プレゼントキャンペーンの実施	**景品表示法**　参考：消費者庁 プレゼントして提供できる総額や最高額などに上限がある。もれなく当たるプレゼント、買わないと権利が発生しないプレゼントなど懸賞の形態によっても上限金額などに差がある
ECサイト構築	**特定商取引法**　参考：経済産業省 取引の責任者、返品の可否、引渡し時期などをwebサイト上で公開しなければならない。誇大広告等も禁止されている
顧客データベースの構築	**個人情報保護法**　参考：消費者庁 6ヵ月以内に一度でも5,000件以上の個人情報を保有する事業者が対象。個人情報の利用目的を定めたり、本人からの開示請求があった場合に遅延なく開示しなければならないなどのルールがある
メールマガジンの配信	**特定電子メール法**　参考：総務省 改正により解除ができる「オプトアウト方式」から、事前許可が必須の「オプトイン方式」に。送信者情報を明記したり、同意の記録を保存したりしなければならない
インターネット広告の出稿	**景品表示法**　参考：消費者庁 商品・サービスの品質などを実際のものよりも優良なものに誤認させる不当表示を優良誤認として禁止 **薬事法**　参考：地方自治体の違反集など 医薬品ではないのに、医薬品のような効果があるように記載することは禁止。薬事法そもそもは薬に関する法律なので、違反例集は地方自治体のサイトなどに多く掲載

法律に違反している例などは、管轄する各省庁や地方自治体のWebサイトで積極的に公開されている。中にはガイドブックやQ&Aなどが公開されているサイトも。

5-3-2 リスティング広告の審査のしくみ

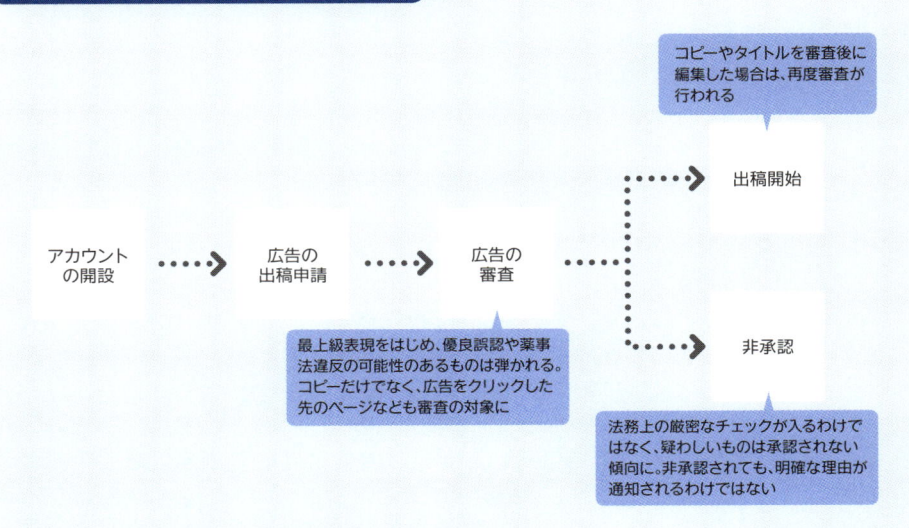

アカウントの開設 ⇒ 広告の出稿申請 ⇒ 広告の審査 ⇒ 出稿開始 / 非承認

- コピーやタイトルを審査後に編集した場合は、再度審査が行われる
- 最上級表現をはじめ、優良誤認や薬事法違反の可能性のあるものは弾かれる。コピーだけでなく、広告をクリックした先のページなども審査の対象に
- 法務上の厳密なチェックが入るわけではなく、疑わしいものは承認されない傾向に。非承認されても、明確な理由が通知されるわけではない

リスティング広告では、法律以上に厳しい審査が行われる場合がある。ガイドラインなどを熟読し、守るべき基準をしっかりと見定めなければならない。

04 個人情報保護に関するリスク

[1] 1998年にスタートした、一般社団法人日本情報経済社会推進協会（JIPDEC）が行う個人情報について適切な保護措置を講ずる体制を整備している事業者等を認定してプライバシーマークを付与する制度。プライバシーマークは「Pマーク」とも呼ばれる

個人情報に関する制度といえば、真っ先に個人情報保護法を思い浮かべる方が多いかもしれない。しかし、個人情報保護法が施行された2005年から7年前の1998年に、プライバシーマーク制度[1]が先行してスタートしている。これは、「個人情報保護に関するコンプライアンス・プログラムの要求事項」（JISQ15001）に適合して、個人情報の適切な保護措置体制が整備されていると「認定すること」が目的の制度である。事業者からの申請に基づき、書類や訪問による審査が行われ、合格すればプライバシーマークが付与される。以降2年おきに更新が必要となり、最悪の場合取り消しもある厳しい制度ではあるが、それゆえ、付与された事業者は外部に対し、個人情報を適切に扱っているというアピールが可能になる。

万が一事故が起こってしまった場合は協会への申告義務があり、その内訳が公表されている（図5-4-1）。漏洩では宛名の間違いやメールの誤送付といった事故が代表的な原因となっている。盗難・紛失では紛失が圧倒的に多く、すべての項目の中で最も発生数が多い。一方、事件性の高い「車上荒し」や「置き引き」などは割合が低いものの、決してゼロではない。その他の漏洩に含まれる「内部不正行為」も年間で8件の報告があるように故意のものも発生している。これらは被害が甚大になる可能性があり、発生率は低いが決して軽視してよいものではないことがわかるだろう。

また、個人情報とWebマーケティングの関わりでよく話題に上がるのが、メールアドレスは個人情報か？という論点だ。法に従えば個人情報は図5-4-2のように定義されており、個人を特定できる情報はもちろん、個人を類推できるものも保護対象になっていることがわかる。消費者庁の「個人情報保護法に関するよくある疑問と回答」を参考にすると"メールアドレスはランダムの文字列をアドレス名に使った場合個人情報とならない"と解釈されている。しかし、ドメインが会社名、@マーク前に姓名が入っていれば、高い確率で個人を特定できる。どんなアドレスが舞い込んでくるかは分からないため、メールアドレスはすべてが個人情報の保護対象になると思って準備をしたほうがよい。

個人情報保護方針は早い段階で明確にし、社内外に徹底しなければならない。その際、プライバシーマーク制度や個人情報保護に関連する資格なども活用しながら、保護体制を万全のものにしていく必要があるだろう。

5-4-1 個人情報事故の原因

付与事業者から報告のあった原因別事故報告件数(平成23年度)

原因	漏えい							盗難・紛失				合計
	誤送付(※1)				ウィルス感染	その他漏えい(※2)		盗難		紛失	その他(※3)	
	宛名間違い等	配達ミス	封入ミス	FAX	メール			車上荒し	置き引き等			
報告件数	177	44	173	129	285	7	132	13	32	383	59	1,434
割合(%)	12.3	3.1	12.1	9.0	19.9	0.5	9.2	0.9	2.2	26.7	4.1	100.0

※1:「誤送付」の分類について
・「宛名間違い等」は、誤送付の原因となる、配送に関する事務処理上のミス(宛名書き間違い、誤登録・誤入力等)及び、渡し間違い等である
・「配達ミス」は、送付事業者自らが配達した際の間違いである
※2:「その他漏えい」の内容について
・「その他漏えい」には、『プログラム/システム設計ミス』『ヒューマンエラーと考えられるもの』『不正アクセスによる漏えい』『口頭での漏えい』等が含まれる
※3:「その他」の内容について
・「その他」の内訳は以下の通り

内容	不正取得	目的外利用	同意のない提供	内部不正行為	誤廃棄	消失	左記に分類できない内容	合計
報告件数	1	15	5	8	17	4	9	59

平成23年度に日本情報経済社会推進協会(JIPDEC)および指定監査機関に報告があったPマーク付与事業者の個人情報取扱い事故についての原因別報告件数。

5-4-2 個人情報保護法の記載

「個人情報」とは、生存する個人に関する情報で、その情報に含まれる氏名、生年月日その他の記述等により、特定の個人を識別することができるものをいいます。その情報自体によって特定の個人を識別できるもののほか、他の情報と容易に照合することができ、それによって特定の個人が識別できるものも含みます(法第2条第1項)。

「個人データ」とは、「個人情報データベース等」(=個人情報を含む情報の集合物で、特定の個人情報を電子計算機を用いて検索できるように体系的に構成したもの又はこれに準ずるもの(法第2条第2項)。詳細はQ2-10参照)を構成する個人情報をいいます(法第2条第4項)。

> **Q2-3 メールアドレスは、個人情報に該当しますか。**
> A.
> 個人の氏名等を含んだリストがあり、その1項目としてメールアドレスが含まれている場合、リストは全体として、また、メールアドレスはその一部として、個人情報に該当します。また、メールアドレスのみであっても、ユーザー名及びドメイン名から特定の個人を識別することができる場合、そのメールアドレスは、それ自体が単独で、個人情報に該当します。
> 一方、記号や文字がランダムに並べられているものなど、特定の個人を識別することができない場合には、別に取り扱う名簿などとのマッチングにより個人を特定することができない限り、個人情報には該当しません。
>
> 出典:消費者庁「個人情報保護法に関するよくある疑問と回答」より

「個人情報保護法に関するよくある疑問と回答」では、さまざまな事例が掲載されている。疑問に思ったときは、まず既出のQ&Aがあるかを確認しよう。

05 セキュリティに関するリスク

[1] 独立行政法人情報処理推進機構の略称。ソフトウェア開発の高品質化とIT人材の育成を通じて日本のIT戦略を推進する独立行政法人

　Webサイトがインターネット上に公開されれば、セキュリティ上のリスクを当然負うことになる。IPA [1] の発表によれば、2013年度の10大脅威では「クライアントソフトの脆弱性を突いた攻撃」が1位に挙げられている。攻撃のほとんどは既知の脆弱性を悪用したケースであるため、クライアントソフトを最新のバージョンに保つという基本的な対策がより重要度を増していると言ってよいだろう。Webサイトの重要性が高まるほど、基本的なセキュリティ対策への対応状況は改めて見直さなければならない。

　ここ数年でリスクが急激に増加してきたのが3位の「スマートデバイスを狙った悪意あるアプリの横行」だ。個人ユーザーに対して不正アプリが電話帳等のデータを盗み取るといったケースが報告されているが、ビジネスシーンにおいても個人のスマートフォンを日常業務に活用するBYOD（Bring Your Own Device）などの普及により無視できない脅威となっている。また、6位の「予期せぬ業務停止」では、レンタルサーバー会社が大規模障害を起こしたケースが報告されており、決して自社とは無関係なリスクではなくなっている。企業の基幹システムのクラウド化が進み、外部サーバーの停止が単なるWebサービスやサイトの停止に留まらず、業務の中枢に影響を与えるようになってきたこともリスクの度合いが増している背景になっている。セキュリティだけではなく、BCP（事業継続性計画）対策も視野に入れる必要があるだろう。

　いずれにしても、既知のセキュリティホールが存在しているにも関わらず、担当者の知識不足で対策や適切なアップデートが行われていなかったり、そもそも誰が担当者なのかが不明瞭でセキュリティ対策がおろそかになるケースは絶対に避けなければならない。社内体制や知識が追いつかず、リスクに晒されたままでいることは決して稀ではない。体制に不備があるならば、アクセス権限の適切な付与によって重要なデータにアクセスできる人間を少なくしたり、セキュリティ対策項目ごとに担当と対策を明確にするなど、体制作りが重要になってくる。リソースが足りなければ外部の専門会社に協力を仰ぐ必要がある。テストとして外部からアタックをかけてみる実戦的なセキュリティ診断サービスから、改ざんを定期的にチェックしてくれるような手軽なサービスまであり、選択肢は広がっている。

　仮に当事者側が詳しくなくとも、リスクの大きさが変わるわけではない。自分たちが守りたいデータの重要性を勘案しながら、既知のセキュリティの情報収集や教育、外部サービスの検討、セキュリティ対策やBCPへの体制構築など万全な準備をしていかなければならない。

5-5-1　IPAが発表する2013年版 10大脅威

	2013年版 10大脅威	企業が標的	個人が標的
1位	**クライアントソフトの脆弱性を突いた攻撃** クライアントソフトの脆弱性を悪用されることにより、ウイルスに感染したり、システム内の情報が窃取されるなどの被害の可能性がある。ユーザーにおいては、クライアントソフトを最新に保つ対応が求められる。	●	●
2位	**標的型諜報攻撃の脅威** 2011年に続き、2012年も政府機関や宇宙航空産業への攻撃が報道され、機密として扱われている政府関連情報や特殊技術情報の流出が疑われている。わが国の政策会議でも、この問題が取上げられるなど、国益にまで影響する問題になっている。	●	
3位	**スマートデバイスを狙った悪意あるアプリの横行** 個人情報を収集する手口がより巧妙化している。近年、加速的に普及しているスマートデバイス（スマートフォンやタブレット）ユーザーをターゲットに、魅力的な機能を持っていると見せかけた不正アプリが電話帳等の情報を窃取する被害が増加している。	●	●
4位	**ウイルスを使った遠隔操作** ウイルスに感染したPCは、これまでもスパムの送信やDDoS攻撃のために悪用されてきた。2012年、PCに感染したウイルスを経由して、悪意ある第三者が掲示板に脅迫文を書きこむとともに、当該ウイルスに感染したPCの所有者が誤認逮捕される事件が発生し、大きな話題となった。	●	●
5位	**金銭窃取を目的としたウイルスの横行** 2011年頃より海外のインターネットバンキングで、ウイルスにより認証情報が窃取され、金銭被害に発展する事件が報告されはじめた。2012年からは国内のインターネットバンキングでも同様の手口による被害が確認されだしている。	●	●
6位	**予期せぬ業務停止** システムのクラウド化が進む中、2012年は、レンタルサーバー企業において人為的ミスによる大規模障害が発生した。東日本大震災によって、自然災害が原因となりシステムが停止するリスクが浮き彫りとなったように、不測の事態に備える必要性が組織に求められる。	●	
7位	**ウェブサイトを狙った攻撃** ウェブサイトを狙った攻撃は、旧来から認識されている脅威であるが、残念ながら被害が後を絶たない。ウェブサイト内の個人情報窃取や、ウェブサイトの改ざんによるウイルス配布など、組織や個人ユーザーに影響を及ぼす脅威である。	●	●
8位	**パスワード流出の脅威** オンラインサービスの増加に伴い、ユーザーが複数のパスワードを管理する必要が生じている。その結果、同一のID/パスワードを使い回すユーザーが多くなり、一つのウェブサイトでパスワードが漏えいすることで、複数のウェブサイトで成りすましの被害に遭ってしまう。	●	●
9位	**内部犯行** 内部の人間による故意の情報漏えいや不正操作による被害が報告されている。正当に権限を有したユーザーによる犯行であるため、防止が難しく、被害も大きくなる傾向にある。	●	
10位	**フィッシング詐欺** 2012年は大手銀行を騙ったフィッシング詐欺が広く行われ、銀行やセキュリティベンダーから注意が呼び掛けられた。フィッシング詐欺によってインターネットバンキングのパスワードを奪われると、知らないうちに口座から預金を引き出されてしまう恐れがある。		●

独立行政法人 情報処理推進機構「2013年版 10大脅威 身近に忍び寄る脅威」より

IPAでは、2013年版10大脅威について上記のように発表している。このうち、6位と9位が「組織内部の管理に起因する脅威」、それ以外が「外部からの攻撃による脅威」に分類される。

06 アクセシビリティに関するリスク

[1] 文字情報を音声で読み上げるソフトウェア。Webページを読み上げる場合、ページの構造によっては正確に文字情報を取得できないことがある

[2] 画像などの代替となる文字情報。画像が表示できない、あるいはされない場合に意味を補う役割がある

[3] HTMLでも、複雑な表などは、文字情報だけでは全容をつかみづらく理解しにくくなるケースがある

　アクセシビリティとは、誰もが情報にアクセスでき、等しく情報を取得できるような状態にあることを言う。自治体や交通機関など公共性の強いサイトでは、特定の人だけにサイトが見えなかったり、情報が不十分になるということは好ましくないため、特に重視されてきた考え方だ。アクセシビリティの例を図5-6-1にまとめた。

　具体的な対策の1つである、サイトの音声読み上げソフト [1] への対応を見てみよう。画像部分は音声化できないため、画像にalt属性 [2] の記述を行い、視覚障がい者や高齢者がより正しい情報を取得できるようにするのだ。また、FlashなどのプラグインやJavaScriptなどのプログラムも使用には慎重にならなければならない [3]。これらの表示方法をふんだんに使ったサイトを作る場合は、テキストだけでも内容が分かる代替サイトを用意したり、テキスト情報だけを切り離してレイアウトを組んだりなど、音声読み上げソフトを考慮した設計が必要となるだろう。また、視力が弱いユーザーや高齢者に対して、文字サイズを「大」「中」「小」に変えられるボタンを設置するなど、読みやすさに配慮することも重要だ。一般的には文字のサイズを固定値で設定しないことが望ましい。

　さらに広義でアクセシビリティを捉えると、「どんな環境でも閲覧しやすいように」ということも範疇に入ってくる。例えば、モニターの画面サイズはどんどん大きく、広くなっているし、OSやブラウザの種類も多種多様になり、ユーザーごとの環境の差は大きくなっている（図5-6-2）。最新のバージョンだけでなく、どのくらい古いバージョンまで対応するかを検討して、サイトの表示が崩れないか、正確に情報を取得できるか検証する必要があるだろう。

　通信デバイスの進化も見逃すことができない。携帯電話やスマートフォン、タブレットなどは、デスクトップPCと比べて、画面サイズや使用できるプログラムなども異なっている。そのため、PC向けサイトを他のデバイスで閲覧すると、Flashが表示されない、プログラムが動かないという表示上、動作上の問題から、フォームの入力が極端にしにくいなどのユーザーインターフェース上の問題まで、さまざまな問題が起こり得る。現在は、スマートフォン用サイトなどデバイスごとに専用サイトを構築する傾向が強まっている。

　あらゆるターゲット層を念頭に置くならば、広い意味でアクセシビリティに富んだWebサイトを用意し、Webマーケティングの基盤を固めることが必要となってくる。

5-6-1 アクセシビリティの図

よくある例	対策の方針	具体的な対策の例
ページを見ることができない	音声読み上げソフトへの対応	・画像へのalt属性の記述 ・テーブルやフレームを使わないシンプルな文書構造 ・Flashなどの特定のプラグインでしか理解できないコンテンツを作らない ・サイトマップなどのテキストで理解できるナビゲーション構造
ページが見にくい 文字が読みづらい	文字情報の可読性の向上	・文字のサイズ変更対応 ・文字色と背景色のコントラスト （高齢者に多い白内障は、白が光って見えるため黒地に白文字のほうが見やすい）
クリックしにくい	クリックしやすい レイアウトデザイン	・クリックできる箇所の理解度の向上 ・クリックできない箇所との差別化 （青い文字、文字へのアンダーラインなどはブラウザのデフォルトでクリック箇所となっており、クリックできない箇所には使用しないことが望ましい） ・クリックできる箇所同士に距離を保つ

アクセシビリティを高めようとすると、文章の構造が誰にでも理解しやすくなる。また、検索エンジンのロボットへの基本対策としても役立つ。

5-6-2 画面の変化

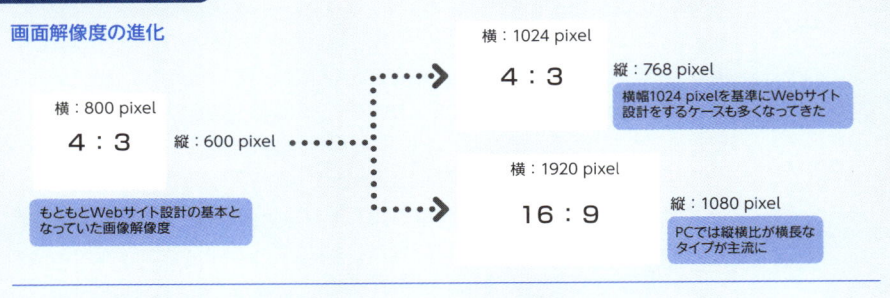

画面解像度の進化

横：800 pixel
4：3　縦：600 pixel

もともとWebサイト設計の基本となっていた画像解像度

横：1024 pixel
4：3　縦：768 pixel

横幅1024 pixelを基準にWebサイト設計をするケースも多くなってきた

横：1920 pixel
16：9　縦：1080 pixel

PCでは縦横比が横長なタイプが主流に

デスクトップPC以外のデバイス

ノートパソコン
画面が大きくなり、デスクトップPCと遜色ない画面解像度になりつつある。

フィーチャーフォン
いわゆるガラケー。横幅が200pixelを切る機種もあり、JavaScriptなどが使えない。

スマートフォン
横幅が320 pixel～と携帯より大きいが、一部機種でFlashなどが使えない。

タブレット
横幅が600 pixel～とPCとモバイルの中間のサイズ

PCモニターの画面解像度はどんどん大きく、ワイドサイズに進化してきている。さまざまな画面サイズを持つモバイル経由でのアクセスも念頭に置くべきだ。

CHAPTER 05　リスクマネジメント

07　サーバー・ネットワークに関するリスク

【1】災害や事故、欠陥品やシステム障害などの不測の事態に対して事業を中断させないこと。その計画をBCP（業務継続計画）、継続的改善を行うマネジメントのことをBCM（業務継続管理）と呼ぶ

【2】多くのコンピューターでは、西暦を下二桁で認識している。そのため、1999年→2000年に移り変わった際、内部の数字が99→00となり、コンピューターが1900年と認識して誤動作が起こるのではないか、と危惧された問題

【3】社内やグループ企業内など、特定の範囲内のみでアクセス可能なネットワークのこと。主に業務をスムーズに行なったり、情報を共有するために使われることが多く、アクセスにはパスワードが必要となるのが一般的

【4】複数のハードディスクなどの外部記憶装置を組み合わせて一台の装置として管理・運用する技術

【5】システムの一部に障害が発生しても、システム全体の機能を維持できるようにシステムを構築すること

　Webマーケティングの核たるWebサイトへのアクセスが不安定な状態であれば、安定して施策を遂行することはできない。
　メルマガを配信して、サイト誘導を狙うケースを考えてみよう。メールへの反応は配信直後が最も多い傾向がある。つまり、大量にメールを一括配信すれば、その直後に大量のアクセスが起こり、サーバーダウンを引き起こしてしまう可能性があるのだ。TVCMなど、マスメディアを使った集客を行った場合や大手のニュースサイトに取り上げられた際にも同様のことが言える。集客のための施策が、サイトをダウンさせたり、閲覧環境を重くしてしまい、むしろ顧客の不満要因となったり、販売機会損失を招いてしまう危険性をはらんでいる（図5-7-1）。
　事業継続性[1]の観点からも、サーバーやネットワークの安定性は重要である。西暦2000年問題[2]を契機に重要視されるようになった事業継続計画や事業継続マネジメントには、情報インフラの安定性の項目が必ず盛り込まれている。一般的にはイントラネット[3]で使っている財務や人事のシステムが主な対象ではあるが、Webマーケティングの継続性を考えるならば、Webサーバーや社内の顧客データベースなどに対しても安定性を確保したほうがよいだろう。対策としては、災害などがあってもデータが失われないようにRAID[4]などの方法を使って冗長化[5]を行うことが基本となる（図5-7-2）。また、本社からは離れても、地震など自然災害の発生確率が低く、電力の供給安定性が高い地域にWebサーバーを移管することも有効である。また、サーバーの物理的な破損にも注意しなければならない。OSやミドルウェアなど以前とまったく同じ環境を再現した上で、システムを一から組み直さなければならず、一刻を争う状況でもそれなりの時間がかかってしまう。この場合、クラウド型のサービスを利用することで、すばやく復旧できる可能性がある。
　また、初歩的なミスが起こりやすい分野であることも忘れてはならない。例えば、ドメインやSSLの更新は主に1〜2年に1度の周期でやってくる。管理者1名体制では、通知を見落としたり、退社後で対応できないケースも起こりうる。ドメイン数やサーバーの台数が多くなってくれば、相応の管理体制を敷き、適切なIT資産管理や情報管理が必要となってくる。人的ミスを防ぐことはもちろん、組織や仕組み全体として事業を継続する計画を立てることが重要である。
　社内にWebマーケティングが浸透すればするほど、想定されるリスクを見越して、適切なサービスを選択する重要性が増していくに違いない。

5-7-1　表示速度が与える影響

	最適化前	最適化後
直帰率	14.35%	13.38%
訪問あたりの平均観覧PV数	11.04PV	15.64PV
サイト観覧時間の平均	23分50秒	30分10秒
コンバージョン率	-	+16.07%
購買額	-	+5.51%
新規ユーザーの割合	10.85%	13.61%

Watching Websitesによれば、表示速度の最適化を行った場合、直帰率や訪問1回あたりの平均閲覧PV数、サイト閲覧時間の平均値が増える結果となった。また、訪問に関する数値が良くなるだけでなく、コンバージョン率や購買額にも上昇が見られ、総合的にサイトの成果を向上させている。全体の訪問に占める新規ユーザーの割合も減少し、リピーターを増やしている。

2000年以前では「8秒ルール」といわれ、8秒以内にWebサイトが表示されなければユーザーが待ちきれないという経験則があったが、現在0.数秒という単位でもユーザーの検索数や閲覧数に影響するというデータもある。

Webサイトの表示速度が速いほうが、ユーザーのアクションが活発になるというデータも。google.comでは検索エンジンの順位決定に表示速度が影響している。

5-7-2　冗長化のパターン

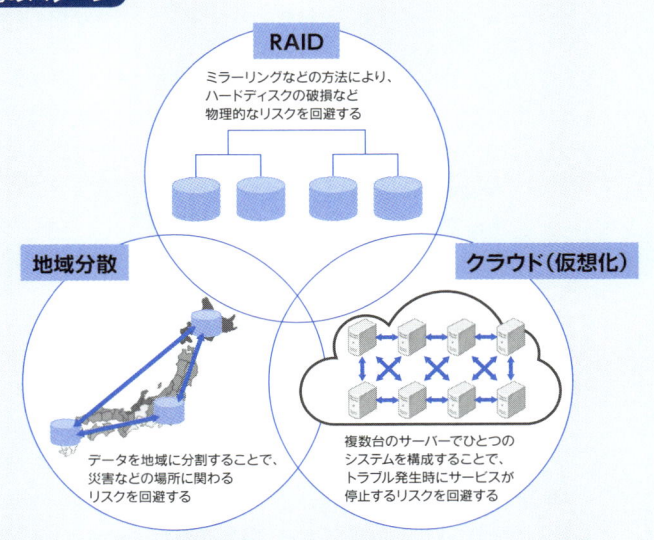

RAID
ミラーリングなどの方法により、ハードディスクの破損など物理的なリスクを回避する

地域分散
データを地域に分割することで、災害などの場所に関わるリスクを回避する

クラウド（仮想化）
複数台のサーバーでひとつのシステムを構成することで、トラブル発生時にサービスが停止するリスクを回避する

冗長化の方法は一様ではない。回避したいリスクや展開するサービスの特性に合わせて、行うべき対策を選択する必要がある。

08 検索エンジンに関するリスク

[1] 検索エンジンで推奨されない不正な方法を用いて、検索結果の上位表示をさせようとする行為

　Webマーケティングやサイトの担当者ならば、誰しも、検索結果でもっと上位に表示されたいと思ったことがあるはずだ。成功すれば、サイトへの誘導が増えるだけでなく、検索ユーザーにそのキーワードに関するプロフェッショナルであるという印象も与えるため、ブランドイメージの向上にもつながる。かといって、なりふり構わず検索エンジンが推奨していない方法で不当に順位を上げてしまうとペナルティを受けることがある。過去、サイトに「新車」というキーワードを、ユーザーには認識できない文字で大量に挿入し検索順位のアップを狙った企業があった。しかし、後に不正な方法であると検索エンジンから判断され、ドメイン以下のすべてのページが検索結果から見えなくなってしまうというペナルティを負った。大手サイトであってもこうした大変厳しい処置が下される。

　SEOを行う上でこういった検索エンジンスパム[1]は絶対に避けなければならない。スパム行為と見なされてしまう手法やケースを図5-8-1にまとめた。違反と知らずやってしまった、では済まされないため、しっかり把握しておかなければならない。例えば、「サイトのオリジナリティ不足」では悪意がなくてもペナルティの対象になってしまうことがある。検索エンジンは、ページに含まれる内容が他のサイトと同じでないかを判断しているため、サイトリニューアルで過去のサイトを消し忘れたり、あるサイトをベースにして複数のレイアウトが異なるサイトを作成した場合、管理者が同じであっても違反サイトと見なされてしまう可能性があるのだ。

　「リンクファーム」は近年のアルゴリズムのアップデート（図5-8-2）で特にGoogleが重点を置いて対策を行なってきたスパムだ。かつては被リンクを獲得することで順位が上がりやすくなることもあったが、近年では単にそれだけを行なっても順位を上げるどころか、むしろ不自然なリンクとして認識されてペナルティを受ける可能性もある。

　リンクを無尽蔵に増やすのではなく、質の高いサイトから意味のあるリンクがされるように心がけなければならない。外部からリンクを得る際は、検索エンジンから不自然なリンクと見なされてしまったときにそれを外す処理ができるかも事前に確認しておく必要があるだろう。

　Googleでは、ユーザーにとってサイトの利便性や有用性が高いことが、検索順位の最も重要な判断軸になっている。上位表示だけを狙ったサイトは遅かれ早かれ対策が打たれ、淘汰されると考えてよいだろう。容易ではないが、話題性のあるコンテンツを提供し続け、ユーザーに中長期的に評価されるサイトを目指すことが、遠回りなようで一番の近道となる。

5-8-1 検索エンジンスパムの例

隠しテキスト	背景と同化させる、テキストの上に画像を載せて隠す、文字サイズを0ptにする、など文字情報はあるが、ユーザーには見えなくする行為
クローキング	検索エンジンのロボットがクロールしたときにのみ、一般のユーザーとは異なる検索エンジンに特化したページに誘導する行為
サイトのオリジナリティ不足	アフィリエイトのみで構成されたり、同じ情報をもとに複数のサイトを生成したりする行為
キーワードスタッフィング	Webページに関連のないキーワードを多数詰め込む行為
コメントスパム	ブログのコメント欄に関係のないコメントやリンクを投稿し、自サイトに被リンクを獲得しようとする行為
隠しリンク	リンクテキストを背景と同化させる、クリックができないような小さな領域にリンクするなど、ユーザーにリンクを見えなくする行為
リンクファーム	大量にリンクを生成し、不自然にリンクを獲得する行為
ワードサラダ	意味は通らないが、文法的に正しい文章を自動生成する行為

検索エンジンスパムはペナルティの対象になる。検索エンジンにのみ特化した対策は今後も検索エンジンスパムとして認識されるだろう。

5-8-2 大きなアップデートが行われたGoogleの検索アルゴリズム

パンダアップデート

2011年からスタートし、国内では2012年7月から実施。サイト内部のコンテンツの質を重要視し、低品質なサイトの掲載順位を下げ、同時に、良質なサイトの検索順位をより適切に評価するアップデート。コピーコンテンツが多くオリジナルなコンテンツが乏しい、コンテンツの情報量が少ない、バナーなどの広告がサイトの多くのコンテンツを占めるようなサイトはペナルティの対象となる。

ペンギンアップデート

2012年4月より実施。サイト外部の要素を重点的に再評価し、被リンクの自動生成、リンクの売買、関連性のないサイトとの大量の相互リンクなど、Googleが検索スパム行為と見なしている過剰なSEOによって検索順位を上げているサイトに対して、その順位を下げるアップデート。

どちらも、ユーザーの検索の利便性向上を最重要視したアップデートとなっている。現在もパンダアップデートは日常的に、ペンギンアップデートは定期的に行われている。

CHAPTER 05 リスクマネジメント

09 発注に関するリスク

[1] プロジェクトへの要求や満たされるべき機能を、社内でのヒアリングなどを通して明確にしていく工程のこと。受発注両者で整理していくこともある

[2] 守ることが望ましいルールを明文化し、具体的な方向性を定めるもの

[3] 発注先の会社から委託を受けた会社や個人。いわゆる孫請け。発注元にはそこまでは明かされないのが一般的となっている

　Webマーケティングの実行体制に外部企業が入っている場合、発注を行う必要性がある。もし、思い通りプロジェクトが進行していないならば、5つの側面から見直したほうがよい（図5-9-1）。

　1つ目は要求定義[1]に関するリスクだ。何をどのレベルまで実現するのかを明確にする段階で発生する。システム開発の発注などでは「処理能力を2倍にしたい」「バックアップをリアルタイムで取りたい」など、比較的定義は行いやすい。しかし、サイトリニューアルであったり、Webマーケティングの遂行というテーマになると、数値化できない部分が多く、要求内容を的確に分解し、矛盾のない要求に落とし込むことは難しい。そもそも、自社の「どんなことを解決したいか」が明確になっていないケースも多いのだ。まずは、要求内容を自社内で出し切り、ある程度統一の見解をまとめておくべきだろう。

　2つ目はコミュニケーションに関するリスクだ。複数の人間、組織が関わる以上、プロジェクトの進行に関するコミュニケーションが肝になる。情報伝達の不備があっては、二度手間になったり、意図しない方向にプロジェクトが動いたりなど、良い結果は生まれない。議事録に代表される細かな意思確認とプロジェクトツールによるスケジュールの共有化などにより、円滑に情報が伝達され、履歴が分かるような体制作りが必要だ。

　3つ目は、品質に関するリスクだ。特定の企業や担当者に発注した場合は満足のいくクオリティで上がってくるが、少しでも条件が異なると同等のものができないといったケースである。対策を行うには、ガイドライン[2]（図5-9-2）を作成し、複数の人、組織を跨いだプロジェクトでも最低限守るべき方針を明確にすることが重要になる。

　4つ目はコンプライアンスやセキュリティ対策に関するリスクだ。社内のメンバーには教育や対策を徹底できるかもしれないが、社外のメンバーやさらに再委託先[3]までとなると、なかなか難しい。契約書にコンプライアンスの徹底や再委託先の管理などの条項を明記するとともに、委託前に調査を行うなどの対策が必要だ。

　最後は出納（コスト）に関するリスクだ。仕様変更があったり、期間が延びた場合に、想定外のコストがかかる場合がある。いつも発注側が有利に交渉できるとは限らないため、見積りの範囲を明確にした上で、追加見積りのルールなどを事前にはっきりとしておくことが必要だ。

　これら5つのリスクは、大規模なプロジェクトを進めるならば、外部に発注するしないに関わらず、必要な考え方になってくるだろう。

5-9-1 発注のリスク

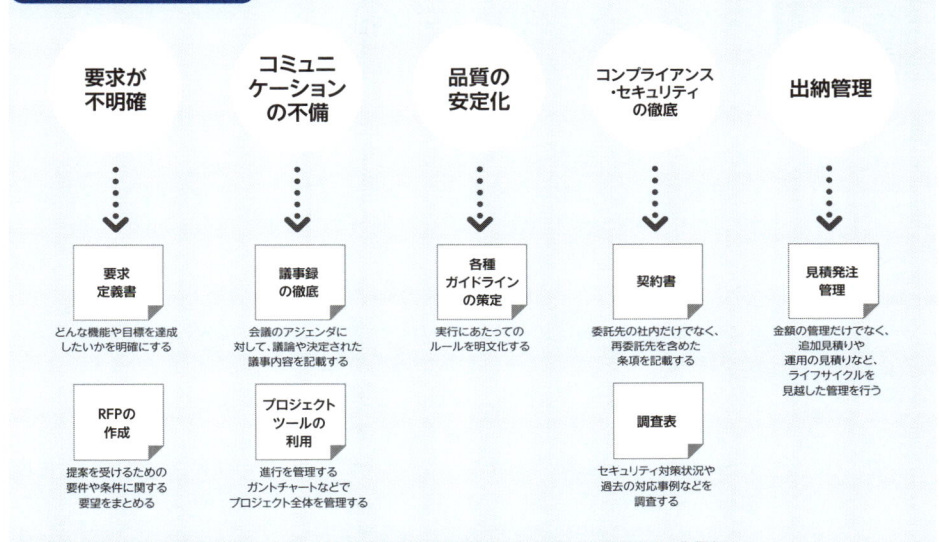

要求が不明確	コミュニケーションの不備	品質の安定化	コンプライアンス・セキュリティの徹底	出納管理
要求定義書 どんな機能や目標を達成したいかを明確にする	**議事録の徹底** 会議のアジェンダに対して、議論や決定された議事内容を記載する	**各種ガイドラインの策定** 実行にあたってのルールを明文化する	**契約書** 委託先の社内だけでなく、再委託先を含めた条項を記載する	**見積発注管理** 金額の管理だけでなく、追加見積りや運用の見積りなど、ライフサイクルを見越した管理を行う
RFPの作成 提案を受けるための要件や条件に関する要望をまとめる	**プロジェクトツールの利用** 進行を管理するガントチャートなどでプロジェクト全体を管理する		**調査表** セキュリティ対策状況や過去の対応事例などを調査する	

複数の組織を跨いで施策を遂行しなければならない場合、事前にリスクへの対応方針を定め、書類などで明確にしておくべきだ。

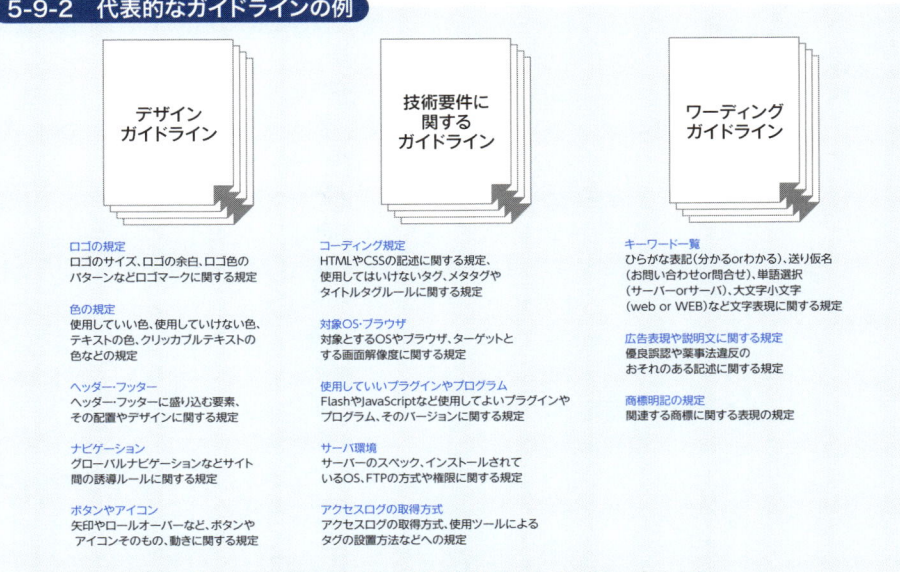

5-9-2 代表的なガイドラインの例

デザインガイドライン

ロゴの規定
ロゴのサイズ、ロゴの余白、ロゴ色のパターンなどロゴマークに関する規定

色の規定
使用していい色、使用していけない色、テキストの色、クリッカブルテキストの色などの規定

ヘッダー・フッター
ヘッダー・フッターに盛り込む要素、その配置やデザインに関する規定

ナビゲーション
グローバルナビゲーションなどサイト間の誘導ルールに関する規定

ボタンやアイコン
矢印やロールオーバーなど、ボタンやアイコンそのもの、動きに関する規定

技術要件に関するガイドライン

コーディング規定
HTMLやCSSの記述に関する規定、使用してはいけないタグ、メタタグやタイトルタグルールに関する規定

対象OS・ブラウザ
対象とするOSやブラウザ、ターゲットとする画面解像度に関する規定

使用していいプラグインやプログラム
FlashやJavaScriptなど使用してよいプラグインやプログラム、そのバージョンに関する規定

サーバ環境
サーバーのスペック、インストールされているOS、FTPの方式や権限に関する規定

アクセスログの取得方式
アクセスログの取得方式、使用ツールによるタグの設置方法などへの規定

ワーディングガイドライン

キーワード一覧
ひらがな表記（分かるorわかる）、送り仮名（お問い合わせor問合せ）、単語選択（サーバーorサーバ）、大文字小文字（web or WEB）など文字表現に関する規定

広告表現や説明文に関する規定
優良誤認や薬事法違反のおそれのある記述に関する規定

商標明記の規定
関連する商標に関する表現の規定

ガイドラインを明確にすると、担当者が詳しくなくとも一定の品質を保つことができる。ポイントを追記していき、より実用性の高いガイドラインを目指そう。

CHAPTER 05 リスクマネジメント

10 RFPによる発注管理

[1] Request For Proposalの略。新しい案件を外部に発注する際、より具体的な提案ができるように、発注側から受注側に渡される提案依頼書。必須事項や要求が盛り込まれる

[2] 発注先が必ずしも業界や該当する事業に詳しいわけではないため、事業環境を補足したり、発注先に合わせた内容にすることが望ましい

[3] ユーザーがアクセスしたセッションで成果を達成した「直接効果」と対比して、ユーザーが後から再来訪して得られた成果など、すぐには成果に至っていないが、間接的に与えたとされる効果

RFP [1] は発注側、受注側双方にメリットがあり、プロジェクトの骨格を決める上で最も重視すべき書類といっても過言ではない。発注側は、RFPを作成することで自社の課題を洗い出し、プロジェクト目標やコストの整理を行い要求定義を明確にできる。期待する効果や体制を明確にすることで、要件に見合った提案を受けられる可能性も高まる。また、提案の範囲がはっきりとしていると、コンペの際同じ基準の提案が揃い比較しやすい。

受注側から見ると、RFPを受け取ることで顧客が成果として望んでいるものが理解しやすくなり、必須事項と見積りに必要な情報が明確になる。また、目標達成に不足している施策が見えてくるので、どの点でオプショナルな提案をすればよいかの指針にもできる。

RFPはシステム開発の発注・運用などのプロジェクトマネジメントに関する方法論の中で発展してきた。それゆえ、一般的なRFPの知見だけでなく、Webマーケティングに特化した内容で作成することがキーになる。図5-10-1のように3つのブロックに分け、精査するとよい。

まず、プロジェクト要件では、プロジェクトの骨格を定義する。この時、自社におけるWebマーケティングの位置づけ、競合サイト、現在の集客施策などの環境情報をまとめた「プロジェクトの対象となるサイトの環境分析」[2] と、資料請求数や売上、PV数など、数値化できる目標を定めた「成果目標」は必須事項となる。成果目標を数字で決める際は、何を成果として認めるか、間接効果 [3] を成果として認定するかなども決めておいたほうがその後がスムーズだろう。

次に、品質要件・技術要件では、品質に関するガイドラインや技術的にサポートしなければならない要件を記述する。たとえば、HTMLの記述方式や対象とするブラウザ、Flashを使用してよいか、などである。Webページ作成の根幹に関わる部分で齟齬があるままスタートしてしまうと、最悪の場合、納品直前になって作り直しが発生することもありえる。Webマーケティングに関連するシステムの構築を依頼する場合は、さらに詳しく記述する必要があるだろう。

最後に提案物・納品物の定義では、提案や納品に関する受注側からのアウトプットを定義する。提案の必須要件、契約の条件、納品形態など、漏れがないようにチェックできるようにすることが望ましい。

あらゆる戦略も戦術も磐石な体制あってこそだ。RFP作成によってよく起こるミスマッチ（図5-10-2）もカバーでき、社内外のプロジェクトメンバーは、安心して成功に向けて邁進できるはずだ。

5-10-1　RFPの項目例

項目	内容
プロジェクト要件	**プロジェクトの目的** ・プロジェクトの対象となるサイトの環境分析 ・成果目標 ・期限 ・体制 ・コスト
品質要件・技術的要件	**必要な機能** ・コーディング規定 ・デザイン規定 ・対象ブラウザ ・使用していいプラグイン ・サーバ環境
提案物・納品物の定義	**提案の範囲** ・提出書類の定義 ・納品物の定義 ・契約条件

要求を明確にし、必ず守るべき条件を明確にすることが重要だ。RFPが優秀であれば、引き出される提案の質も高くなり、比較する際の基準も明確になりやすい。

5-10-2　RFPがない場合によく起こるミスマッチ

起こりうるミスマッチ	記述すべき項目	RFP作成時の注意点
目標の定義があいまい	成果目標	・目標とする数値を明確にする ・目標数値は互いに計測可能なものにする ・間接効果や施策以外からの効果を含むか明確にする
次々と追加見積もりが出てくる	提案の範囲	・提案を受ける範囲を明確にする ・オプションとなる提案の範囲を明確にする
	コスト	・コストに対しての作業を明確にする ・追加見積りの際、事前提出を義務付ける
ブラウザでずれが出てくる	対象ブラウザ	・対象ブラウザを明記する ・サイト構築後の対応方針を明確にする
担当者が変わってしまう (委託先の担当者が出てくる)	体制	・事前に体制を、人数や所属が分かるようにする ・窓口をする担当者をプレゼン時に同席することを必須とする
納期がずれる	期限	・プロジェクトの段階を数回に分けて、期限を切る ・納期がずれた場合の約束事を定める
打ち合わせの内容が反映されない	体制	・連絡体制や連絡への対応期限ルールなどを定める
	納品物の定義	・納品物に議事録を含める

ミスマッチの中でもすでに経験済みのものや一般に起こりやすいものに関しては、なるべく回避できるような条項を事前に定めておくことが重要だ。

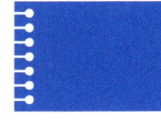

ブックガイド

『情報セキュリティ白書2013』
■編著／発行：独立行政法人情報処理推進機構(IPA)

公的機関のIPAが毎年発行する情報セキュリティに関する書籍。国内外で発生した具体的な情報インシデント事例と攻撃の手口、情報セキュリティ政策や関連法の整備状況など、企業のシステム開発者や運用者に有用な情報セキュリティの現状、今後の対策に必要な情報をまとめている。

『リスクマネジメント実務ハンドブック』
■著者：株式会社損保ジャパン・リスクマネジメント　■発行：日本能率協会マネジメントセンター

Webマーケティングのリスクマネジメントの前に、企業のリスクマネジメントを知る必要がある。基礎知識だけでなく実務をサポートする基本規定や調査票のサンプル、チェックシートなども巻末資料にあり、まさに「実務」を遂行するための実用性の高い書籍になっている。

『会社の事件簿　危機管理21の鉄則』
■著者：小川真人、白井邦芳　■発行：東洋経済新報社

実際に起こった事件を基にしているいるためリアリティがある。単なるケース紹介ではなく、どう対処すべきだったかの考察も加えられ、自社をイメージしながら読み進められる。テーマとしては、SNSによる風評連鎖、Winnyで情報流出、デジタル犯罪の調査や解析手法などを掲載。

『ソーシャルリスク　ビジネスで失敗しない31のルール』
■著者：小林直樹　編集：日経デジタルマーケティング　■発行：日経BP社

ソーシャルメディアによるリスク（炎上）は年々増え続けているという現状を元に、本書では、炎上事例を実社名で紹介しながら、会社や自分を守るための「31のルール」を解説。また、企業でのソーシャルメディア活用に必須のガイドライン策定方法や、そのサンプルも収録されている。

『おとなのIT法律事件簿』
■著者：蒲 俊郎　■発行：インプレスR&D

ソーシャルメディアに投稿された写真や、ECサイトのデータ表示ミスで、大企業が大損害を被るといったトラブルが増えている。本書はITに関連したトラブルを法律面から解説したケーススタディ集だ。紙の書籍はオンデマンド方式で発売され、Amazonや一部書店のみで購入可能。

CHAPTER 06
インターネット技術の基礎

松田昭穂
Matsuda Akio

CHAPTER 06　インターネット技術の基礎

01　Webサイトの仕組みの基礎

【1】コンピュータに用いられる、人工の言語です。プログラム言語やマークアップ言語などの種類があります

【◆】本節の内容に興味をお持ちの方は「W3C」「WHATWG」「CSS3」などのキーワードで検索してみることをおすすめします

　インターネットでWebサイトを公開するためには「コンテンツ」と、サーバーやネットワークなどの基盤を意味する「インフラ（インフラストラクチャー）」の2つを準備する必要があります。
　Webサイトは、インターネット上に公開された複数のWebページを指します。Webページは、さまざまなファイル（HTMLや画像、動画、プログラム、Flashなど）から構成されています。
　Webページは、テキストエディタやオーサリングツールを利用して作成します。HTMLやCSS、JavaScriptと呼ばれるコンピュータ言語[1]のルールに従い文書ファイルを記述します。タグと呼ばれる命令文で画像や動画などを呼び出す他にも、見た目を装飾するCSSや、動きを制御するJavaScriptなど、表現を豊かにする記述をHTMLに組み合わせれば、より質の良いコンテンツが作成できます。
　HTMLはHyperTextMarkupLanguageの略称で「ハイパーテキストを利用したマークアップ言語」という意味です。ハイパーテキストとは文書同士をリンクして参照できる特徴を持つ文書の形式を指し、マークアップ言語とはタグと呼ばれる書式でドキュメントを記述する言語で、見出しや本文、リストなどの文章構造が指定可能です。HTMLのルールは、現行バージョンのHTML4.01を標準団体「W3C」が策定し、次期バージョンのHTML5をブラウザベンダーが主体の団体「WHATWG」が策定しました。
　文章の構造を指定するHTMLに対して、CSSは表示形式を指定します。文章の色や大きさ、太さの指定や、レイアウトの位置や色、大きさなど視覚的な効果の指定が可能です。視覚効果を指定するCSSをHTMLから切り離すことで、複数の文書でのCSSの共有など管理が容易になります。
　CSS同様にHTMLと組み合わせて利用されるのがJavaScript / Ajaxです。ユーザーが行うマウスの動作やキーボード入力をきっかけに、HTML内の文章や画像、フォームなどの要素を動的に変更します。静的なコンテンツを表示するだけだったHTMLにJavaScriptを加えることで、Webページ内の操作に合わせてコンテンツを動的に表示することが可能になりました。またAjaxと呼ばれる、表示済みWebページのバックグラウンドでサーバーと通信する技術が、Google Mapsなどのサービスで注目されています。従来だとWebページを切り替えるタイミングでサーバーと通信していた処理を、Webページを表示したまま行うので、ユーザーは処理時間を意識せずサービスを利用できます。

6-1-1 Webサイトの仕組み

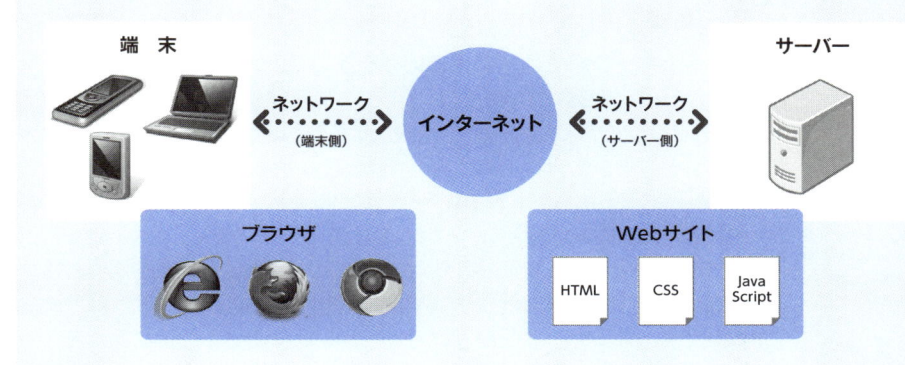

閲覧するためには端末とブラウザが、公開するためにはWebサイトとWebサーバーが必要です。端末にはブラウザを、サーバーにはWebサーバーをインストールします。

6-1-2 Webサイトを構成するファイル群

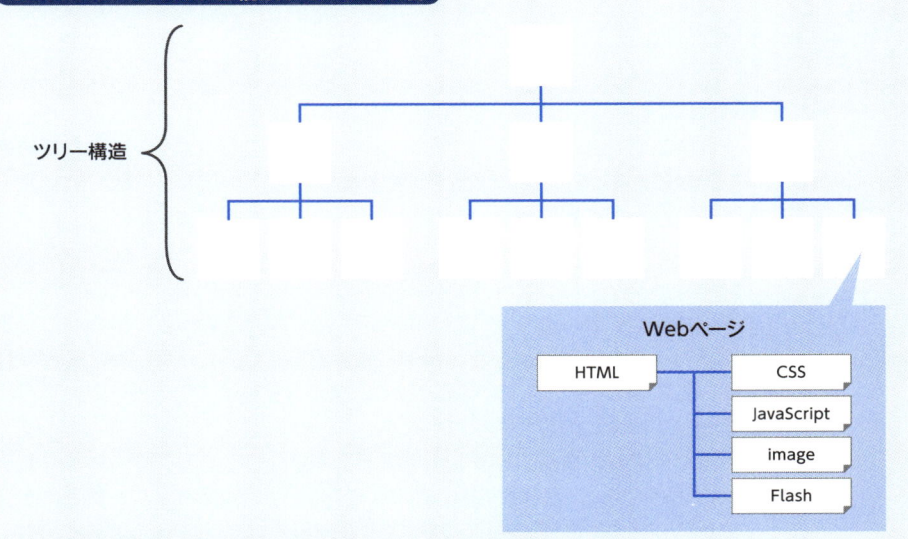

構造を指定するHTMLや表示形式を指定するCSSなど、Webページは複数の要素から構成されます。
Webページの集合体を、Webサイトといいます。

02 ブラウザの基礎

ブラウザは、Webサイトを閲覧するためのソフトウェアです。
①Webページの表示、②無数に存在するWebページのURL指定、③Webページの閲覧サポート（ブックマーク履歴、戻る、機能拡張）などの役割があります。Webページを表示する際には、サーバーに保存されているWebページにアクセスして、情報の取得・解析・レンダリング[1]の順にデータ処理し、端末[2]のブラウザにWebページを表示します。

ブラウザの種類にはいろいろなものがあり、WindowsにはMicrosoft製ブラウザInternet Explorerが、OS X（10.3以降）にはApple製ブラウザSafariが、標準で搭載されています。その他に無償で提供されているFirefoxやChrome、Operaなど、ユーザーはその好みに応じたブラウザをインストールし、Webサイトを閲覧できます[3][4]。

【ブラウザの一例】

Internet Explorer	米Microsoft社が開発している、シェアNo.1ブラウザ
Firefox	Mozillaというオープンソースソフトウェアプロジェクトで開発されたブラウザ。機能拡張の多さが特徴
Chrome	米Google社が開発しているブラウザで、シンプルなインターフェースが特徴。起動速度や表示速度の速さに定評あり
Safari	米Apple社が開発しているブラウザ。iPhoneやiPadにも搭載
Opera	ノルウェーOpera Software社が開発している。パソコン以外にゲーム端末やテレビ、携帯電話等の幅広い媒体に搭載

HTMLやCSSのバージョンによっては、ブラウザが対応していない記述も存在します。これらの記述で作成されたWebページは、ブラウザによって表示が大きく異なったり、見づらくなる場合もあります。

1990年代、ブラウザシェア獲得のためMicrosoftとNetscapeが独自に機能拡張していった結果、両ブラウザで同じ内容を表示するWebページの作成が困難になりました。これを背景にWeb標準という考え方が重視されるようになりました。標準化団体であるW3Cが策定したこの仕様通りにWebページを作成することで、環境（デバイスやOS、ブラウザ等）を問わずに同じ内容が表示されます。

また、スマホやタブレット端末など、多様なサイズのスクリーンそれぞれにWebページを用意するのではなく、単一のWebページを最適に表示させるレスポンシブWebデザインを採用したり、端末や利用者など様々な状況で、Webページの見易さ・利用し易さの指標であるWebアクセシビリティを重視するなど、閲覧環境に依存しないサイト作りが重要です。

---

[1] 与えられたデータを処理し、私たちが見える画像を生成すること。映像、音声を生成する場合にも用いられる

[2] ネットワークの末端にある機器という意味。ユーザーがネットワークを通じ、操作する機器の総称

[3] イメージブラウザと呼ばれるこれら以外にも、文章のみを表示するテキストブラウザや文章を読み上げる音声ブラウザなどがあります

[4] ブラウザを利用する端末にも、携帯電話やスマートフォン、タブレットなど多数ありますので、ブラウザと端末の組み合わせは無数です

[•] 本節の内容に興味をお持ちの方は「Web標準」「アクセシビリティ」「ブラウザ」などのキーワードで検索してみることをおすすめします

6-2-1 インタフェースの主な役割

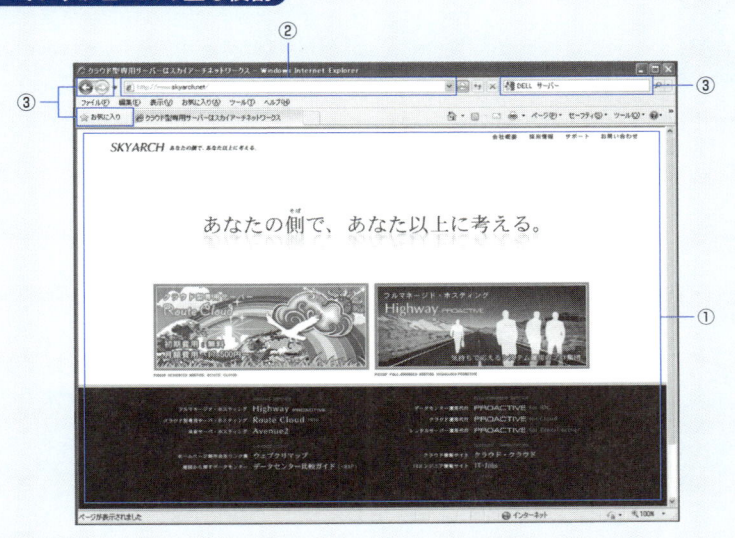

ブラウザが異なっても、3つの主な役割は同じです。①Webサイトの表示、②URLの指定、③閲覧のサポート（戻る／進む、検索、お気に入りなど）

6-2-2 Webブラウザによる見え方の比較

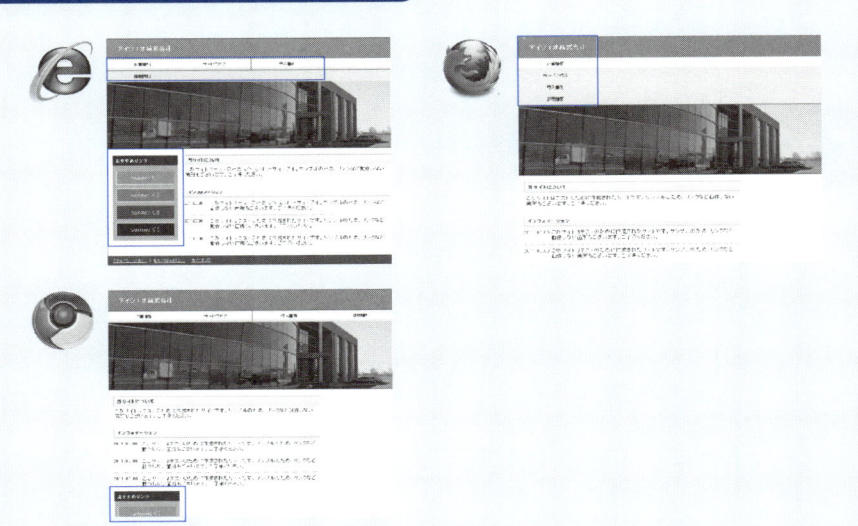

同じHTMLでも、OSやブラウザが異なると表示が異なる場合があります。

CHAPTER 06　インターネット技術の基礎

03　サーバーに関する基礎知識

【1】レンタルサーバはホスティングと同義。和製英語です

【2】クラウドについては7節で解説します

【*】本節の内容に興味をお持ちの方は「Webアプリケーション」「データセンター」「ログ監視ツール」などのキーワードで検索してみることをおすすめします

　インターネット上にWebページを公開するには、インターネット接続環境（ネットワーク）以外にも、サーバーと呼ばれる仕組みが必要です。サービスを「利用する」機器である端末と異なり、サーバーは「サービスを提供する」ものです。Webサーバーやメールサーバーなど、用途に応じたサーバーのソフトウェアをインストールして、さまざまなサービスを提供します。

　常にWebページを表示するために稼動するWebサーバーは、24時間365日電源がついていたり、スムーズな表示のために高いスペックであったり、稼働中はモニターやキーボードなどの入出力機器が不要であるなど、パソコンと異なる点が多々あります。

　サーバーにインストールするソフトウェアには、Webページの種類に応じた設定が必要です。ソフトウェアの構成はパソコン同様「OS」からはじまり、Webサーバーやデータベースサーバーなど基本となる機能を提供する「ミドルウェア」、CMSやECサイトなどのコンテンツを構築するための「Webアプリケーション」など、レイヤーにより名称も異なります。

　24時間365日電源を落とすことがないサーバー機器は、CPUやメモリなどに高いスペックを必要とするため、高価なハードウェアです。記憶媒体としては安価で大容量なHDD（HardDiscDrive）以外にも、衝撃に強いフラッシュメモリ技術を利用したSSD（SolidStateDrive）を搭載して高いスペックを実現するサーバーもあります。

　設定したサーバーを設置する場所も自宅やオフィスだけでなくさまざまです。災害に強い「データセンター」と呼ばれる専門の建物では、停電や地震などの被害でサーバーが止まらないように対策されているので安心です。ホスティングやレンタルサーバー[1]、クラウド[2]のように、ハードウェアを所有せずに利用するだけのサービスでは、サーバーはこのデータセンターに設置されています。

　サーバー動作の履歴を残したログデータからは、機器の物理的状況やリソースの使用状況、ユーザーのアクセス履歴など、トラブル原因を特定できます。例えば、ユーザーのアクセス集中でサーバーに負荷がかかり、Webページの閲覧に時間が掛かる場合には、ログデータを解析して原因を特定し、改善策を施します。文字の羅列であるログデータの閲覧には専門知識が必要ですが、専門知識がなくてもグラフィカルなインターフェースのアプリケーションを利用すれば、サーバーの状況を把握することが可能です。

6-3-1 ソフトウェアの位置づけ

サーバー	ソフトウェア	コンテンツ	テキストや画像、ユーザー情報などのデータ
		Webアプリケーション	EC-CUBE、Movable Type、WordPress、desknet'sなど
		ミドルウェア	Apache、PHP、MySQL、PostgreSQLなど
		OS	Linux、Windows、OS Xなど
	ハードウェア		CPU、メモリ、HDD
ネットワーク			回線、ファイアウォール、スウィッチ
ロケーション			国内・国外

OS、ミドルウェア、Webアプリケーションなど必要に応じたソフトウェアをインストールします。

6-3-2 サーバーの設置パターン

サービス	運用	設置場所	セキュリティ	災害対策	調達時間
自社サーバー	自社	自社	○	△	△
ハウジング	自社	データセンター	◎	○	△
ホスティング	業者	データセンター	○	○	○
クラウド	業者	データセンター	○	◎	◎

自社で所有するだけでなく、ハウジング、ホスティング、クラウドといったサービス利用の選択肢もあります。ROIや各サービスの長所・短所を考慮し、選択します。

04 ネットワークに関する基礎知識

[1] DNSはDomain Name Systemの略です

[2] bpsはbit per secondの略です

[3] SLAはService Level Agreementの略。事業者が利用者に対して保証するサービスの品質や保証のしくみのことです

[*] 本節の内容に興味をお持ちの方は「IPアドレス表示」「nslookup」「ベストエフォート」などのキーワードで検索してみることをおすすめします

　Webサイトのあるサーバーとパソコンやスマートフォンなどの端末。物理的に離れているのに、なぜ同じサイトを見ることができるのでしょうか？
　それはサーバーと端末が回線を通じてネットワークにつながり、データのやり取りをしているからです。
　一般的にネットワークとは、図6-4-1のように網状に張り巡らされた組織を指します。家庭で家族のパソコンとプリンタを無線LANで結ぶのも、ネットワークの1つです。企業、学校、公共機関でもネットワークが組まれていますので、インターネットには世界中のあらゆるネットワークが接続されていると言えるでしょう。
　インターネットで、データの通信先を決めるのがIPアドレスです。これは世界中のそれぞれのコンピュータで重複がないように割り振られ、「190.5.255.14」のように、0から255までの数字4つで形成されています。ネットワークごとに割り振られるため、同じネットワーク内では、上位の桁が同じになることもよくあります。
　私たちがWebサイトを見るときは、IPアドレスではなく「www.shoeisha.co.jp」のようにドメイン名を用いて指定します。IPアドレスは最大12桁の数字で、人間には覚えづらいため、ドメイン名として私たちがわかりやすい言葉に置き換えているのです。ドメイン名で記載されたアドレスをインターネット上にあるDNSサーバー[1]が受け取り、DNSサーバーがIPアドレスに変換して、行き先を特定する仕組みです（図6-4-2）。DNSサーバーは、インターネット上の電話帳のような存在と言えます。IPアドレスだけでも通信はできますが、ネットワーク管理者は、利便性や集客などのメリットも考えてドメイン名を申請し、取得します。
　ネットワークの品質を考える視点としては、接続品質と伝送品質があります。接続品質は速さ、伝送品質は正確さ・完全さです。インターネットには誤りをフォローする仕組みがあるため、主に速さが重視されます。○○bps[2]といった単位で示され、大きいほうが、単位時間により多くのデータを転送できることを示しますが、同じ数値でも帯域保証とベストエフォートでは意味合いが異なります。帯域保証とは提示した速度の数値を下回らないよう、そのユーザに帯域を確保すること。ベストエフォートは、数値は保証しないけれども可能な範囲で最善を尽くすという意味です。ベストエフォートは実際の速度が公称の数値を下回ることもありますが、帯域保証より安価なケースがほとんどです。Webサイトのコンテンツや想定されるアクセス状況、予算、SLA[3]に応じて、選定しましょう。

6-4-1 インターネットの仕組み

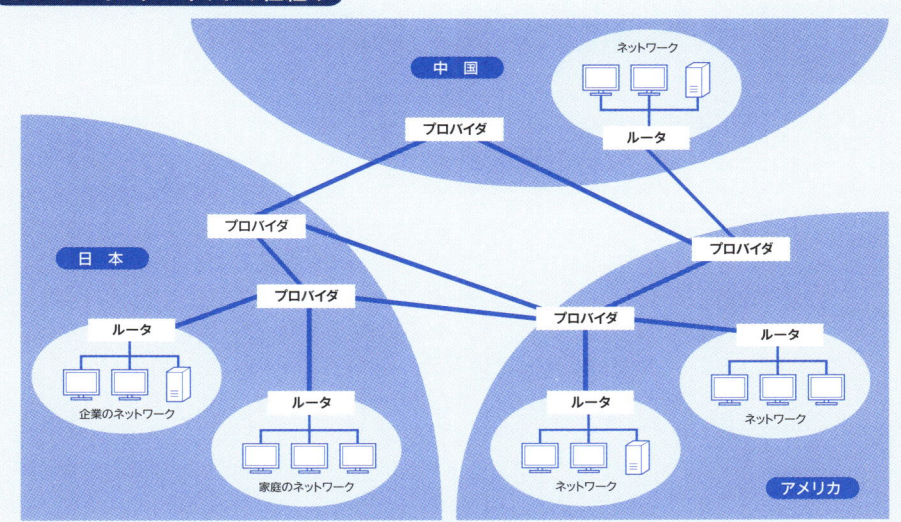

家庭や企業のネットワークと同様、プロバイダ同士も大きなネットワークを形成しています。これらの総体である巨大なネットワークが、インターネットです。

6-4-2 IPアドレスとDNS

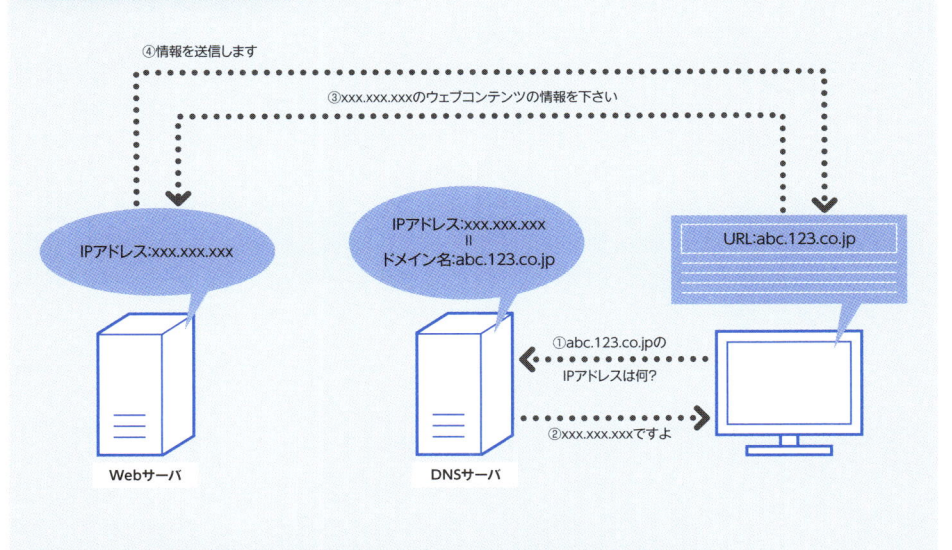

私たちはIPアドレスを意識しませんが、ブラウザとDNSサーバーとのやりとりがあってはじめて、Webサーバーの特定ひいてはWebページの閲覧が可能になります。

125

05 セキュリティに関する基礎知識

[1] 経済産業省「最近の動向を踏まえた情報セキュリティ対策の提示と徹底」(2011年5月) より

[2] ハッカーは、コンピュータ能力に長けた人を指します

[*] 本節の内容に興味をお持ちの方は「脆弱性」「サイバー攻撃」「IPA」などのキーワードで検索してみることをおすすめします

　絶え間なくニュースで報道される、企業のセキュリティ事件・事故。特に標的型のサイバー攻撃を受けたとする企業は、2007年は5.4%だったのが2011年は33%へと増え[1]、大きな事件につながったケースも少なくありません。Webマーケティング担当者としてはWebサイトのPV数を伸ばしたいところですが、一方で、Webサイトが大きくなれば社会的な影響力も大きくなり、攻撃を仕掛けるクラッカー[2]の目にも止まりやすくなります。そのためWebサイトや組織の規模に応じてセキュリティ対策の水準も上げる必要があります。

　Webサイトへの攻撃には、クラッカー自ら侵入する不正アクセスと、悪意のあるプログラムが仕込まれるコンピュータウイルスの2通りあります。不正アクセスは、ソフトウェアの不具合（脆弱性）などを悪用して不正にコンピュータへ侵入し、①情報の盗聴、②ファイルの改ざん・破壊、③通信の妨害などを行います。コンピュータウイルスは、インターネットを通じて感染する場合と、不正アクセスされてクラッカーに仕掛けられる場合があり、①情報の流出、②ファイルの破壊、③通信の妨害、④踏み台になり他のコンピュータを攻撃する、などの被害をもたらします。

　狭義ではセキュリティは、機密性（秘密性）を指しますが、広義では機密性に加え、完全性、可用性の3つの要素を含みます。サイトにおいて完全性とは、コンテンツの内容に間違いや誤りがないことです。可用性とはサイトが必要なときにアクセスできることです。サイバー攻撃の他にも、内部犯行、作業ミスなどによってもWebサイトのセキュリティは脅かされます（図6-5-1）。サイト全体でリスクを俯瞰して、大きなリスクに対応していく、といったリスクマネジメントの視点で対策を考えましょう。

　また、Webサイトをどう対策していくべきかの指針としたいのが、法令やガイドラインです。法令には最低限やるべきことが、ガイドラインには専門の省庁や団体による推奨事項がまとめられています。

法令	個人情報保護法、不正アクセス防止法、電子署名認証法、迷惑メール規制法など
ガイドライン	ISMS、PCIDSS、個人情報保護ガイドライン、コンピュータ不正アクセス対策基準、コンピュータウイルス対策基準

　その他に、セキュリティは社会情勢や技術の発展によっても脅威、リスク、対策が変わってきます（図6-5-2）。日頃からニュースやIPAなどの機関から情報を収集し、Webサイト運営に携わる一人としてアンテナを張り巡らしておくことも大切です。

6-5-1　Webサイトとセキュリティ

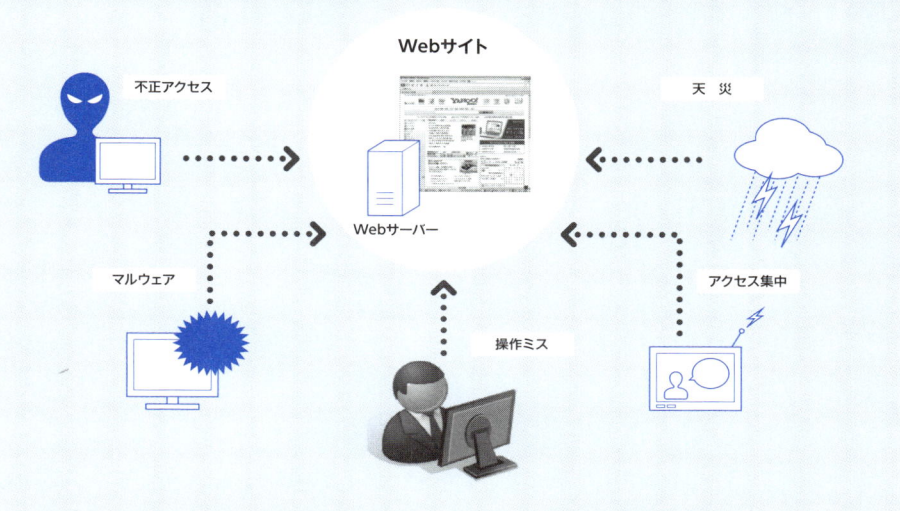

```
不正アクセス ────▶  Webサイト          ◀──── 天災
                   [Webサーバー]
マルウェア ────▶                       ◀──── アクセス集中
                   ↑
                   操作ミス
```

インターネットに公開されたWebサイトは、不特定多数の人が自由にアクセス可能です。数多くの脅威やリスクにさらされているため、セキュリティ対策が必要です。

6-5-2　Webサイトにおける脅威とリスク

要素	機密性	完全性	可用性
脅威	・盗聴 ・不正アクセス ・紛失	・改ざん ・天災 ・操作ミス	・故障 ・不正アクセス ・天災 ・破壊
リスク	・情報漏えい	・誤情報の掲載 ・情報の欠損	・サーバー停止 ・アクセス不可
対策	・データの暗号化 ・パスワードの暗号化 ・アクセス権の管理 ・教育	・バックアップの取得 ・ダブルチェックの実行 ・改ざん監視システムの導入	・冗長化構成 ・予備機の設置 ・サーバー/ネットワークの監視

内部犯行や事故、ときにはプロモーションの成功によるアクセス集中も脅威となります。対策のコストとリスクの大きさを見比べて対策するか否かを判断します。

127

06 暗号化技術に関する基礎知識

[1] 日本ネットワークセキュリティ協会「2011年 情報セキュリティインシデントに関する調査報告書～個人情報漏えい編～」(第1.2版 2012年12月7日) より

[2] データの大きさを示す値で、暗号化においてはビット数が大きいほど、暗号化のプログラムが複雑であることを示します

[3] SSL通信ではドメインごとに証明書を発行するため。証明書のないドメインからパーツを参照させたり、ページ遷移をさせたりするとアラートが出る場合があります。ユーザーに不安を与えますので設定には注意しましょう

[*] 本節の内容に興味をお持ちの方は「情報漏えい」「SSLサーバー証明書」「VPN」などのキーワードで検索してみることをおすすめします

　ニュースで大きく取り上げられる個人情報漏えいの報道。数あるセキュリティリスクの中でも特に注目されるのは、被害と影響が大きいためです。2011年の統計では、漏えい一案件あたりの平均損害賠償額は1億2,810万円[1]とされています。Webサイトには、情報漏えいからユーザーの情報を守るための仕組みを備える必要があります。

　プログラムによってデータに鍵をかけ、不特定多数の人が読めないデータに変換するのが暗号化です(図6-6-1)。正当な受信者のみが鍵を用いて暗号化する前のデータに復号できます。暗号化の強度は40bit～256bitのビット数[2]で示されます。数が大きいほど複雑で安全性が高いものです。複数の暗号化アルゴリズム、AES(128bit/256bit)/3DES(168bit)/Blowfish(256bit)/RC4(256bit)を組み合わせ、高度なセキュリティを実現しています。暗号化には、通信経路の暗号化とデータベースの暗号化があります。

　通信経路の暗号化については、SSLとVPNを理解しましょう。
　URLに「https」と書かれているサイトを見たことがあるでしょうか？
これはSSLという暗号化技術を用いたWebサイトです。SSLには複数の種類があり、盗聴を防ぐだけでなく、データ改ざんの検知、なりすましの防止も可能です。ファイル転送技術のFTPや、メール転送のSMTPやPOPといった技術と組み合わせ、広く活用されています。

　また、SSL通信[3]では、なりすましを防止するために証明書を用います。この証明書には、自署証明書と事業者が発行するSSLサーバー証明書の2種類があり、自署証明書は自ら作成可能です。SSLサーバー証明書は、第三者機関がサイト運営者の実在確認と証明書の発行を行うため費用がかかりますが、ユーザーに安心感を与えます(図6-6-2)。

　VPNは社内システムとWebサイトの機密情報のやりとりに用いられます。導入にはソフトウェアか専用のハードウェアが必要です。

　通信経路だけでなく保存先のサーバーにあるデータも暗号化しておくことで、不正アクセスから情報を保護できます。データベースの暗号化は、ソフトウェアの導入や暗号化機能が付加されたハードウェアの利用によって実現できます。ただし、データベース内の全データに対して暗号化を行うと処理の負荷が高くなり、レスポンスが悪くなることがあるので、特定のデータだけを暗号化するなどの工夫が必要です。また、データベースのバックアップをとっている場合は、バックアップ先の暗号化も忘れずに検討したいものです。

6-6-1 暗号化の必要性

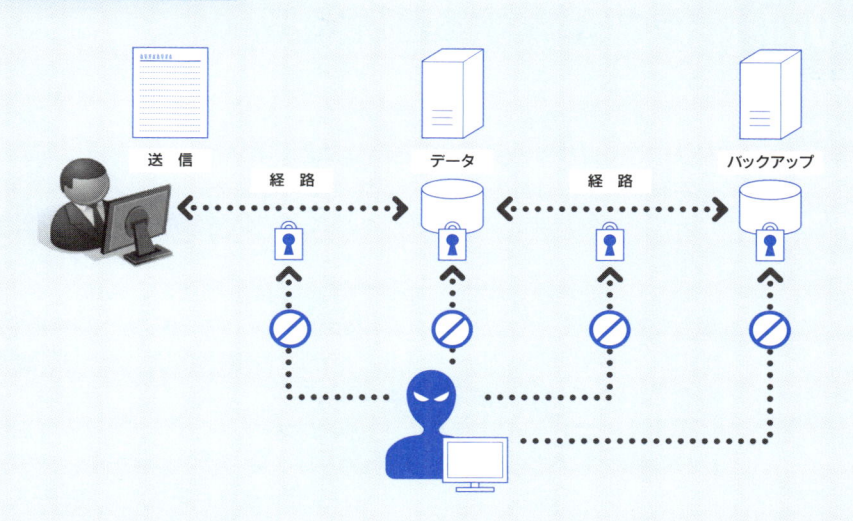

送信　経路　データ　経路　バックアップ

悪意のあるユーザーが機密情報を盗み見ること（盗聴）を防ぐために、通信経路や保存されているデータを暗号化し、解読不能なデータに変換します。

6-6-2 SSLサーバー証明書

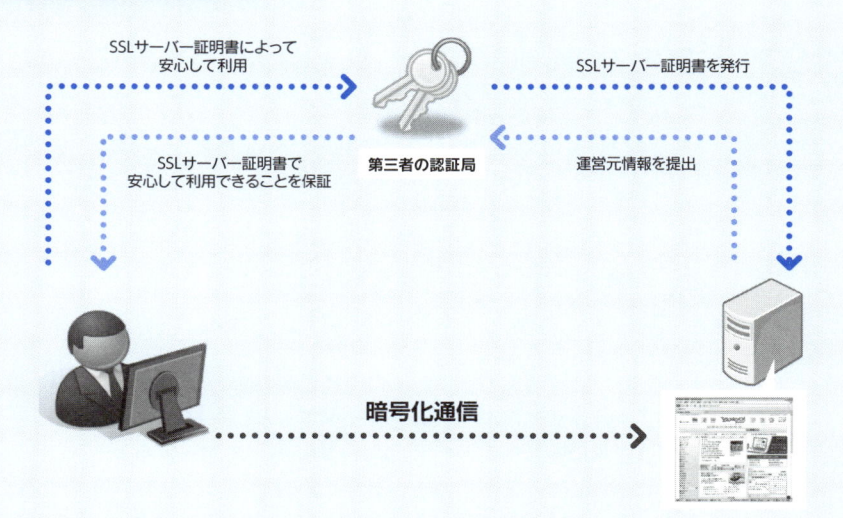

SSLサーバー証明書によって安心して利用

SSLサーバー証明書を発行

SSLサーバー証明書で安心して利用できることを保証

第三者の認証局

運営元情報を提出

暗号化通信

悪意のあるユーザーがWebサイトの運営元に「なりすまし」をする危険性はないでしょうか？　信頼のおける第三者機関がSSLサーバー証明書の信頼性を保証します。

07 クラウドに関する基礎知識

[1] 言葉の由来は直訳にあたる「雲」。クラウド・コンピューティングの略で、2006年にGoogleのCEO（当時）Eric Schmidtが言いはじめて以来、瞬く間に私たちの生活に浸透していきました

[2] CPU、メモリ、ハードディスクなどさまざまな機能が提供されます

[3] SaaSはSoftware as a Serviceの略。ASPとも呼ばれます。PaaSのPはPlatform、IaaS/HaaSのIはInfra-structure、HはHard-wareです

[4] 2011年の東日本大震災を機に、一時的なアクセス集中の回避、バックアップ、在宅勤務の手段として、多くの企業で検討が進んでいます

[*] 本節の内容に興味をお持ちの方は「SaaS」「SLA」「稼働率」などのキーワードで検索してみることをおすすめします

　すっかり市民権を得た「クラウド」[1]という言葉は、コンピュータを所有するのではなく、利用するという概念およびサービスを指します（図6-7-1）。利用者は雲の向こうを意識することなく、WebブラウザからITサービスが受けられ、アプリケーションだけでなく、開発環境やコンピュータの機能そのもの[2]までもが、Webブラウザを通して提供されます。

　ソフトウェアのインストールや面倒な設定なしに使えるWebメールは、最も身近なクラウドだと言えます。ほかにも、スマートフォンや携帯電話、デジタル家電や音楽プレイヤーなど、クラウドを利用してデータを管理・共有できるデバイスが増えています。

　クラウドには、不特定多数の人と共有する「パブリック・クラウド」と自分の組織だけで利用する「プライベート・クラウド」があり、パブリック・クラウドのうち、アプリケーションが提供されるものをSaaS [3]、開発環境が提供されるものをPaaS、コンピュータ機能そのものが提供されるものをIaaS（HaaS）といいます（図6-7-2）。

　クラウドのメリットは①すぐに調達可能であること、②従量課金で使った分だけ支払えばよいこと、③コンピュータに関する専門的な知識がなくとも使えることなどが挙げられます。

【クラウドの導入例】

A社	課題	アクセス解析を行いたいが、まだアクセス数が多くないので、コストはできるだけ抑えたい
	解決方法	アクセス数による従量課金制のSaaS型アクセス解析ツールを導入
B社	課題	モバイル向けのキャンペーンサイトを短期間で準備して、スピーディーに公開したい
	解決方法	SaaS型CMSを利用して新規にサイトを構築
C社	課題	アクセス数が急増した場合でも、サーバーダウンさせずに安定してコーポレートサイトを運用したい
	解決方法	緊急時にIaaS型サーバーを増設して対応

　一方で、共有環境であるため機密性に関して万全ではないこと、カスタマイズや管理が難しいことなどがデメリットになります。

　クラウドの普及には、社会的な背景があります。2008年頃からサービス化は徐々にはじまっていましたが、急激な普及はコスト削減が叫ばれるようになったリーマンショックの2009年からです。また、Webサイトのライフサイクルが短くなる中で、すぐに調達が可能という特徴も有利に働きました[4]。

6-7-1　クラウドのイメージ

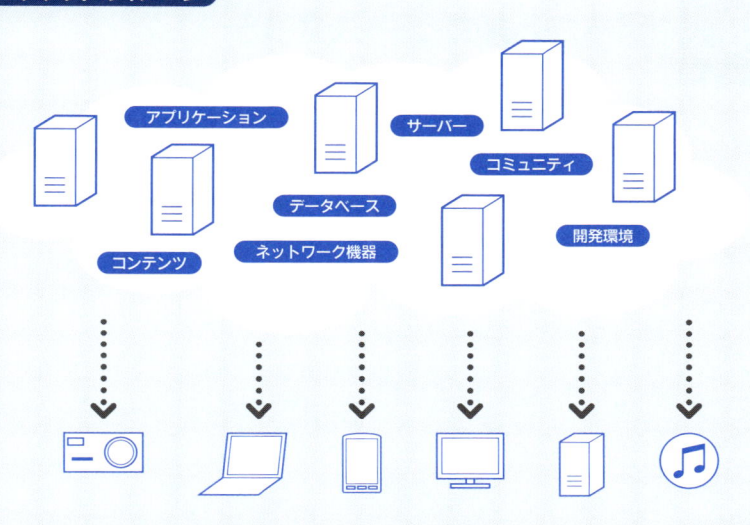

雲の向こうにある潤沢なIT資産を、機器の接続、設定、運用保守などを意識することなく、必要なときに必要なだけ利用できるのがクラウドのメリットです。

6-7-2　クラウド

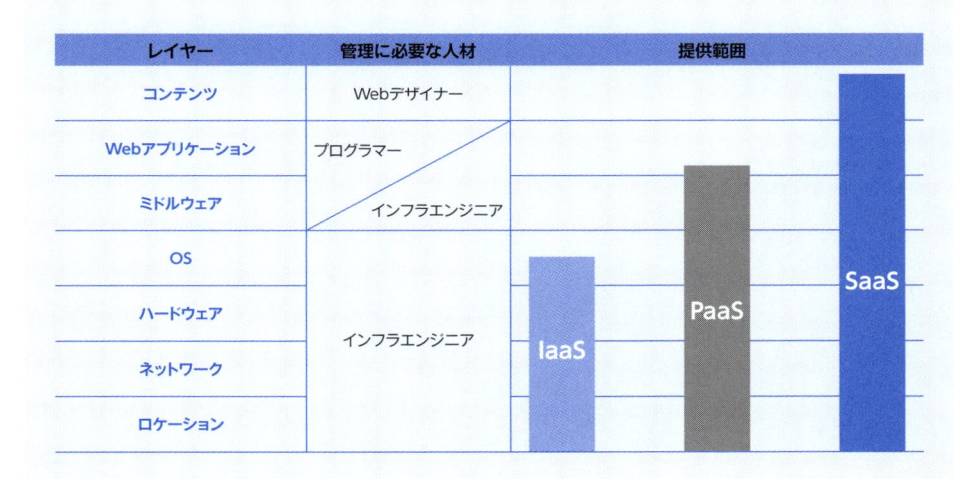

レイヤー	管理に必要な人材	提供範囲
コンテンツ	Webデザイナー	SaaS
Webアプリケーション	プログラマー	SaaS / PaaS
ミドルウェア	インフラエンジニア	PaaS
OS	インフラエンジニア	PaaS / IaaS
ハードウェア	インフラエンジニア	IaaS
ネットワーク	インフラエンジニア	IaaS
ロケーション	インフラエンジニア	IaaS

自社のIT資産やノウハウ、人材などから、クラウドに預ける範囲を判断します。人的工数は削減されますが、カスタマイズが効きにくい点には注意が必要です。

08 困ったときのケーススタディ

[•] Webサイトが本来の役割を果たせていない状態を「ダウン」といいます。ダウンしている間は新規ユーザ獲得の機会損失だけでなく、通常の販売活動での損失も発生しています

自社のWebサイトに何らかのトラブルが起き、広範囲にわたってユーザーがサイトを見られなくなったり、極端につながりにくい事態に陥った場合、大きな機会損失へとつながります。早急に原因を明らかにし、正しい判断によって迅速に復旧への対策を打つことが最優先となります。

トラブルの発生から対策までをケーススタディで2つ紹介します。

事例① アクセス集中（図6-8-1）

対象	月間5万PVの清酒販売業のホームページ
	地方の小さな蔵元A社が製品PRのために運用。ある日、経理兼システム担当者Uさんのところに「さっきから、サイトがつながらなくて注文できないんだけど……」とお客さまから電話が来た
状況	TwitterやFacebook [1] による「拡散」
	ある有名ソムリエのブログで、Sさんの蔵元が紹介され、TwitterやFacebookを通じ瞬く間に商品のURLが広まり、アクセスが集中していた
原因	ITリソースの容量不足
	同時アクセス数が多く、通信している総データ量が、契約の回線容量を超えていた
対策	データ量圧縮／回線増強
	通信している総データ量を減らすため、制作会社 [2] に画像データの圧縮を依頼。また、レンタルサーバーのプランを変更し、回線容量の上限を増やした

[1] TwitterやFacebookだけでなく、広告やパブリシティでも予想を超えるアクセス集中は起こり得ます

[2] 制作会社だけでなく、サーバー管理者側でもチューニングや通信データの圧縮、負荷分散などの対策ができます

事例② サーバー移設（図6-8-2）

対象	月間100万PVのアニメ制作会社のホームページ
	アニメ制作会社のB社が、同業で外資系のC社と合併することに。B社の人気アニメXのコンテンツもC社サーバーへの移設が決定。B社管理部長のTさんは外注先のサーバー事業者にC社日本支社への引継ぎを依頼し、合併前にサイトの移設は無事終了。しかし数日後、C社本国からTさんに連絡が入る。「最近、Xのサイトがずっと見れないんだけど……」
状況	サーバーの移設
	Webサーバーを設置しているデータセンターをC社が契約している場所に移すにあたり、IPアドレスの変更が必要になった。C社の担当者はドメイン名に紐付けるIPの情報を、移設日当日に自社のDNSサーバーで更新し、旧サイトのサーバーを数日後に停止していた
原因	DNSが浸透する見積もり期間の甘さ
	世界の全DNSサーバーが新しい設定情報を得るには最大2週間程度かかる [3]。C社が更新した内容が、C社本国が参照しているDNSサーバーに未反映だった
対策	並行運用
	Tさんは旧サイトのサーバーを起動し、2週間ほど新サーバーと並行運用。DNSが新旧どちらのIPを参照しても同じ内容が見えるようにした

[3] 世界中のDNSサーバーが連携・情報共有しているため、このような現象が発生します。情報共有のタイミングはIPアドレス保有者が設定できるので、移設時には、情報が早く行きわたるような調整も可能です

[•] Webサイトの環境が変わるときは、何らかのトラブルが起きやすいもの。余裕を持ったスケジューリングが重要です

[•] 本節の内容に興味をお持ちの方は「DNS移設」「Twitter拡散」「負荷分散」などのキーワードで検索してみることをおすすめします

6-8-1 アクセス集中のトラブル

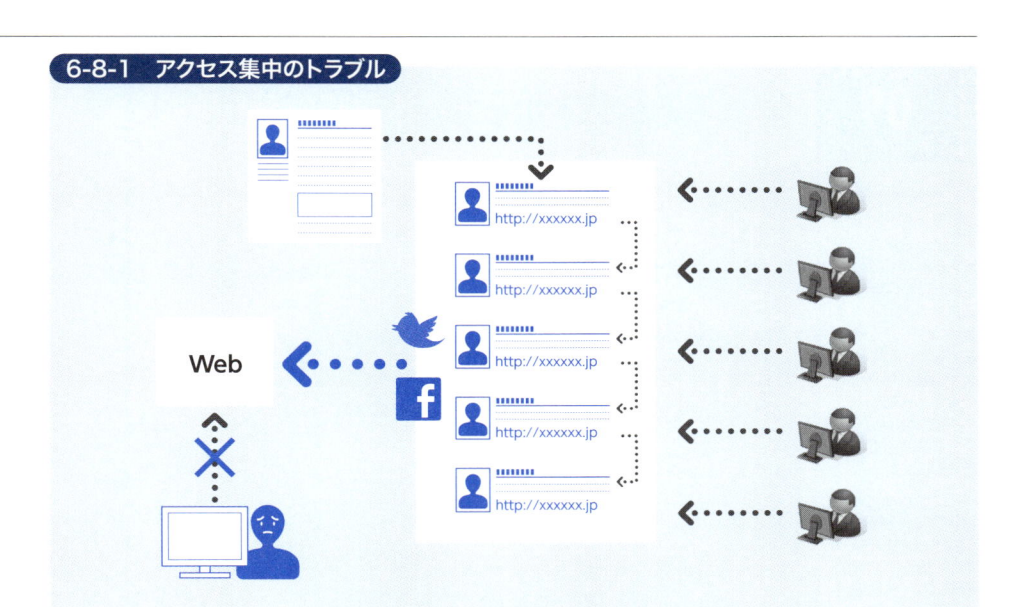

サーバー性能や回線容量などさまざまな要素から対応可能なアクセス数が決まります。意図せず急増した場合には上限を超え、サーバーダウンにつながります。

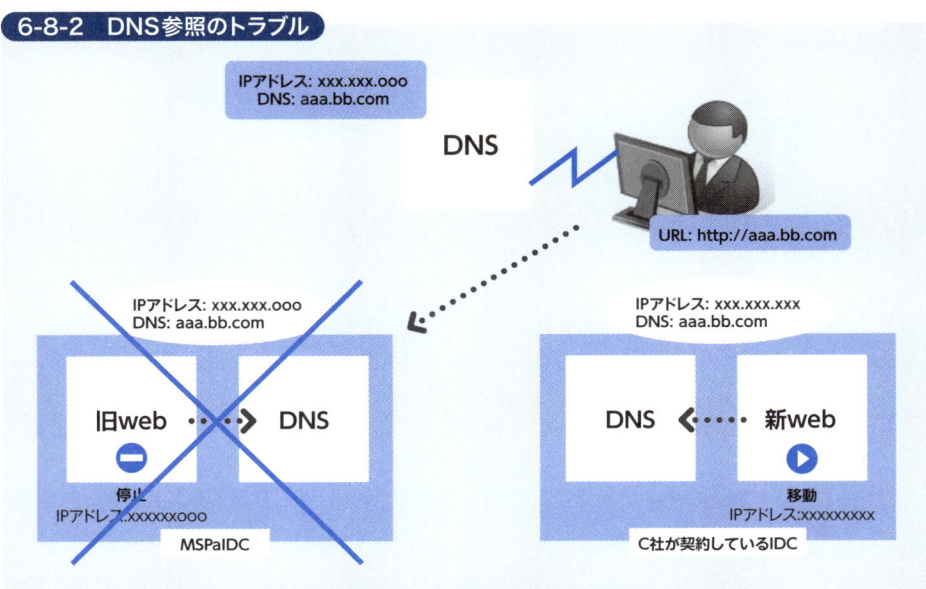

6-8-2 DNS参照のトラブル

移設はいわば引越し。DNSサーバーに新しい住所（IPアドレス）を設定する必要があります。DNSサーバーの情報共有には時差があることに注意しましょう。

133

09 ケーススタディから学ぶ原因の切り分け

Webサイトのトラブルに対応するカギは、原因を正しく特定することです。手当たりしだいや当てずっぽうで解決方法を試すのではなく、ロジックツリーで可能性をひとつずつ潰しながら、原因を切り分けていきましょう。

前節の事例を振り返り、切り分けの例を見てみましょう。この2つはどちらも「サイトにつながらない」というトラブルですが、ひとつひとつ切り分けていくと、その原因は異なることがわかります。

事例① アクセス集中（図6-9-1）

ブラウザ [1]	「503エラー」が出ているということは、サーバーと通信できている様子
アクセス解析 [2]	昨日までと今日を比較すると、PV数の増加、新規ユーザの増加が確認できる。TwitterやFacebookが参照元になっているアクセスが多数存在。また、特定のページへのアクセスが特に増えている
関係者への確認	制作会社にWebサイトに変更を加えていないことを確認。レンタルサーバー会社に保守や障害はないことを確認
判断と対応	TwitterやFacebookからのアクセスが集中し、つながりにくくなっていることが原因か。ネットワークに関係しそうなので、レンタルサーバー会社に対応を依頼

事例② サーバー移設（図6-9-2）

ブラウザ	TさんはWebサイトを正常に閲覧できている。C社本国の担当者の環境では「Internet Explorerではこのページは表示できません」と表示されているとのこと [3]
アクセス解析	移設の翌日にPV数が減少し、その後徐々に増加。C社本国のドメインからの参照を確認したところ、移設翌日から1件も確認できず
関係者への確認	C社担当者にC社のWebサーバーで、保守や障害がないことを確認。また移設以来、DNSサーバーの情報を更新していないこと、C社本国のIPアドレスのブロックはしていないことも確認
判断と対応	C社本国のDNSサーバーの不具合を疑い、C社本国に確認を依頼

Webやサーバーの仕組みや基本的な用語を正しく理解していれば、このようなトラブルが起きた場合でも、順を追って冷静な判断ができますし、関係各所への状況のヒアリングや指示もスムーズに行えるようになります。

---

[1] ブラウザの表示内容から端末とサーバーとの通信状況が分かります。「◯◯◯エラー」などステータスコードが示される場合はサーバー通信ができています。このような場合は「ページの削除、移動」「アクセス権限がない」「アクセス集中」などが考えられます

[2] アクセス解析ツールのデータは有益です。まずPV数の変化を確認し、参照元やコンテンツなど、その変化の詳細を追っていきます

[3] サーバーと通信ができていない場合、Internet Explorerは「Internet Explorerではこのページは表示できません」、FireFoxは「サーバーが表示できません」などと表示します。この場合、考えられる原因として「DNS情報の未反映」「ブラウザのURLを打ち間違えた」、「サーバーが稼働していない」などが挙げられます

[*] 本節の内容に興味をお持ちの方は「RFCコード」「アクセス解析ツール」「ボトルネック」などのキーワードで検索してみることをおすすめします

6-9-1 アクセス解析による切り分け

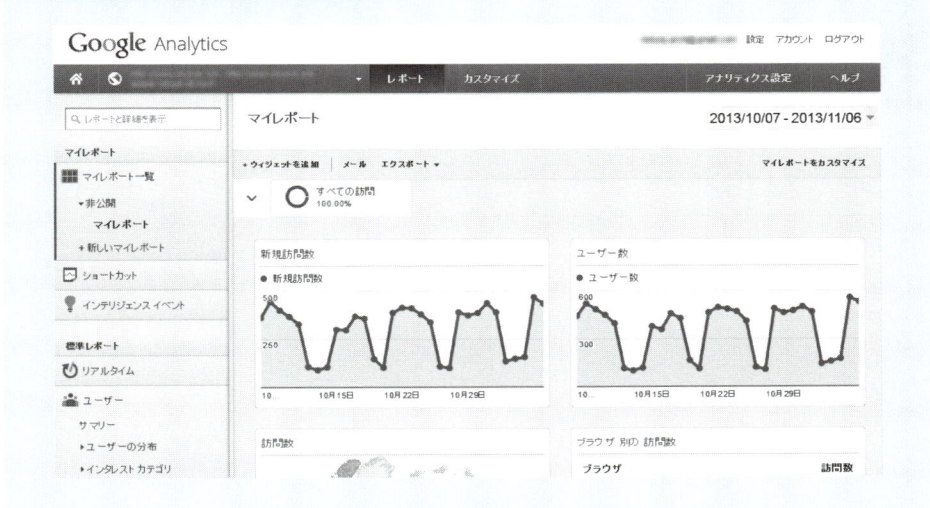

Google アナリティクスも Web サイトのアクセスログを加工したものです。訪問者数、PV 数の増減、参照元 URL などを組み合わせて多くのことがわかります。

6-9-2 ブラウザによる切り分け

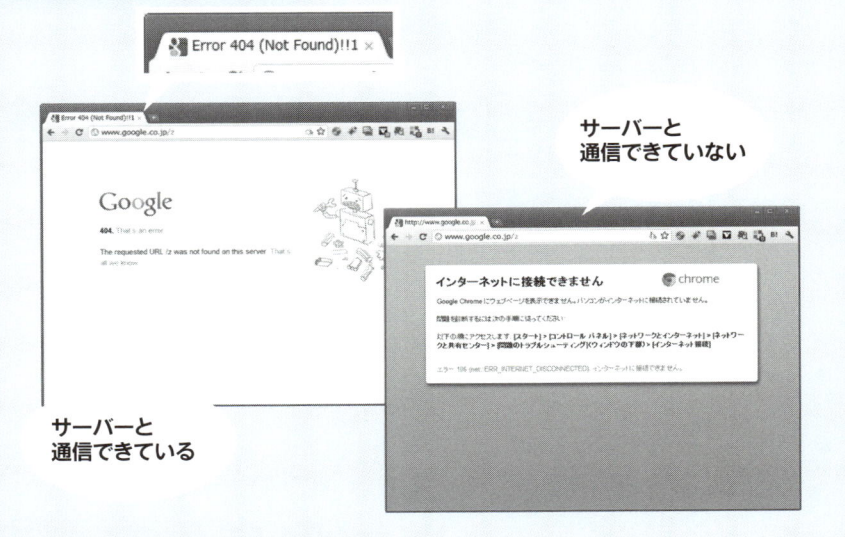

左はサーバーがエラー番号「404」を表示しており、エラー番号のない右はブラウザが表示しています。つまり右はサーバーと通信できていないことを意味します。

10 Webマーケティング基盤の判断基準

　カタログの内容をインターネットで公開するなら、安価な共有のレンタルサーバーを利用するだけで十分ですが、WebサービスやECサイトなどのネットビジネスを展開するなら、想定したマーケティング戦略を実現できるインフラを選定することが重要です（図6-10-1、図6-10-2）。
　システム構成（ソフトウェア）やスペック（CPU、メモリ、ハードディスク）など、選択するインフラによって機能が制限されます。また、サーバーの運用・管理に関する人材が不足しているのであれば、専任エンジニアにアウトソーシングすることも、視野に入れる必要があります。コストをかけるべきポイントの見極めが重要です。
　そして、機会損失を最小限にできるインフラがあってこそ、コンテンツの力を最大限に活かせます。
　例えば、ECサイトなら、プロモーション施策により雑誌やテレビの紹介で大量のユーザーを集めることに成功しても、負荷増大でサーバーにつながり難い状況が続けば、かえって機会を損失してしまいます。また、期間限定のキャンペーンサイトなら、TwitterやFacebook、Yahoo!ニュースなど口コミやパブリシティで取り上げられ短期間に膨大なアクセスが集中することもあるかもしれません。
　Webサイトの目的や事業内容によって、特に重視すべき重要なポイントを以下にまとめました。

Webサイトの例	特に重要なポイント
個人情報を扱う会員サイト	セキュリティ
決済処理を行うECサイト	
期間限定のキャンペーンサイト	スケーラビリティ[1]
急激な会員増加が予想されるソーシャルアプリ	
エンタープライズ向け社内システム	安定稼動
ECサイト	
メール配信	帯域
メディア（動画、音声）配信	

　上記以外にも、新規サイトのサービスインならば、Webサイトで扱うコンテンツの性質によって、既存サイトの移設ならば、その改善ポイントによって、というようにWebサイトの運用フェーズから優先すべきインフラが絞り込まれる場合もあります。

[1] 利用者が増えたり、負荷が増大した場合を見越して、システムの性能を柔軟に変更できるように、拡張性をもたせておくことです

[*] 本節の内容に興味をお持ちの方は、「スケーラビリティ」「安定稼働」「帯域」で検索してみることをおすすめします

6-10-1 Webマーケティング基盤の選定のポイント

判断のポイント	詳　細
安定稼動	冗長化、負荷分散、複数台構成、可用性・拡張性、広帯域
セキュリティ	SSL通信、暗号化、アンチウイルス（不正アクセス、盗聴、なりすまし）
事業継続	バックアップ、ディザスタリカバリー
コスト	イニシャルコスト（機器購入）、メンテナンスコスト（人材確保）
機　能	利用可能アプリケーション、管理コンソール、サポート、SaaS

サーバーの構成は単一か複数か、セキュリティのレベルは適切か、事業継続のコストはどれほどか、運用は社内か社外か、など多くのポイントがあります。

6-10-2 ホスティング比較

		共有サーバー	VPS／クラウド	専用サーバー	マネージド
インフラ	ソフトウェア	共　有	専　用	専　用	専　用
	カスタマイズ	不可能	可　能	可　能	可　能
	自由度	低	高	高	高
	ハードウェア	共　有	共　有	専　用	専　用
	パフォーマンス	低	低	高	高
	他ユーザーの影響	有	有	無	無
	ユーザー領域	少	少	多	多
運用	サーバー管理者	不　要	必　要	必　要	不　要
	Root権限	事業者	お客様	お客様	事業者
	セキュリティ対策	事業者	お客様	お客様	事業者
	監視・障害対応	事業者	お客様	お客様	事業者

上図は、事業者のサーバーを利用する「ホスティング」サービスの分類です。事業者の施設で自身のサーバーを管理してもらう「ハウジング」もあります。

ブックガイド

『最新 図解でわかる PC アーキテクチャのすべて』
■著者：小泉修　■発行：日本実業出版社

図解と説明が非常にわかりやすく、一貫して同じレベルの難易度で内容がまとめられているのでハードウェアの構造を理解するには最適な書籍です。メモリやBIOS、インターフェースなど、なんとなくは知っているが、詳しくはわからないといういうPC初心者の方におすすめします。

『最新 図解でわかるサーバのすべて　― LAN& インターネット』
■著者：小泉修　■発行：日本実業出版社

同じ筆者からもう一冊。同じわかりやすさが特徴です。前述の書籍と併せて読めば、サーバーについて体系的な知識を習得でき、Webサイトを作る上で幅と深みが持てます。サーバー運用会社などともスムーズなやり取りができるようになるでしょう。

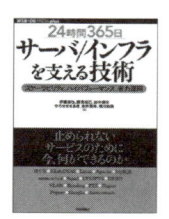

『サーバ／インフラを支える技術』
■著者：伊藤直也、勝見祐己、田中慎司、他　■発行：技術評論社

大規模なサービスに携わる現場のエンジニアによって「サービスを運用する上で何を大事にし、何を考えているのか」「さまざまな課題を、どんな技術でクリアしていくのか」が丁寧にわかりやすく書かれています。躍動感を感じながら生きた技術を目の当たりにできる一冊です。

『IT サービスマネジメントの仕組みと活用』
■著者：野村総合研究所システムコンサルティング事業本部　■発行：ソーテック社

ITに従事する者として知っておくべき概念が詰まっています。そもそもITサービスとは何か、という定義からはじまり、最終的にはITサービス提供者の未来を考える道しるべになるでしょう。数あるITIL解説書の中でも、概念を的確な図で示しており、とても分かりやすい一冊です。

『すべてわかる仮想化大全 2014』
■編集／発行：日経BP社

クラウドの中心的技術である仮想化。仮想化には多くの種類があり、それぞれに特徴があります。製品にはベンダー各社の思想が反映されており、本書では、製品の特徴から仮想化技術の真髄までが見えてきます。事例も多く紹介されており、偏りなく仮想化を知るのに適した一冊です。

CHAPTER 07
Webサイト改善の基礎
野口竜司
Noguchi Ryuji

01 変化を求められるWebサイト改善技法

[1] インターネットの評価が上がる一方、新聞の情報源としての重要性は9%ダウンしています

[2] Webサイトは、テレビなどのマス媒体で行うキャンペーンの「受け皿」としても外せない存在になっています

　ビジネスニーズとユーザーニーズの双方において、Webサイトは高い要求を受けるようになりました。Webサイトが高い要求を受けていることを示す、象徴的な調査結果をご紹介しましょう。

　図7-1-1によると、Webサイト（インターネット）の「情報源としての重要性」がここ数年の間で急増していることがわかります。インターネットを「情報源として重要である」と認識している人が、平成17年の41.4%から平成22年の61.4%と20ポイントも増加したのです [1]。Webサイトは、テレビや新聞などの既存メディアと並び、生活の一部としてのポジションを確固たるものにしたと断言できそうです [2]。

　さらに、Webサイトは情報を掲載するだけの「広報板」から、さらに本格的な「ビジネスマーケティングツール」へと変化しようとしています。企業と消費者の重要なコミュニケーションの場として、また、直接収益を生み出す利益創出プラットフォームとして、すでに、多くのWebサイトがビジネス上の大きな役割を担っているのです。

　また、近年のネットユーザーの変化も見逃すことができません。図7-1-2にあるようなインターネット利用年代層の変遷は、とても大きい変化です。日本のネット利用率は、13〜19歳で97.2%、また60〜64歳でも71.8%にまで達しているのです。特に60歳以上のネット利用率の急増は、Webサイトのあり方を大きく見なおすきっかけを作る大きな変化といえるでしょう。

　年齢の多様化だけでなく、Webサイトへの接続デバイスも多様化しています。PC、フィーチャーフォン、スマートフォン、タブレット、ネットTVなど、多様なデバイスからの接続が当たり前になりました。小学生からご年配まで、さらにはPCからスマートフォンまで、ネット利用の実態は多様化・複雑化の一途を辿っています。

　このような背景の中、Webサイトは、単に作ればいいというものではなく、高いビジネス要求を満たし、多様化・複雑化するユーザーニーズを満たすため、高度なアーキテクチャ（設計）を必要とするようになったのです。

　Webサイトにおける情報やサービスを、科学的アプローチによりアーキテクチャ（設計）するのが、インフォメーションアーキテクチャといわれる技法です。このような技法を活用することで、Webサイトの構築は、単に「作る」という作業から、「ユーザーニーズを満たし、ビジネス成果を上げるための科学的なアーキテクチャ」へと変化させていきましょう。

7-1-1 情報源としての重要性が高まるインターネット

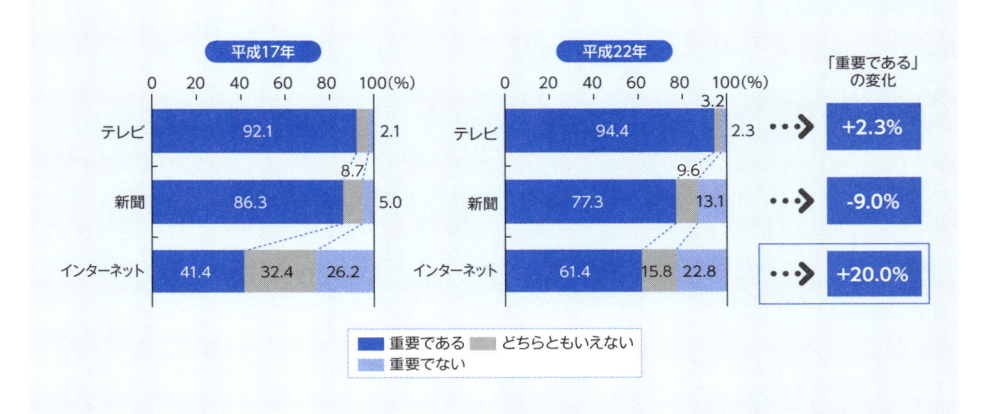

平成17年

	重要である	どちらともいえない	重要でない
テレビ	92.1		2.1 / 8.7(?)
新聞	86.3	8.7	5.0
インターネット	41.4	32.4	26.2

平成22年

	重要である	どちらともいえない	重要でない
テレビ	94.4	3.2	2.3
新聞	77.3	9.6	13.1
インターネット	61.4	15.8	22.8

「重要である」の変化：
- テレビ +2.3%
- 新聞 −9.0%
- インターネット +20.0%

インターネットを「重要である」と認識している人は、平成17年の41.4%から平成22年の61.4%と20パーセントも増加。（総務省『平成23年版 情報通信白書』、55ページ）

7-1-2 インターネットユーザーの広がり

年齢階級別インターネット利用率の推移（個人）

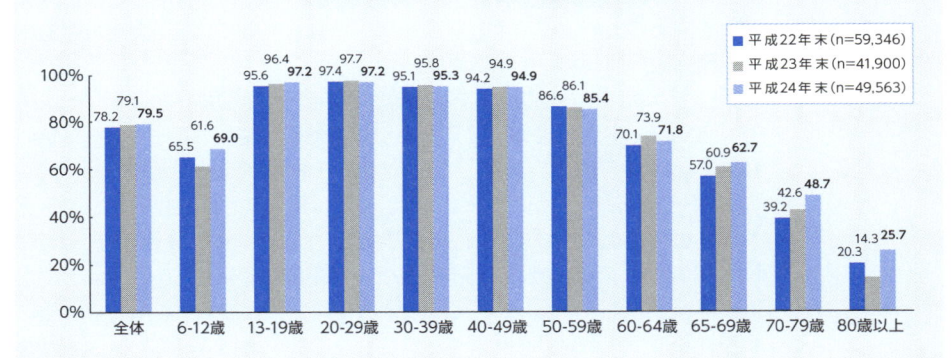

凡例：平成22年末(n=59,346)、平成23年末(n=41,900)、平成24年末(n=49,563)

区分	平成22年末	平成23年末	平成24年末
全体	78.2	79.1	79.5
6-12歳	65.5	61.6	69.0
13-19歳	95.6	96.4	97.2
20-29歳	97.4	97.7	97.2
30-39歳	95.1	95.8	95.3
40-49歳	94.2	94.9	94.9
50-59歳	86.6	86.1	85.4
60-64歳	70.1	73.9	71.8
65-69歳	57.0	60.9	62.7
70-79歳	39.2	42.6	48.7
80歳以上	20.3	14.3	25.7

日本におけるネット利用は、13〜19歳で97.2％、また60〜64歳でも71.8％にまで達しました。（総務省『平成24年 通信利用動向調査』）

02 インフォメーションアーキテクチャの基本フロー

【1】インフォメーションアーキテクチャを実施する職種を、インフォメーションアーキテクトと呼びます

【2】ユーザー行動シナリオについては次節で解説します

【3】データ解析およびユーザーテストについての詳細は、それぞれ4、5節で解説します

【4】それぞれ6～9節で解説します

　ビジネス成果とユーザー満足の架け橋であるインフォメーションアーキテクチャ[1]の基本フローを解説します（図7-2-1）。

　まず「①ビジネス戦略」のステップでは、Webサイトを何のために存在させるのかを定義します。ビジネス上の狙いや収支目標、既存事業への貢献などを整理し、Webサイトに何を期待するのかを明確化します。Webサイトを通じて達成するゴールを定義し、直接的なビジネス貢献へとリンクさせる形で、戦略方針を決定します。この方針を軸に、後の工程で行われるステップにおけるさまざまな判断を下すことになります。

　次の「②ユーザーインサイト」のステップでは、ユーザーセグメンテーション、つまり重要なユーザーの明確化を行います。万人受けさせようとするWebサイトは、重要なユーザーの不満足を生み出します。どのようなユーザー層が重要であるかを絞り込み、重要ユーザーを明確にします。続いて「ユーザーペルソナ」を作成します。ユーザーペルソナとは、重要なユーザー象徴化したユーザーモデルのことを言います。ユーザーの深層理解を行うため、プロファイルや人間像を設定し、それにより重要ユーザーをより身近な存在として感じられるようにします（図7-2-2）。次に「ユーザー行動シナリオ」を作ります[2]。これは、作成したペルソナが、どのような行動をとるのかをマッピングする作業です。それにより、ユーザーの行動パターンの抽出とユーザーのニーズ発見を行います。このような「重要なユーザーの明確化」「ユーザーの深層理解」「行動パターンとニーズ発見」を経ることで、どのようなユーザーが何を求めているのかを見える化し、具体設計に活かしていきます。

　続いて「③ヒューリスティック評価」「④データ解析」「⑤ユーザーテスト」を実施します。ヒューリスティック評価では専門家の手によりWebサイトの課題を発見します。Webサイトの情報構造やナビゲーション、ユーザーインターフェイス、ユーザビリティ、アクセシビリティ、コンテンツ、機能などについて、過去の知見を活かしたサイト評価を行います。「データ解析」では、数値データをもとに定量的な分析を行い、サイトのボトルネックの発見をします。「ユーザーテスト」では生身の被験者を実際に会場に呼び、タスクテストやインタビューなどを通じて、定性的な評価を行います[3]。

　最後に、これまでの工程を踏まえて「⑥施策立案とサイトアーキテクチャ」を実施します。「訪問」「回遊」「コンバージョン」「リピート」を最大化するための具体的な解決方法を構築するのです[4]。

7-2-1 インフォメーションアーキテクチャの基本フロー

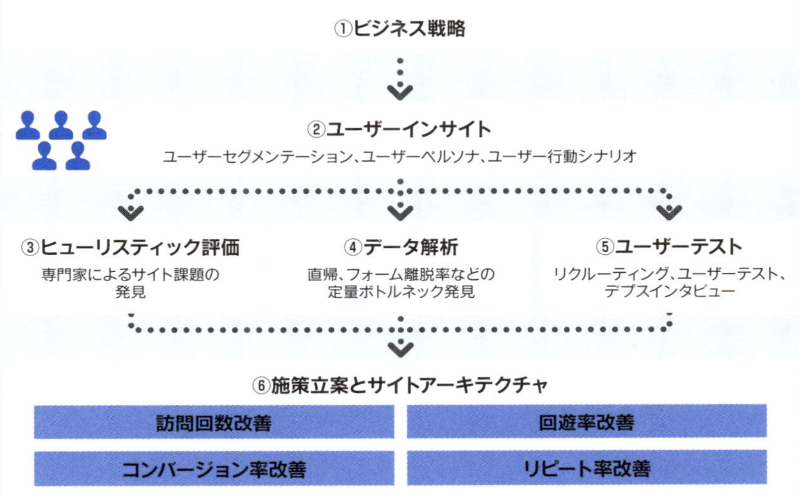

①ビジネス戦略

②ユーザーインサイト
ユーザーセグメンテーション、ユーザーペルソナ、ユーザー行動シナリオ

③ヒューリスティック評価
専門家によるサイト課題の発見

④データ解析
直帰、フォーム離脱率などの定量ボトルネック発見

⑤ユーザーテスト
リクルーティング、ユーザーテスト、デプスインタビュー

⑥施策立案とサイトアーキテクチャ

訪問回数改善	回遊率改善
コンバージョン率改善	リピート率改善

成果を生み出すWebサイトにするための、科学的アプローチがインフォメーションアーキテクチャです。

7-2-2 ユーザーセグメントとペルソナ作成例

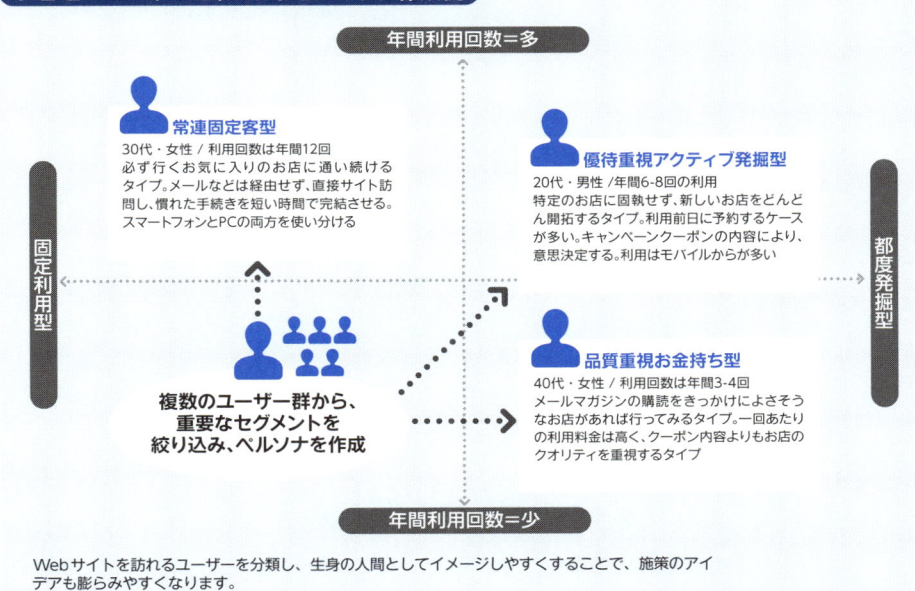

年間利用回数＝多

常連固定客型
30代・女性 / 利用回数は年間12回
必ず行くお気に入りのお店に通い続けるタイプ。メールなどは経由せず、直接サイト訪問し、慣れた手続きを短い時間で完結させる。スマートフォンとPCの両方を使い分ける

優待重視アクティブ発掘型
20代・男性 /年間6-8回の利用
特定のお店に固執せず、新しいお店をどんどん開拓するタイプ。利用前日に予約するケースが多い。キャンペーンクーポンの内容により、意思決定する。利用はモバイルからが多い

固定利用型 ⇔ **都度発掘型**

複数のユーザー群から、重要なセグメントを絞り込み、ペルソナを作成

品質重視お金持ち型
40代・女性 / 利用回数は年間3-4回
メールマガジンの購読をきっかけによさそうなお店があれば行ってみるタイプ。一回あたりの利用料金は高く、クーポン内容よりもお店のクオリティを重視するタイプ

年間利用回数＝少

Webサイトを訪れるユーザーを分類し、生身の人間としてイメージしやすくすることで、施策のアイデアも膨らみやすくなります。

03 ユーザー行動シナリオ

[1] 訪問ユーザー数に対する直帰数を「直帰率」と呼びます

[2] 訪問ユーザー数に対する回遊離脱数を「回遊離脱率」と呼びます

[3] コンバージョンをした人がリピートせず滞留している率を「休眠率」といいます

　本節では、ユーザーインサイトの中で行われる「ユーザー行動シナリオ」について、基本型となるベースシナリオを学習します。各サイトや重要ターゲットにより、このシナリオマッピングは変化していきますが、まずは基本形を押さえることにより、それをベースにアレンジ対応ができるようになります。

　では、実際にWebサイトにおけるユーザー行動シナリオの基本系を見ていきましょう（図7-3-1）。まず、行動ステップを「訪問」「回遊」「コンバージョン」「リピート」の4つに分類します。訪問ステップでは、サイト訪問ステータスが、初回なのか二度目以降なのか、訪問の際の流入元がどこかなどをマッピングします。回遊ステップは、サイト訪問1ページ目（ランディング）とそれ以降のコンテンツ回遊で構成され、それぞれの離脱を「直帰」と「回遊離脱」と呼びます[1] [2]。コンバージョンステップは、申し込みや資料請求、購入などのコンバージョンと、重要コンテンツの回遊のような中間コンバージョンで構成されます。このようなコンバージョン直前での離脱を「直前離脱」と呼びます。リピートステップは、二回目以降のコンバージョンや友人紹介、口コミで構成されます。コンバージョンから、一定期間リピートしない状態を「休眠」と呼びます[3]。

　各ステップは筒状で表され、訪問からコンバージョンに至るまでに、さまざまな離脱を経て絞られていきます。コンバージョンからリピートは、初回コンバージョンからリピートコンバージョンへと回数が増えるため、筒が再度広がっていくことになります。それぞれのステップにおいて、この筒をどれだけ最大化できるかが、Webサイトの成果貢献の最大化につながっていきます。

　さらに、このユーザー行動シナリオの詳細化の例として、ランディング時のユーザー心理をマッピングして紹介します（図7-3-2）。「ぱっと見で目的の情報が掲載されているか」「ページ内に本当に欲しい情報があるか」「情報が怪しくないか」「情報が足りているか」「掲載内容が自分に適しているか」「手続きで面倒はないか」など、ユーザーがWebサイトを閲覧し、具体的な行動を移すまでに立ちはだかる心理ハードルを具体的に明記します。重要ターゲットのタイプ・人間像を踏まえ、何がコンバージョンの阻害要因になるかを突き詰めていきます。このように心理的ハードルを把握することによって、これらのハードルをユーザーにいかにして越えてもらうかを緻密に計算し、具体設計に活かしていきます。

7-3-1 行動ステップの基本型

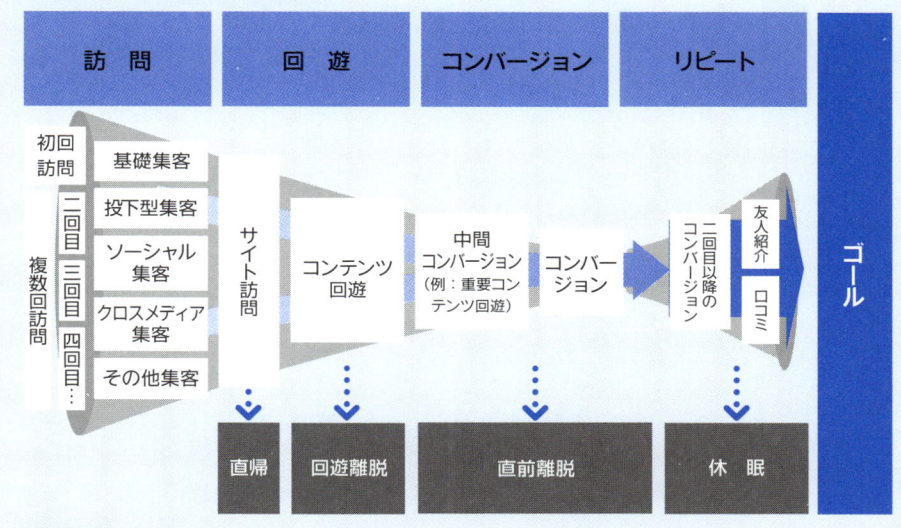

| 訪問 | 回遊 | コンバージョン | リピート | ゴール |

- 初回訪問
  - 基礎集客
- 複数回訪問（二回目／三回目／四回目…）
  - 投下型集客
  - ソーシャル集客
  - クロスメディア集客
  - その他集客

サイト訪問 → コンテンツ回遊 → 中間コンバージョン（例：重要コンテンツ回遊） → コンバージョン → 二回目以降のコンバージョン（友人紹介／口コミ） → ゴール

離脱パターン：直帰／回遊離脱／直前離脱／休眠

「訪問」「回遊」「コンバージョン」「リピート」の4つに分かれるスタンダードなユーザー行動ステップを体得します。

7-3-2 心理ハードルのマッピング

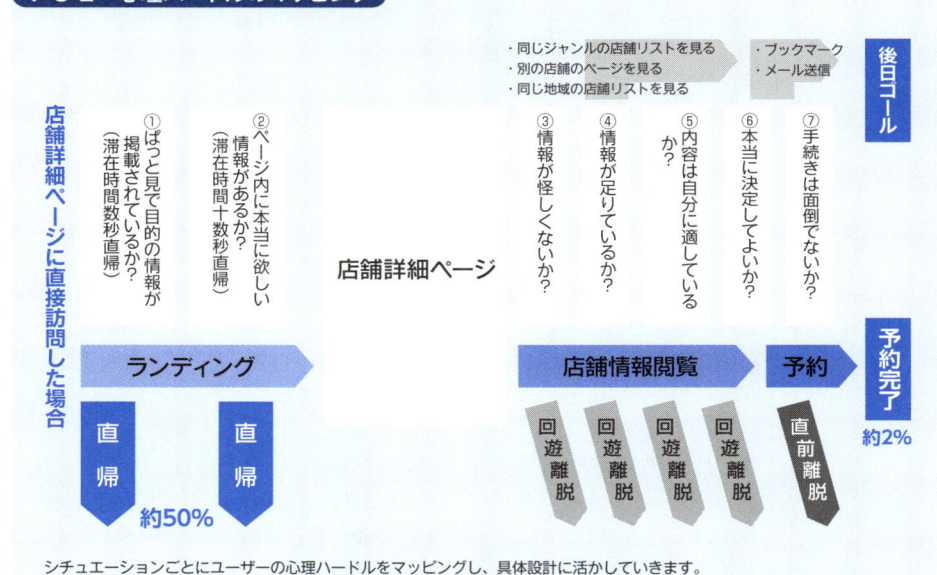

店舗詳細ページに直接訪問した場合

① ぱっと見で目的の情報が掲載されているか？（滞在時間数秒直帰）
② ページ内に本当に欲しい情報があるか？（滞在時間十数秒直帰）

店舗詳細ページ

- 同じジャンルの店舗リストを見る
- 別の店舗のページを見る
- 同じ地域の店舗リストを見る

③ 情報が怪しくないか？
④ 情報が足りているか？
⑤ 内容は自分に適しているか？
⑥ 本当に決定してよいか？
⑦ 手続きは面倒ではないか？

- ブックマーク
- メール送信

ランディング → 店舗情報閲覧 → 予約 → 予約完了

直帰／直帰　約50%
回遊離脱／回遊離脱／回遊離脱／回遊離脱
直前離脱　約2%

後日ゴール

シチュエーションごとにユーザーの心理ハードルをマッピングし、具体設計に活かしていきます。

04 ボトルネックを発見する

データ解析[1]によってWebサイトのボトルネックを発見する手法を解説していきましょう。

アクセス解析ツールからは、ページビュー、閲覧時間、検索キーワード、などさまざまなデータを把握できますが、その中でもコンバージョンに直接的に関連する指標にフォーカスしていきましょう。

具体例が図7-4-1です[2]。一ヶ月に645,670人のユニークユーザーがWebサイトを訪問し、そのうちの40.7％がランディングページ（閲覧1ページ）を見てすぐに直帰しています。次に、2ページ目以降も閲覧した非直帰ユーザーのうち85.8％（328,388人）が中間および本コンバージョンに至らずに回遊離脱します。なお、回遊離脱ユーザーのうち、本コンバージョン（ここでは店舗へのオンラン予約）の手続きページまでは辿り着いたが、直前で離脱してしまったユーザーの率（直前離脱率）が88.5％に達していました。結果として、総ユニークユーザーに占める本コンバージョンしたユーザーの率（コンバージョンレート）は2.74％になりました。なお、中間コンバージョン（ここではニュースレター登録）は5.7％でした[3]。

このように、集客したユーザーが、どのステップで、どれくらいの割合で離脱してしまうかを把握することが、ボトルネック発見の基本となります。この例では、直帰率と直前離脱率が非常に悪い状態であり、回遊離脱率は平均的、中間コンバージョンレートはやや高めという判断になりました。つまり、このWebサイトのボトルネックは1ページ目閲覧時の直帰と、本コンバージョン直前の手続きページでの直前離脱であることが明確になったのです。

さらに、ボトルネックのひとつであった「直帰率」が、どのような内訳で構成されているのかをドリルダウンしていきます。図7-4-2は、各ランディングページの直帰率と貢献度（コンバージョン率）を示したものです。各ページをグルーピングしたところ、直帰率とコンバージョン率のそれぞれにおける成績について、顕著な傾向が浮かび上がってきました。「直帰率が高くコンバージョン率が低い」「直帰率が高くコンバージョン率が平均」「直帰率が低くコンバージョン率が高い」、この3パターンにコンテンツ分類したことにより、ボトルネック傾向の把握が可能となったのです。コンバージョンに直結する指標にフォーカスし、全体からボトルネック箇所を見つけ、さらにその内訳をドリルダウンする。この工程を繰り返すことがデータ分析の基本となります。

---

[1] データ解析の手法は、導入している解析ツールや専門家によってさまざまですが、ここでは、ユーザー行動シナリオに数値データを当てはめることでボトルネックを発見するアプローチを紹介します

[2] 図は、某飲食店予約サイトのボトルネック分析を例示したものです

[3] 解説しやすくするため項目は絞って表示していますが、実際にはサイト内容に応じて、各種指標を配置していきます

7-4-1 ユーザー行動シナリオに解析データをプロットする

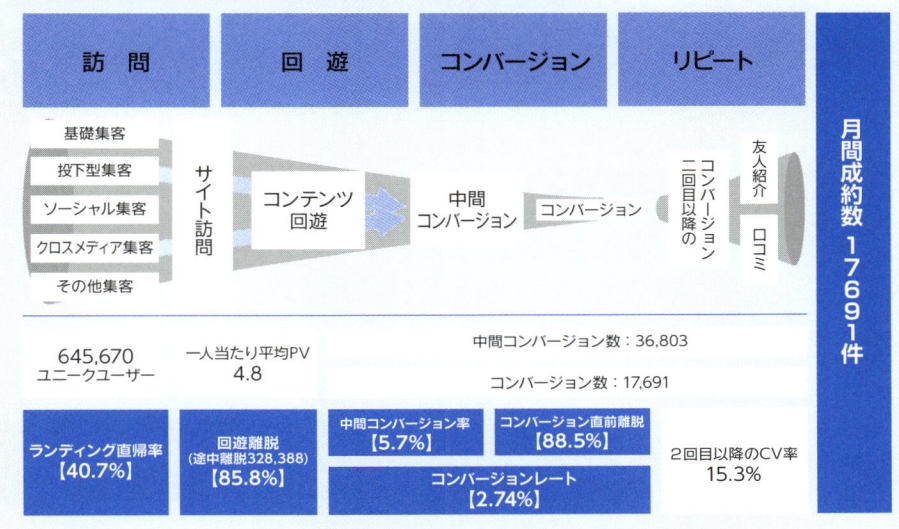

訪問 → **回遊** → **コンバージョン** → **リピート**

- 基礎集客
- 投下型集客
- ソーシャル集客
- クロスメディア集客
- その他集客

サイト訪問 → コンテンツ回遊 → 中間コンバージョン → コンバージョン → コンバージョン二回目以降の → 友人紹介／口コミ

月間成約数 17691件

645,670 ユニークユーザー

一人当たり平均PV 4.8

中間コンバージョン数：36,803
コンバージョン数：17,691

ランディング直帰率【40.7%】

回遊離脱（途中離脱328,388）【85.8%】

中間コンバージョン率【5.7%】

コンバージョン直前離脱【88.5%】

コンバージョンレート【2.74%】

2回目以降のCV率 15.3%

ユーザー行動シナリオのマッピングに数値データを当てはめることで、俯瞰的かつ定量的にWebサイトの状況を把握できます。

7-4-2 ボトルネックのドリルダウン

No.	閲覧開始ページ名	分類	訪問者数	直帰率	予約クリック率
1	TOPページ	その他	7495	20.5	3.56
2	飲食店 和食	カテゴリ	779	22.0	1.93
3	飲食店 フレンチ	カテゴリ	616	14.8	4.55
4	和食の●●	店舗詳細	523	54.2	2.07
5	歓迎会特集	特集	380	69.5	0.00
6	オススメ!忘年会	特集	373	83.1	0.00
7	飲食店 アジア	カテゴリ	321	12.1	4.67
8	飲食店 和食	カテゴリ	317	14.2	2.52
9	★★ Lounge	店舗詳細	295	47.8	2.37
10	Casa ■■ 新宿店	店舗詳細	274	39.4	3.28
11	…	…	…	…	…
12	…	…	…	…	…
13	…	…	…	…	…
14	…	…	…	…	…
15	…	…	…	…	…
16	…	…	…	…	…
17	…	…	…	…	…
18	…	…	…	…	…
19	…	…	…	…	…
20	…	…	…	…	…

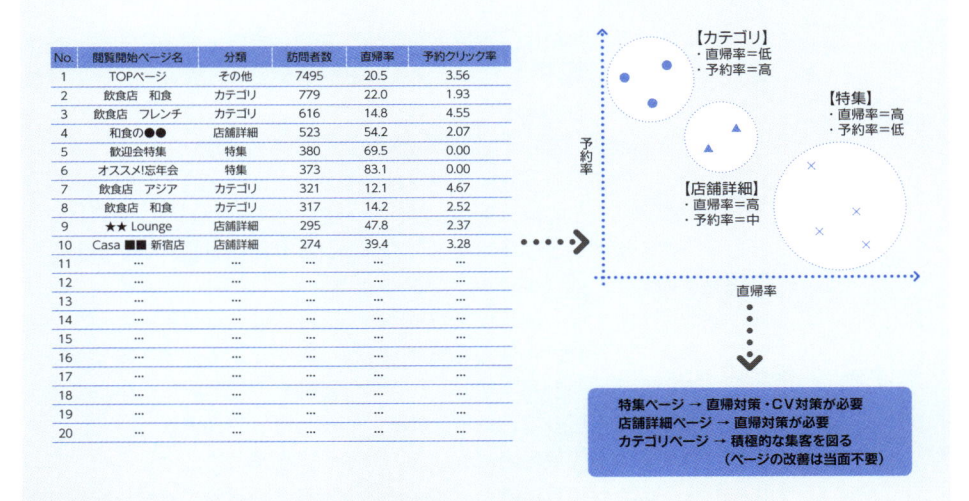

【カテゴリ】
・直帰率＝低
・予約率＝高

【特集】
・直帰率＝高
・予約率＝低

【店舗詳細】
・直帰率＝高
・予約率＝中

（縦軸：予約率／横軸：直帰率）

特集ページ → 直帰対策・CV対策が必要
店舗詳細ページ → 直帰対策が必要
カテゴリページ → 積極的な集客を図る
　　　　　　　　（ページの改善は当面不要）

ランディングページを分類することでボトルネックについての傾向を知り、コンテンツ種別に応じた適切な施策を見い出しましょう。

05 ユーザーテストによる検証

【1】 プロトタイプでなく現行のWebサイトを用いてテストする場合もあります

【2】 被験者はタイプごとにおおよそ5名程度用意できれば、個人差のブレも少なくなり、十分なデータが取れると言われています

【3】 なお、ユーザーテストの際には、被験者へのケアが非常に重要となります。なるべく緊張させず、普段通りの振る舞いをしていただかなければデータの価値は半減してしまいますので注意が必要です

【4】 競合となるWebサイトとの「並行テスト」を行うと、課題の抽出がより行いやすくなります

「ユーザーテスト」では、被験者（テスター）へのタスクテストやインタビューなどを通じて、定性的な評価・検証を行います。

まず、サイトゴールの確認を行い、対象のWebサイトにおいて達成すべき内容を明確にします。ゴールの達成に重要なユーザーターゲットを絞り込み、ユーザーペルソナの設計を行います。ペルソナとは、属性、趣向性、行動特性などの各種プロファイルを定義し、イメージしやすくするための架空の人物像です。

準備したペルソナをベースに、ユーザー行動モデルの仮説構築を行います。ユーザーテスト時に利用するユーザー行動モデルは、前節、前々節で紹介した「訪問」「回遊」「コンバージョン」「リピート」の俯瞰モデルに留まらず、より詳細な心理・行動モデルとして落とし込みます。理想とするユーザーの心理・行動モデルをゴールデンルートとして定義し、マッピングします。次に、ペルソナとユーザー行動モデルを加味し、情報構造やナビゲーション、コンテンツマップなどを作成し、最後にインターフェイスのプロトタイプ設計を行います[1]。

プロトタイプ設計までの設計工程を終えた段階で、ユーザーテストで利用するテストタスクの設計を行います。会場に被験者（テスター）を呼び、どのような操作をテストとして行ってもらうかを決定し、テスト後の心理状況を収集するためのインタビュー項目を決定します。さらに、ペルソナに近い被験者の収集[2]を行い、ユーザーターゲットになるべく近い被験者によるテストになるようにします。

各種の準備が整ったら、ユーザーテストを実施します。この際、事業部門の担当（クライアント）にも同席してもらい、生のテストを見てもらうと、データからは伝わりにくい、ユーザーの生のリアクションを感じ取ることができます[3]。テスト完了後、タスク完了状況の分析、アイトラッキング結果の分析、被験者インタビューの分析をそれぞれ行います。タスク完了状況の分析では、実行してもらったタスクの成功率や実施にかかった時間、タスク実行時の特徴の抽出などを行います。また、アイトラッキングデータの測定機器を利用すると、目線の遷移や注視時間、クリックポイントの履歴をマッピングしたり、動画で記録したりできます。さらに、インタビューによって導き出されたユーザーの声をまとめ上げることで、レポートを完成させます。最後に、ユーザーテストの実施や分析レポートを受けて、不足している点や各種の課題を抽出し、それらを解決するためのプロトタイプの再設計を行います。[4]

7-5-1　ユーザーテストのフロー

ゴールの確認 → ペルソナの設計 → 行動モデルの構築 → プロトタイプの設計 → テストタスクの設計 → 被験者の収集 → テスト実施 → タスク完了状況の分析 → アイトラッキング分析 → インタビュー分析 → プロトタイプの再設計

アイトラッキング分析を行うことで、より客観的な分析が可能に

ユーザーテストを実施する上での基本フロー。

7-5-2　テストタスクとインタビューの例

常連固定客型
・30代・女性
・利用回数は年間12回

必ず行くお気に入りのお店がある。メールなどは経由せず、直接Webサイト訪問し、予約などの手続きも短い時間で完結。スマートフォンとPCの両方を使い分ける。

テストタスクの例

- いつも使うサイトがあれば、そのサイトまで普段通りアクセスしてください
- 指定するサイトAにアクセスしてください
- そのサイトで会員登録をしてみてください
- 1週間後に4名でイタリアンレストランで会食することになっています　あなたのお勤め先近隣、個室、価格重視でお店をセレクトし、3候補まで絞り込んでください
- 3候補の中から最終候補を決定し、予約をしてみてください
- 同じお店の予約を、サイトBでも同様に行ってください

インタビューの例

- サイトAとサイトB、どちらが使いやすかったですか?
- 店舗選びで重視するポイントを教えてください
- クーポンメリット以外に、店舗予約サイトに望むことはありますか?
- その他ご意見をお聞かせください

想定ペルソナに近い被験者に実施してもらうタスクとインタビューの例。

06 訪問回数の改善手法

本節では訪問回数の改善手法を紹介します。これは、①集客流入元タイプの把握、②訪問回数とコンバージョン貢献数のポートフォリオ分析、③集客流入タイプ別対策の3ステップで行います。

集客流入元タイプの把握では、サイトへ流入元をタイプ別で整理し、現状の訪問回数実績を把握します。検索エンジン、リスティング広告、アフィリエイト、関連サイトリンクといった、初期チューニングによって集客の基礎基盤を作ってくれるプル型ともいえる「基礎集客」。ネット純広告、タイアップ広告、メール広告、ターゲティング広告[1] の基礎集客だけで目標売上に達しない場合などに実施し、集客量ならびに即効性が期待できる「投下型集客」。自社ブログ、ソーシャルメディア、ファンページ[2]、ネット口コミなど、確実性は保証できないものの、突発的な集客アップの可能性を秘めている「ソーシャル集客」。TVCM、雑誌・新聞、DM、実店舗など、リアルからネットへの送客が期待できる「クロスメディア集客」。このように集客流入元の現状訪問回数を"網羅的に"把握し、相対評価を行います（図7-6-1）。

訪問回数とコンバージョン貢献数のポートフォリオ分析では図7-6-2のように訪問回数の多さとコンバージョン貢献数の多さで四象限のマトリクスを作ります。どの象限に流入タイプが当てはまるかをプロットし、訪問回数だけでなく貢献度もかけあわせた上で評価を行います。これにより自社サイトにとって最適な流入タイプを見つけだします。なお、コンバージョン貢献度を計測する際には、コンバージョンしたセッションだけを評価するだけでなく、初回訪問セッション、中間セッション、コンバージョン直前セッションの間接効果も含めた評価を行うことをおすすめします[3]。コンバージョンに至ったユーザーの複数回の訪問ログを横断的に把握、評価することで、正確な流入元の貢献度を測定できるのです。

集客流入タイプ別対策では、訪問回数とコンバージョン貢献数のポートフォリオ分析で明確になった傾向を踏まえ、流入タイプ別で対策を打ちます。例えば「集客貢献度および購入貢献度の高いキーワードをさらに集中強化する」「購入貢献度は高いが集客ボリュームが今イチのキーワードを出稿強化する」など、タイプごとにそれぞれ判断していきます。また、検索エンジンやリスティング広告であればキーワード単位で、純広告・タイアップ広告・メール広告であれば媒体や枠単位で、ターゲティング広告はターゲットセグメント単位で、貢献度ポートフォリオを作成し、最適化を行います。

---

[1] 顧客プロファイルを配信に活用するオーディエンスターゲティング広告も普及しています

[2] Facebook、mixiなどのソーシャルメディアが提供するファンページの存在感が増してきています

[3] アトリビューション分析といいます。金額換算までを行ったROI最適化手法として採用されることが増えています

7-6-1 流入元ごとに訪問数を把握する

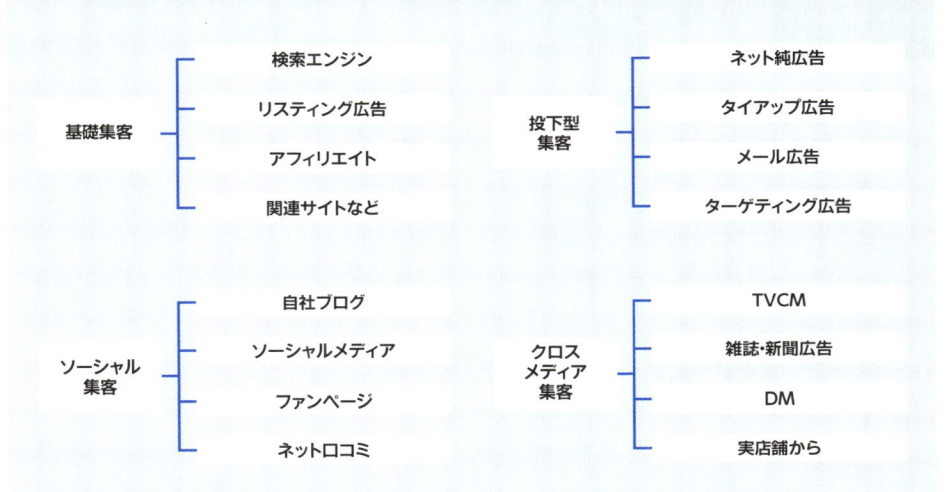

- 基礎集客
  - 検索エンジン
  - リスティング広告
  - アフィリエイト
  - 関連サイトなど

- 投下型集客
  - ネット純広告
  - タイアップ広告
  - メール広告
  - ターゲティング広告

- ソーシャル集客
  - 自社ブログ
  - ソーシャルメディア
  - ファンページ
  - ネット口コミ

- クロスメディア集客
  - TVCM
  - 雑誌・新聞広告
  - DM
  - 実店舗から

訪問回数改善の第1段階。基礎集客、投下型集客、ソーシャル集客、クロスメディア集客のそれぞれの流入タイプからの現状訪問回数を把握します。

7-6-2 訪問回数×コンバージョン貢献でのマッピング

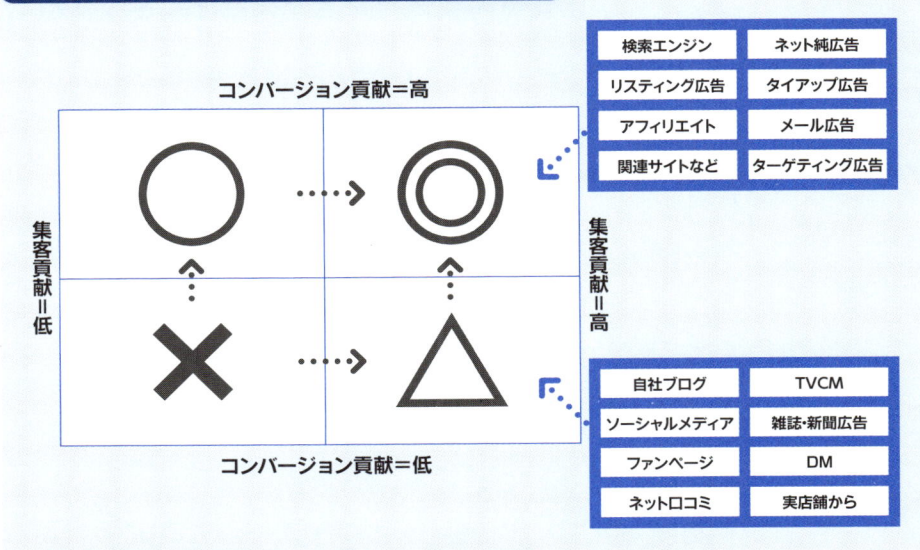

	検索エンジン	ネット純広告
	リスティング広告	タイアップ広告
	アフィリエイト	メール広告
	関連サイトなど	ターゲティング広告

コンバージョン貢献＝高
集客貢献＝低 ○ → ◎ 集客貢献＝高
          ✕ → △
コンバージョン貢献＝低

	自社ブログ	TVCM
	ソーシャルメディア	雑誌・新聞広告
	ファンページ	DM
	ネット口コミ	実店舗から

訪問回数改善の第2段階は訪問数とコンバージョン貢献の両面からの評価。リスティング広告であればキーワードごとなど、それぞれ詳細な評価も行います。

CHAPTER 07　Webサイト改善の基礎

07 回遊率の改善手法

回遊率を改善するには、ユーザーの心理ハードルを踏まえ、離脱を最小限にするための継続的な改善活動が必要です。

回遊率の改善には①直帰率、離脱率などの把握、②ランディングページ改善による直帰率改善、③ナビゲーションと関連導線の最適化、④ページ表示速度改善、⑤コンテンツ回遊数とコンバージョン貢献数のポートフォリオ分析、⑥自動ツール導入による最適化の6つのアプローチがあります（図7-7-1）。

まず、現状を定量的に把握します。主に、直帰率、回遊離脱率、1人あたり閲覧数、1人あたり閲覧時間、重要コンテンツへの回遊数、といった指標にフォーカスし、それぞれの数値改善に臨みます。

具体的な改善策としては、ランディングページの改善を何よりもはじめに行うことをおすすめします。直帰したユーザーは来なかったも同然。むしろ一度評価を下げてしまうと、二度と来なくなる可能性が高まるので、直帰率の改善は極めて重要です。1ページ目として訪問率の高いページや広告の受け皿ページのコンテンツ、イメージ、文脈、アクション導線を繰り返し改善することで直帰率を改善します[1]。

ナビゲーションと関連導線の最適化とページ表示速度改善では1人あたり閲覧数の向上と全体離脱率を主な対象とし、ユーザビリティ品質の向上と、ユーザーの心理的な障壁を取り除き、より快適な体験を提供します[2]。

図7-7-2は、マイナビニュースで行なった回遊率の改善事例です。ナビゲーション部分を複数回に渡ってABテストすることによって、最もユーザーの回遊率が高くなる最適な勝ちパターンを導き出しています。

集客流入元と同様に、回遊コンテンツについても、回遊数とコンバージョン貢献数をポートフォリオ分析します。どのコンテンツを回遊したユーザーがコンバージョンしやすいのかを、初回訪問時、中間訪問時、コンバージョン直前訪問時のそれぞれで測ることで、コンテンツ改変や露出強弱コントロール、露出の順番などの検討に活かすことができます。

また、ユーザーへのコンテンツ露出を自動コントロールするなどの自動ツール導入による最適化も増えてきました。LCOツール[3]や、複数コンテンツの閲覧データを集計し最適な関連コンテンツを自動推薦するレコメンデーションツール、過去の閲覧履歴やコンバージョン履歴によってユーザーをセグメントし、セグメントごとに興味度の高いと思われるコンテンツを自動配信する行動ターゲティングツールが多くのWebサイトで活用されはじめています。[4]

---

[1] ランディングページの改善においては、複数のパターンによるスプリットランテスト（A／Bテスト）を実施すると、より確実な改善が可能になります

[2] ページ速度の改善によって、直帰率、1人あたり閲覧数、1人あたり閲覧時間、コンバージョン率、リピート率までが相関的に改善したという実験結果も出ています

[3] LCOはランディングコンテンツ最適化の略。LCOツールを使うと、検索キーワードや流入元ページの種類、アクセス元の地域IPアドレスなどによって、コンテンツを切り替えて表示できます

[4] Webサイトの種類や状況によって改善パフォーマンスの差はありますが、回遊率の改善を押し進める、強力な武器の一つだと言ってよいでしょう

7-7-1 回遊率改善の6つのアプローチ

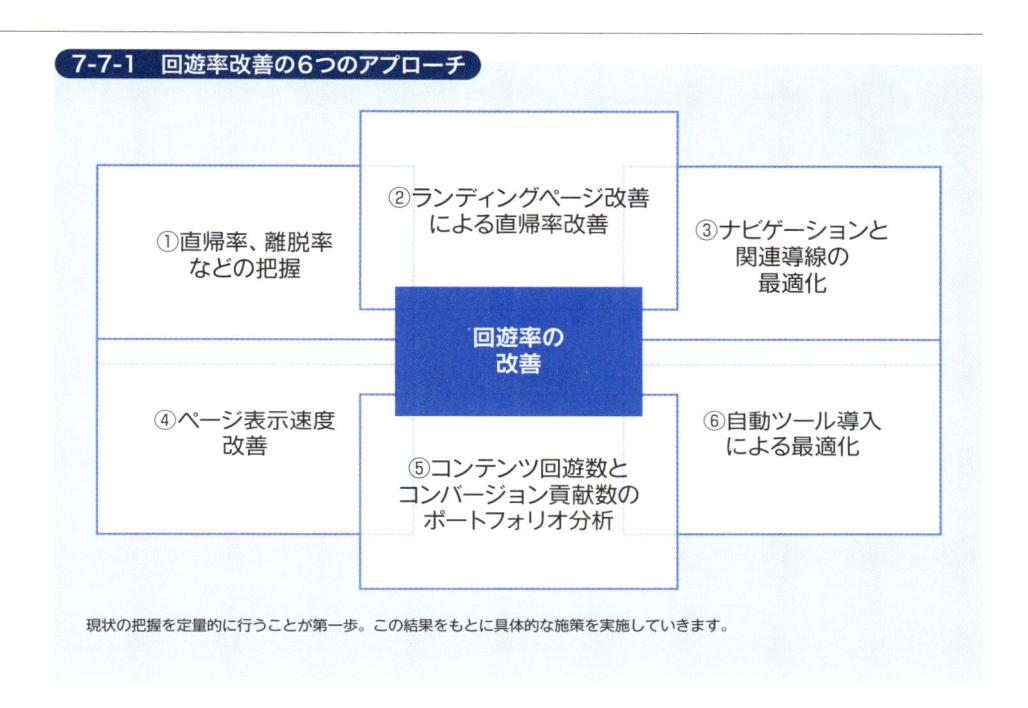

①直帰率、離脱率などの把握

②ランディングページ改善による直帰率改善

③ナビゲーションと関連導線の最適化

回遊率の改善

④ページ表示速度改善

⑤コンテンツ回遊数とコンバージョン貢献数のポートフォリオ分析

⑥自動ツール導入による最適化

現状の把握を定量的に行うことが第一歩。この結果をもとに具体的な施策を実施していきます。

7-7-2 回遊率改善の例

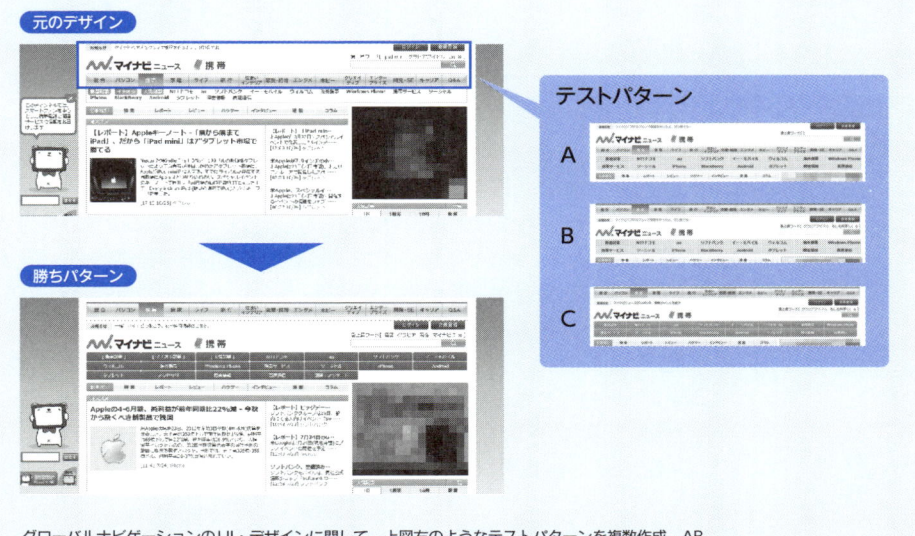

元のデザイン

勝ちパターン

テストパターン
A
B
C

グローバルナビゲーションのUI・デザインに関して、上図右のようなテストパターンを複数作成。ABテストを複数回行い、最もカイゼンした勝ちパターンを選出し、サイトに反映させた。

08 コンバージョン率の改善手法

[1] EFO（エントリーフォーム最適化）ツールやアクションのための入力項目の見直し、フローの再設計などで改善できます

[2] 特定の流入元やコンテンツを最小単位で指定する場合もありますし、流入タイプとコンテンツカテゴリなどの大枠で指定する場合もあります。また、ペルソナの行動経路分析によって仮説ルートを定義し、データと照らして検証する場合もあります

[3] 例えば、見積りなどのシミュレーションコンテンツの利用数、具体的な検討者に人気のあるコンテンツの閲覧数、申し込みヘルプページの閲覧数など

　コンバージョン率の改善は、①全体コンバージョン率と直前離脱率の把握、②直前離脱の防止、③ゴールデンルートの把握と強化、④中間ゴールの設定、⑤仮説／実証サイクルに基づく高速PDCAを通じて行います。

　準備として、全体コンバージョン率と直前離脱率の把握を行います。全訪問ユニークユーザー数に対するコンバージョン率と、コンバージョン直前まで至ったユーザーの離脱率を把握します。

　次に、直前離脱防止の施策を行います。コンバージョン直前まで至ったユーザーは、アクション意向度が高く、検討の最終段階に至っていることがほとんどです。最終段階での説得や後押しが大きくコンバージョン率に影響します。手続きが多く複雑である、入力時のエラー率が高くやり直しが多いなど、多くの場合、離脱の理由は単純なものです[1]。また、アクション想起のメッセージを、コンバージョン直前でも再プッシュすることで、直前離脱率を飛躍的に改善できる場合も多く見られます。

　続いて、訪問からコンテンツ回遊、コンバージョンに至るまでに最もよく発生するユーザー経路パターンに当たる、ゴールデンルートの把握と強化を行います。行動ログから傾向をつかみ、ゴールデンルートを見極めて[2]改善すれば、自ずとコンバージョンは増えていきます。

　申込みや購入などの最終的なコンバージョンの一歩手前のアクションを中間ゴールとして設定することで施策に広がりが生まれます。最初の訪問で、コンバージョンまで到達するユーザーは多くありません。コンバージョンにつながるアクションを中間ゴールに設定して[3]どのように中間ゴールを増やすか、さらに、そこから最終コンバージョンにどうつなげるかという二段構えで考えたほうがうまくいくこともあります。

　Webサイトをいきなり大規模リニューアルしても、必ず成果が上がるとは限りません。一か八かにならず、少しずつでも確実に改善していくためには、仮説／実証サイクルに基づく高速PDCAが効果的です。課題のリストに基づき、仮説となる施策を立案したあと、複数のテストパターンによるABテストを行い、ユーザーによる定量的な実証を行います。テスト終了後は、最も大きな成果を上げたものを本サイトに反映させます。

　この仮説／実証サイクルを高速回転させ、マイクロ改善を繰り返すことで、改善成果は複利で積み上がっていきます（図7-8-1）。高速化の心強い武器となるABテストツールはOptimizelyとPlanBCDがおすすめです。図7-8-2はOptimizelyの例ですが、どちらも、基幹システムに手を入れることなく、画面上でクリエイティブの位置や文言の変更が行えます。

7-8-1 高速PDCAによるマイクロ改善

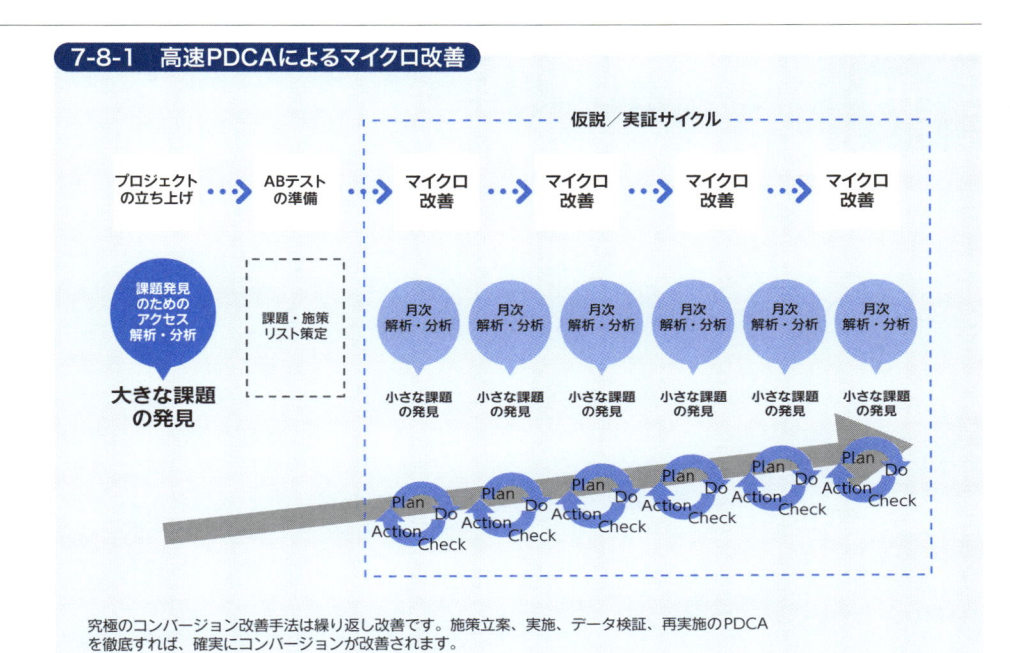

究極のコンバージョン改善手法は繰り返し改善です。施策立案、実施、データ検証、再実施のPDCAを徹底すれば、確実にコンバージョンが改善されます。

7-8-2 OptimizelyによるECサイトの高速改善

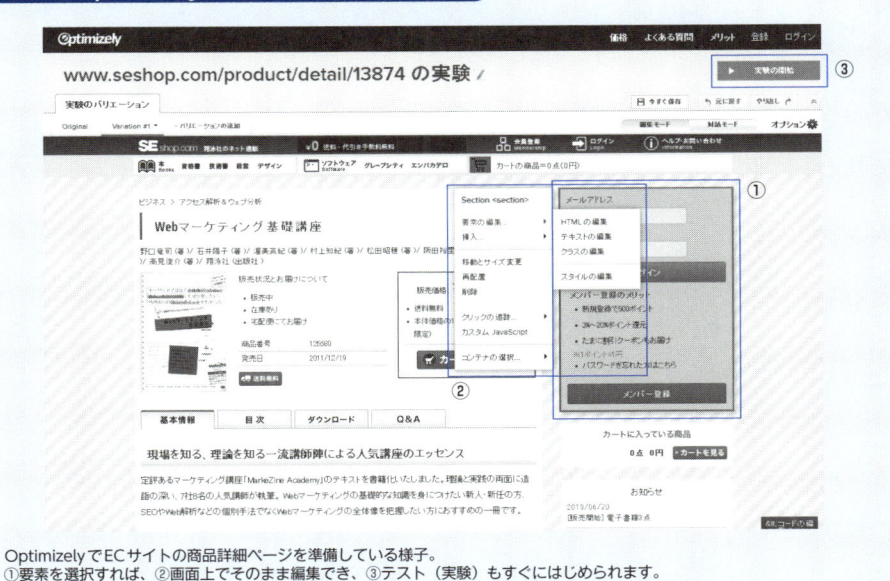

OptimizelyでECサイトの商品詳細ページを準備している様子。
①要素を選択すれば、②画面上でそのまま編集でき、③テスト（実験）もすぐにはじめられます。

09 リピート率の改善手法①

[1] スマフォのシェアが伸びている昨今では、メール会員だけでなく、スマフォアプリのインストールや、スマフォ内ホームアイコンのブックマークなども重要となってきています

[2] コンバージョン直後のフォローも含めてプランを策定することもあります

[3] 配信頻度や一人当たりの配信量

[4] 件名、オファー、本文のコンテンツ

本節と次節ではリピート率の改善手法を解説します。①リピート率・休眠率・リピート実態の把握、②会員最大化、③コンバージョン直後フォロー、④リピート引き上げ基本プログラム、⑤n回目集中引き上げ、⑥休眠ユーザーの引き上げ、⑦メールタッチポイントの最大化、⑧優待・オファーキャンペーン設計と実施、⑨個客別対応によるLTVの最大化の9つのアプローチを使い分けることによって、リピート率の改善を行います。

まずは、リピートに関連するデータを正確に把握します。一般的なアクセス解析ツールでは把握しづらいため、リピートの実態を把握しないまま放置するケースが多々あります。訪問数を増やし、回遊数を改善し、コンバージョン率を最大化したところで力尽きては絶対にいけません。新規獲得合戦が激しく繰り広げられている昨今、初回コンバージョンだけで投資回収できるWebサイトは多くないはずです。リピート率・休眠率・リピート実態の把握では、複数回コンバージョンのリピート率や、コンバージョン後に休眠してしまうユーザーの率、また、リピートするまでの平均期間・リピート平均回数・常連リピーターの全体影響度・常連リピーター数の増減推移など、リピートの実態を見える化します（図7-9-1）。

運営側からのプッシュが行えるユーザーとの接点は、リピート促進の生命線と言えます。再訪問をただ待つのではなく会員最大化を行うことで、メールによるリテンション[1] を実施する基盤を構築します。

次に、コンバージョン直後フォローを行います。アクション完了ページや直後のフォローメールで行うおもてなしが、初回アクション時の満足度を大きく上げ、2回目以降のコンバージョン率にも影響を与えます。逆に初回アクション時のケアが薄く、機械的で事務的な処置をされたユーザーの満足度は下がり、リピートの可能性を大きく下げてしまうのです。

リピート引き上げ基本プログラムでは、コンバージョン完了後のユーザーに対し、リピート促進のコミュニケーションシナリオを構築し、実践します[2]。二回目以降のアクションを促進するための、コンテンツ（配送物があれば同梱物も）をタイムラインに沿って、ステップ型で構築します。例えばメールであれば、配信タイミングの最適化[3] やコンテンツ[4] の最適化についてABテストを繰り返し、もっともリピート率の高い勝ちパターンを作り上げます。それにより、初回コンバージョンユーザーのリピート引き上げを最大化する基本プログラムが出来上がるのです（図7-9-2）。

7-9-1 リピート実態の見える化レポート

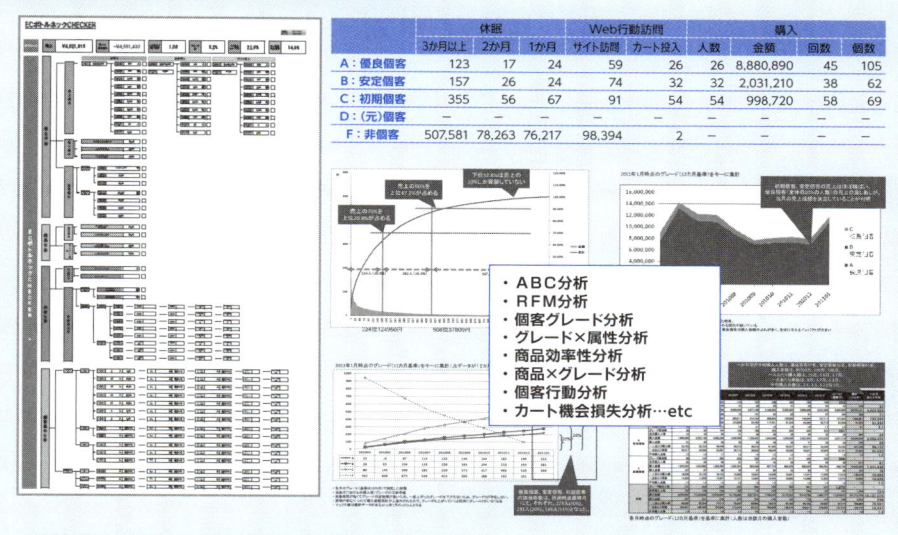

	休眠			Web行動訪問		購入			
	3か月以上	2か月	1か月	サイト訪問	カート投入	人数	金額	回数	個数
A：優良個客	123	17	24	59	26	26	8,880,890	45	105
B：安定個客	157	26	24	74	32	32	2,031,210	38	62
C：初期個客	355	56	67	91	54	54	998,720	58	69
D：(元)個客	−	−	−	−	−	−	−	−	−
F：非個客	507,581	78,263	76,217	98,394	2	−	−	−	−

- ABC分析
- RFM分析
- 個客グレード分析
- グレード×属性分析
- 商品効率性分析
- 商品×グレード分析
- 個客行動分析
- カート機会損失分析…etc

一般的なWeb解析ツールでは把握できないリピートの実態も見える化しましょう。ABC分析、RFM分析などをドリルダウンも交えながらしっかり行います。

7-9-2 リピート引き上げプログラム

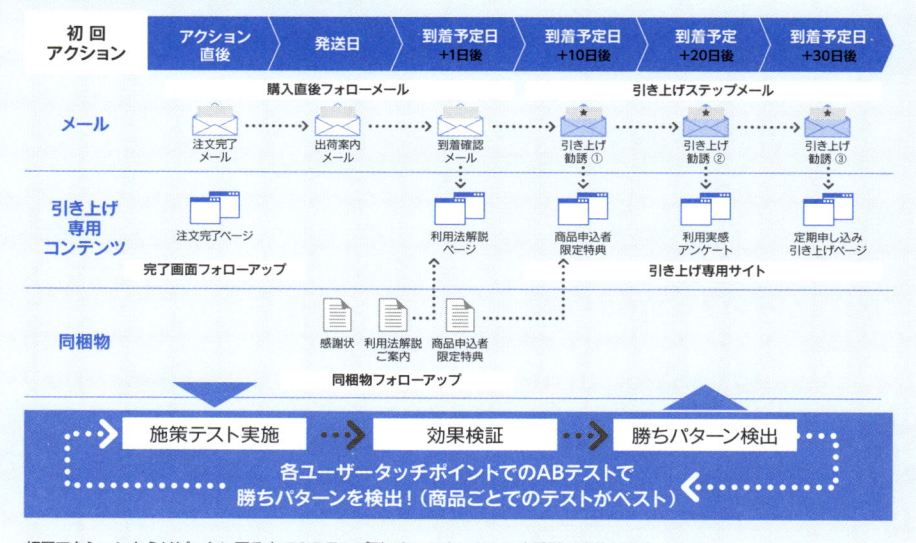

初回アクションからリピートに至るまでのステップ型コミュニケーションを設計・実施します。ABテストを多重運用し、勝ちパターンを形成します。

10 リピート率の改善手法②

【1】 サイト種類やコンバージョンの内容によってn回の回数が変化します。また、サイト種類によっては本内容が当てはまらない場合もあります

【2】 コンバージョンしたユーザーが次のアクションを実施しなくなることを休眠と呼びます

【3】 経過日数の定義はサイトによって異なります。休眠復帰率を軸に「復帰しやすい、復帰しにくい、非常に復帰しにくい」層に分解しましょう

　リピートの実態を見える化すると「n回以上コンバージョンしたユーザーの定着率が顕著に上がる」などの傾向が浮き彫りになることがあります。そういった場合に行うのが n 回目集中引き上げです。[1] 初回からn回目までコンバージョンしてもらうための具体的なコミュニケーションプランを立案し、実施します。

　また、休眠ユーザー [2] を掘り起こしてリピートさせるのが休眠ユーザーの引き上げです。例えば、コンバージョン後、30日、90日、180日経過することを、それぞれ、浅い休眠、深い休眠、完全休眠と定義し、休眠ステータスが進行しないよう、ユーザーにアプローチします [3]。主にメールを利用してイベントノイズを起こし、休眠ユーザーにリピートを促します。なお「コンバージョンはご無沙汰だが、訪問はある」といった状態を把握するため、休眠をコンバージョン休眠と閲覧休眠の二つに分け、掛け合わせて管理すると、より実態にあった休眠管理を行うことができます（図7-10-1）。

　メールタッチポイントの最大化では、定期便のメールマガジン以外で、メール接触回数を増やすための施策を実施します。ECサイトでいけば、「タイムセールのお知らせ」「再入荷のお知らせ」「レビューの配信」などを通常のメルマガ以外にも登録していただき、Webサイトとの接触回数を増やし、リピート動機付けの機会を増やしていきます。何かお知らせを受け取りたいという個別のニーズを汲み取ることで、リピート促進のチャンスが生まれるのです。

　優待・オファーキャンペーン設計と実施では、リピート化のためのインセンティブを用意し、リピート数を引き上げます。会員ランク、ポイント付与、クーポン発行、割引、プレゼント、特別販売、特別対応などのオファーをWebサイトの種類によって使い分けながら、活用していきます。詳しくは図7-10-2を参照ください。このような優待・オファーを定期的に実施し、キャンペーンマネジメントのサイクルを回すことで、硬直したサイトから活性化したサイトへの転換が可能になり、リピート率が上がります。

　個客別対応によるLTVの最大化では、上述の優待やオファーを、個客ステータスでコントロールします。全員一律同条件の優待・オファーでは、キャンペーンコストがかさみますし、限定感も損なわれてしまいます。貢献度の高い常連ユーザーを定義、セグメント化して、より手厚い優待・オファーを提供することで、優良顧客のパフォーマンスが向上し、その総体としてのLTV（生涯顧客価値）が最大化されます。

7-10-1 休眠ユーザーの掘り起こし

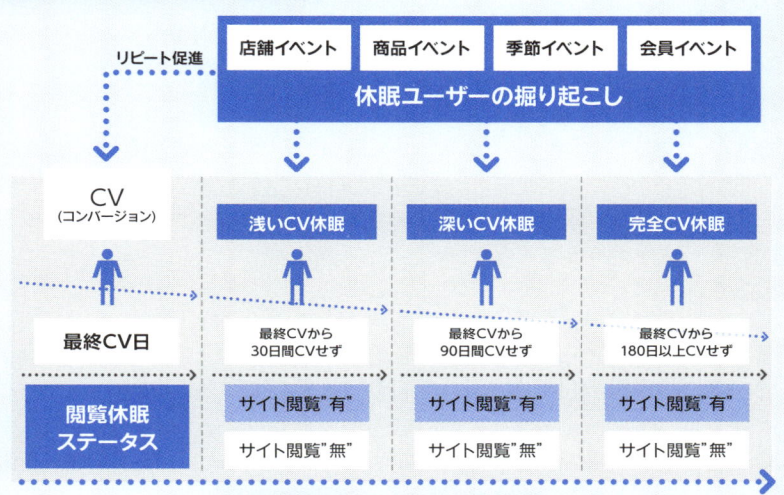

	店舗イベント	商品イベント	季節イベント	会員イベント
リピート促進 →	休眠ユーザーの掘り起こし			

		浅いCV休眠	深いCV休眠	完全CV休眠
最終CV日	CV（コンバージョン）	最終CVから30日間CVせず	最終CVから90日間CVせず	最終CVから180日以上CVせず
閲覧休眠ステータス		サイト閲覧"有"	サイト閲覧"有"	サイト閲覧"有"
		サイト閲覧"無"	サイト閲覧"無"	サイト閲覧"無"

閲覧休眠ステータス × CV休眠

コンバージョン休眠 × 閲覧休眠のステータスに応じて、イベントノイズを発動させ、休眠ユーザーを掘り起こします。

7-10-2 優待・オファーの一覧

オファー区分	オファー内容	備考
会員ランク	ランクアップ	プラチナ、ゴールド、シルバーなどの会員ランクのアップ
	ランク維持	○月までに○○円購入したら現在の会員ランクが維持できるという通知
ポイント付与	ポイント倍率	ポイント率を増やす優待
	ボーナスポイント支給	ある条件を満たすことで定められたボーナスポイントを付与
クーポン発行	全商品利用可能クーポン	全商品が対象のクーポン
	次回同一商品再購入クーポン	ご利用いただくほどお得になる購入経験のある消耗品クーポン
	関連商品割引クーポン	購入した商品の関連商品を、次回購入する際に使えるクーポン
	特定商品割引クーポン	特定商品を購入する際に使えるクーポン
割引	一律一定パーセント割引	すべての商品に対しての割引
	累積購入額での割引	個客の累積購入額により変動する割引
	同時購入金額での割引	同時に購入した額により変動する割引
	同時購入数での割引	同時に購入した数により変動する割引
	同一商品同時購入数の割引	同一商品を同時に何個購入するかと連動した割引
	会員条件別の優待対象商品割引	優待対象商品を選び、個客ランクやその際の同時購入額等の条件により、割引率を決定
	特定会員限定のシークレットセール	特定会員のみが閲覧できるシークレットセール情報
プレゼント	もれなくプレゼント	条件該当者への全員プレゼント
	プレゼント抽選券	抽選権の付与
特別販売	特別商品	特別商品を購入することができる権利
	先行予約	先行予約をすることができる権利
特別対応	優先配送	優先して配送手続きを行い、通常配送よりも早く配送する
	専用サポート窓口	一部条件を満たす個客に対する専用の問い合わせ・サポート窓口
	限定コンテンツ	特定会員限定の会員誌などの特別コンテンツ

リピートを活性化するための優待・オファーの一覧を紹介します。ベースはECサイトを想定した一覧となりますので、Webサイトの種類によって使い分けてください。

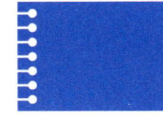

ブックガイド

『ザ・アドテクノロジー データマーケティングの基礎からアトリビューションの概念まで』
■著者：菅原健一、有園雄一、岡田吉弘、杉原剛　■発行：翔泳社

デジタルマーケティングのパフォーマンスを上げるためのテクノロジーを網羅的に紹介している本。DMPやDSP/RTB/SSP、アトリビューションなど、おさえるべき最新トレンドを解説。

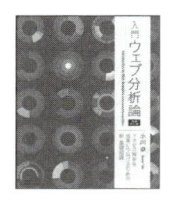

『入門 ウェブ分析論　～アクセス解析を成果につなげるための新・基礎知識～』
■著者：小川卓　■発行：ソフトバンククリエイティブ

成果を出すためのウェブ分析手法をわかりやすく解説してくれている指南本。目標の可視化や、課題のリストアップなど、サイトの状況を俯瞰的に整理する際に頼りになる一冊。特に集客と導線の最適化については、具体的内容の習得もできる。

『実践 CRM ─進化する顧客関係性マネジメント─』
■著者：木村達也　■発行：生産性出版

顧客関係性を向上させ、リピートを促進するための手法や実例を紹介。今後のウェブサイトでもさらに重要になってくるCRMについて、全体像を理解する上ではかかせない一冊。実店舗や通販で先だって行われた実践実例からも学ぶべきところが多い。

『インフォメーションアーキテクトの教科書』
■著者：中東優、野口竜司　■発行：秀和システム

インフォメーションアーキテクチャの基本を整理した一冊。ユーザー中心の設計を行う上で押さえたいポイントや導入すべき工程を体系的に理解できる。ユーザーセグメント、ペルソナ作成、ユーザーテストの実施手法も紹介。

『Live! EC サイトカイゼン講座』
■著者：野口竜司　■発行：翔泳社

ユーザーの行動を訪問→回遊→コンバージョン→リピートに分解して、ECサイトのカイゼンの施策を解説。改善に必要となるサイト分析ツールの「Google アナリティクス」や、A/Bテストツールの「Optimizely」「Plan BCD」といった、実践ツールも解説。

CHAPTER 08
スマートフォンマーケティング
川畑隆幸
Kawabata Takayuki

01 数値から見るスマートフォン①普及率

　スマートフォンはマーケティングで使えるのかを考える前に、まずは普及率や今後の見込みを見てみましょう（図8-1-1）。スマートフォンとデバイス別の加入者数予測を見ると、2014年にスマートフォンの加入者数が、フィーチャーフォンの加入者数を逆転することがわかります。ただし、出荷台数ベースで見た場合は、すでにスマートフォンがフィーチャーフォンを逆転しています。

　なお、加入者数と出荷台数の違いですが、出荷台数はあくまで出荷された数であり、加入者数は契約した人数（契約者数）になりますので、加入者数の方が実態により近いと考えてよいでしょう。

もっとも使っているのは20代の男性

　さらに、どういった世代の人たちがスマートフォンを使っているのかを見ると、もっとも利用率が高いのは、20代の男性で約6割です。このほか、20代の女性、30代の女性、10代の男性で利用率が高いということがわかります（図8-1-2）。テレビ・レコーダー・カメラなど、娯楽に関する家庭用電気機器を「黒物家電」と呼びますが、スマートフォンはこのジャンルに興味を持ちやすい世代に普及していると言えるでしょう

　冒頭では、すでに出荷台数ではスマートフォンがフィーチャーフォンを上回っていることを説明しましたが、それはテレビCMや皆さんの実生活の中で、携帯電話と言えばほぼスマートフォンしか見ないという状況から実感できているのではないでしょうか。数年前の市場予測から言うと、2012年には出荷台数ベースでスマートフォンはフィーチャーフォンをして上回るだろうと言われていましたが、実際には市場予測よりも速いスピードで、2011年にフィーチャーフォンを上回りました。契約者数に関しては2014年末に逆転すると予測されていますが、出荷台数の伸びから考えると、予測よりももっと早い時期にスマートフォンの契約者数がフィーチャーフォンを上回るのではないかと考えられています。

マーケティングにおけるデバイスの1つに

　当初はアーリーアダプターのみに受け入れられていたスマートフォンですが、現在は幅広い年代において普及が進んでおり、より一般化しています。その普及規模を考えると、マーケティングにおけるデバイスの1つとして、もはやスマートフォンを抜きに語ることはできないと考えられるはずです。

8-1-1 デバイス別加入者数予測

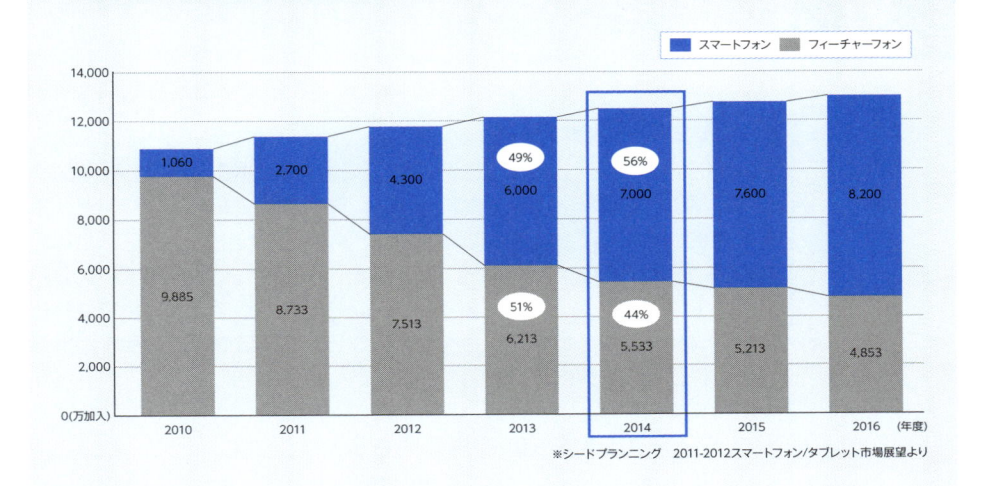

2014年にはスマートフォン加入者（56%）がフィーチャーフォン加入者（44%）を逆転すると予測されている（シードプランニング『2011-2012スマートフォン／タブレット市場展望』より）。

8-1-2 性年代別スマートフォン利用率

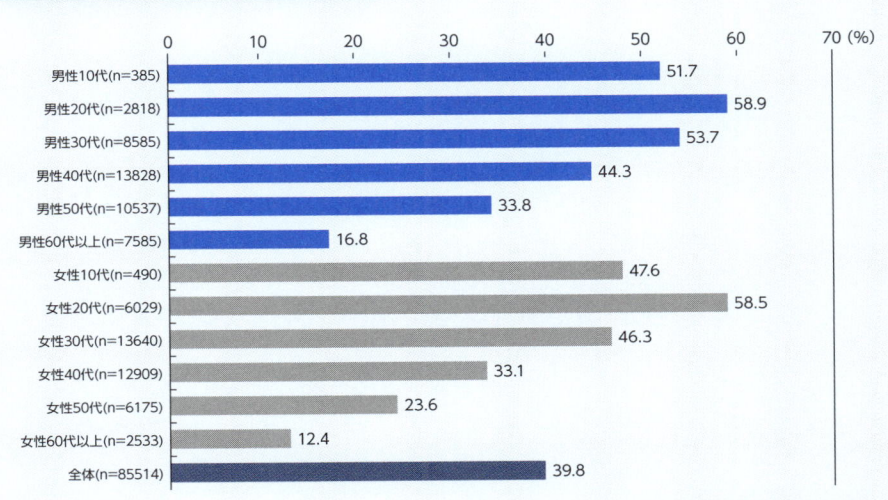

区分	利用率(%)
男性10代(n=385)	51.7
男性20代(n=2818)	58.9
男性30代(n=8585)	53.7
男性40代(n=13828)	44.3
男性50代(n=10537)	33.8
男性60代以上(n=7585)	16.8
女性10代(n=490)	47.6
女性20代(n=6029)	58.5
女性30代(n=13640)	46.3
女性40代(n=12909)	33.1
女性50代(n=6175)	23.6
女性60代以上(n=2533)	12.4
全体(n=85514)	39.8

性年代別スマートフォン利用率

特に男性20代（58.9%）、女性20代（58.5%）、男性30代（53.7%）、男性10代（51.7%）で利用率が高い（インプレスR＆D『スマートフォン／ケータイ利用動向調査2013』より）。

CHAPTER 08　スマートフォンマーケティング

02　数値から見るスマートフォン②トラフィックとライフスタイル

　前節では、スマートフォンの普及率や今後の見込みについて見てきました。次に、実際にスマートフォンがどのように使われているかをインターネット上のトラフィックにおいて見てみましょう（図8-2-1）。検索トラフィックは、スマートフォンが約750%、iPadが約690%の伸び率と、爆発的な数値を示しています。また、インターネットにおける1日あたりの検索回数を見た場合は、全体的に見るとまだパソコン（以下、PC）の方が多いのですが、従来のフィーチャーフォンとほぼ同じような環境で使われているスマートフォンは、フィーチャーフォンのほぼ倍程度の検索回数があるという調査結果も発表されています。

リスティング広告の施策を再考するタイミングに

　この数字からはリスティング広告の需要も、フィーチャーフォンから完全にスマートフォンにシフトしていくことが予測でき、実際にそうなっています。リスティング広告をフィーチャーフォンのみに出稿するということは、今後成長が見込めない場所に広告を出し続けることになりかねないため、広告をどこに出稿するかに関して見直すべきタイミングに入っていると言えるでしょう。

ライフスタイルの変化

　次に、スマートフォンを保有することによって、ライフスタイルがどのように変化しているかを見てみましょう（図8-2-2）。スマートフォンを使ってインターネットに接している時間が増えたこと、そしてPCに触れる機会が減ったという2点が特徴として挙げられます。インターネット接触時間が増えているにもかかわらず、PCに触れる時間が減ったというデータからは、スマートフォンがPCのインターネット接続時間を奪った、つまりスマートフォンはPCの替わりに使われている仮説が成り立ちます。

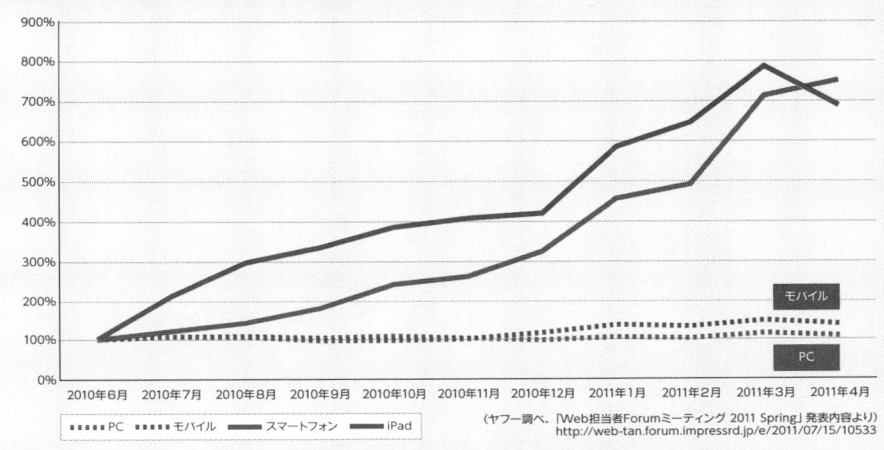

8-2-1 スマートフォンの検索トラフィックが急増

(ヤフー調べ、「Web担当者Forumミーティング 2011 Spring」発表内容より)
http://web-tan.forum.impressrd.jp/e/2011/07/15/10533

●**スマートフォン　750%、iPad　689%**
PC／モバイルに比べ驚異的な伸び率

ヤフー全体のデバイス別検索動向では、2010年6月から2011年4月までの10ヶ月でスマートフォンは750%の伸びを示した。

8-2-2 スマートフォン保有によるライフスタイルの変化

Q.あなたはスマートフォンを保有することでライフスタイルやお気持ちは変わりましたか
（「あてはまる」「ややあてはまる」の合算値）。※一部抜粋

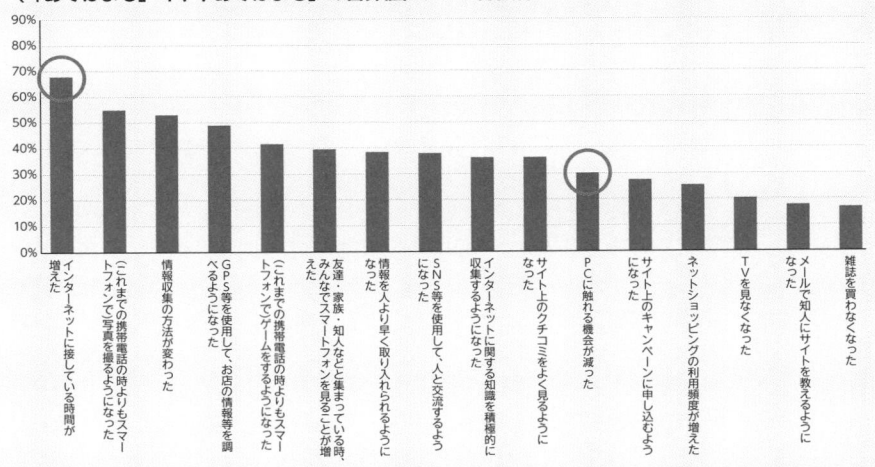

スマートフォン保有ユーザーの7割が「ネット接触時間が増えた」と実感し、約3割が「PC接触時間が減った」と回答。スマートフォンをPCの替わりとしている様子が伺える（IMJ調べ）。

03 数値から見るスマートフォン③ビジネス環境

次は、ビジネス活用という視点でスマートフォン環境を見ていきましょう。EC全体の市場規模は2013年には約16兆円に達しており、すでに百貨店市場を越え、コンビニと並ぶような大きな市場になっています。

購買金額規模

スマートフォンによる年間平均EC購買金額は約5.5万円で、その内訳はサイトにおける購買が約3.1万円、アプリによる購買が約2.4万円となっています（図8-3-1）。その一方でPCの年間平均EC購買金額が約10万円となり、これだけを単純に比較するとまだ規模は小さいものです。しかしながら、165ページで見ていただいたように、PCにおけるインターネットの接続時間がスマートフォンに奪われているという仮説が成り立つのなら、サイトやアプリなどを介し、スマートフォンを使って購入する機会は相関的に増えてくるでしょう。

スマートフォンを使った購入時の特徴

現状、スマートフォンによる購買はまだ少数派で、実際の店舗やPCサイトで購入される人がほとんどです。しかし、PCサイトや実店舗と比較して、スマートフォンによる購入時の行動には違いがあります（図8-3-2）。

スマートフォンによる購入行動では、情報収集から購入前の行動の移行でもっとも離脱している可能性が高いことがわかっています。

「認知」→「情報収集」→「購入前行動」→「購入場所」と見ていくと、実店舗の場合は過程ごとに減衰していくのですが、「購入前行動」の部分に注目すると、PCに関しては71%、スマートフォンは80%と、大きく減っていることがわかります。

購入前行動とは、資料請求やメルマガ、会員登録といった購入以外の行動の完了を指します。購入前行動において離脱者が増える原因としては、スマートフォンのサイトのトップページがスマホ対応なのに、会員登録の画面になった瞬間にPCサイトの画面を無理やりスマートフォンで見せるといった、サイトのスマートフォン対策がなされていないために、見づらかったり、入力しづらかったりといったことが考えられます。情報収集から購買行動までのユーザーインターフェースを改善することで、解決できるケースも多いのではないでしょうか。

8-3-1 スマートフォンによる年間EC平均購買金額

直近1年間のEC利用合計金額

(グラフ: PC(n=1205), モバイル(n=416), スマートフォン(サイトとアプリを合算, n=141))
※スマートフォン保有者の割合を18%としてウェイトバック集計

- 5000円未満
- 5000円～1万円未満
- 1万円～3万円未満
- 3万円～5万円未満
- 5万円～10万円未満
- 10万円以上
- 最近1年は利用していない

直近1年間のEC利用合計金額（平均）

- PC: 101,780
- モバイル: 19,168
- スマートフォンサイト: 30,993
- スマートフォンアプリ: 23,669

スマートフォンサイト＋アプリ = 5.5万円

※スマートフォン保有者の割合を18%としてウェイトバック集計

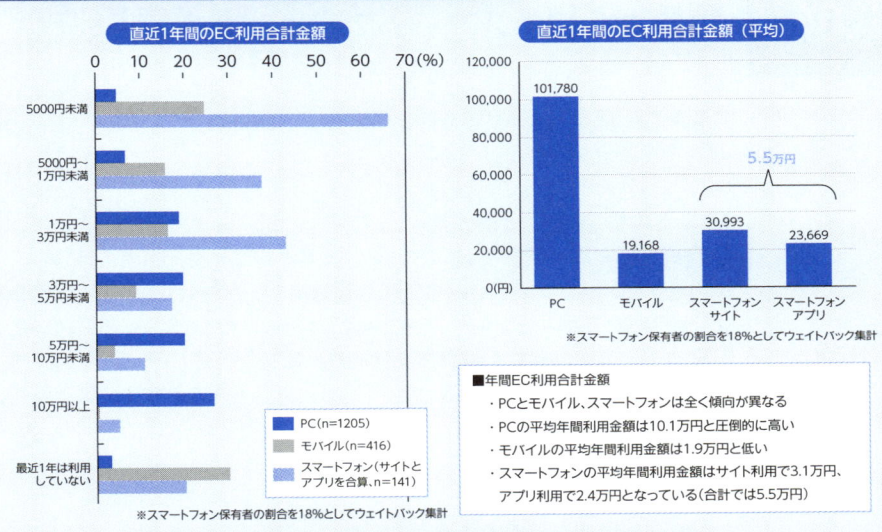

■年間EC利用合計金額
- PCとモバイル、スマートフォンは全く傾向が異なる
- PCの平均年間利用金額は10.1万円と圧倒的に高い
- モバイルの平均年間利用金額は1.9万円と低い
- スマートフォンの平均年間利用金額はサイト利用で3.1万円、アプリ利用で2.4万円となっている（合計では5.5万円）

スマートフォンによる年間EC平均購買金額は5.5万円。1年間のEC利用金額は、5000円未満が40%とその市場はまだ小さいが、今後は購入機会が増えることが予想される（IMJ調べ）。

8-3-2 購入行動における離脱率比較

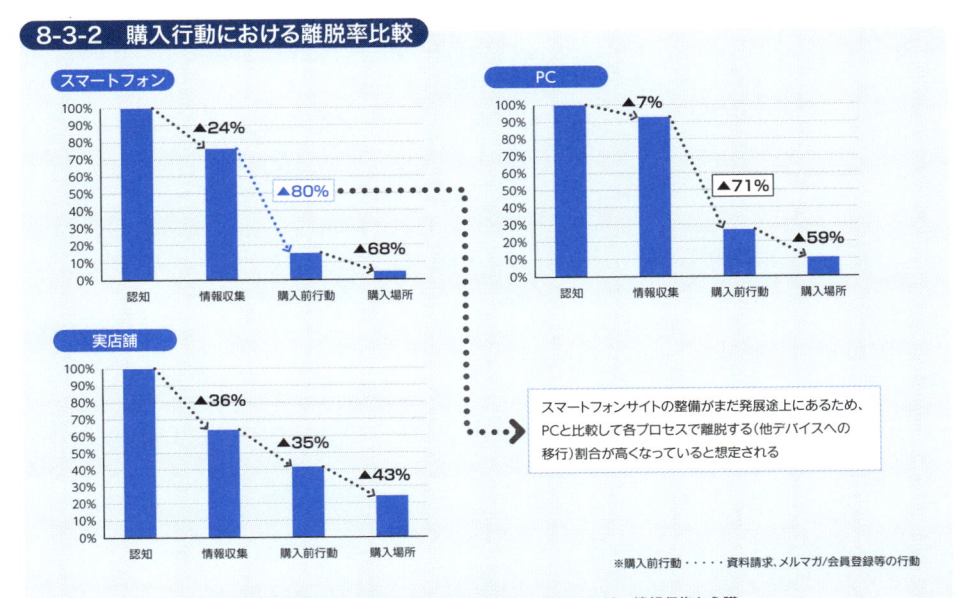

スマートフォン
認知 → 情報収集 ▲24% → 購入前行動 ▲80% → 購入場所 ▲68%

PC
認知 → 情報収集 ▲7% → 購入前行動 ▲71% → 購入場所 ▲59%

実店舗
認知 → 情報収集 ▲36% → 購入前行動 ▲35% → 購入場所 ▲43%

スマートフォンサイトの整備がまだ発展途上にあるため、PCと比較して各プロセスで離脱する(他デバイスへの移行)割合が高くなっていると想定される

※購入前行動‥‥資料請求、メルマガ/会員登録等の行動

スマートフォン、PC、実店舗で離脱率を行動ごとに見ていくと、スマートフォンは、情報収集から購入前行動へ移行する際に最も離脱していることがわかる（IMJ調べ）。

04 数値から見るスマートフォン④購入意思決定

数値から見るスマートフォンの概要として最後に、ECの購買行動における特徴を紹介します。

口コミの影響を受けやすい

購買行動の購入意思決定において、スマートフォン保有者のほうが口コミサイトやレビューサイトからの影響を受けやすい傾向があります（図8-4-1）。この調査結果だけでは、FacebookやTwitterなどのSNSによる影響を受けているかいないかは見えませんが、口コミ自体がSNSに流れてきているというのが現状です。よって、スマートフォンユーザーの購入意思決定には、SNSからの影響も大きくなっていると思われます。

情報共有は購入後

情報共有という観点でみると、スマートフォン保有者はPCでの購入と比較して、購入後に情報共有する傾向があります（図8-4-2）。これは皆さんの行動からもわかることだと思います。例えば、何かを購入したあとに、家に帰ってきてからその商品の写真を撮り、PCにアップロードしてFacebookやTwitterなどで「買いました」という人は少ないと思います。実際には、購入した商品の写真をその場で（スマートフォンで）撮って、Twitterで「購入なう！」などと言うのではないでしょうか。商品の購入後にシェアするという行為は、デバイスの特性から考えてもスマートフォンのほうが行いやすいと言えます。

このように、PCとスマートフォンでは購買プロセスと意思決定プロセスが異なるため、スマートフォン向けにPCと同じマーケティング施策を行っても、売上はなかなか伸びません。また、口コミの影響を受けやすい、購入後の情報共有行動も異なるため、これらを含めたマーケティング施策を検討する必要があります。

ここまで説明したとおり、スマートフォンはマーケティングにも使用できますが、PCやフィーチャーフォンとまったく同じ手法は通用しません。スマートフォンならではの特徴を押さえたうえで、施策を考えることが重要なのです。

8-4-1　購入意思決定に影響を与える要因

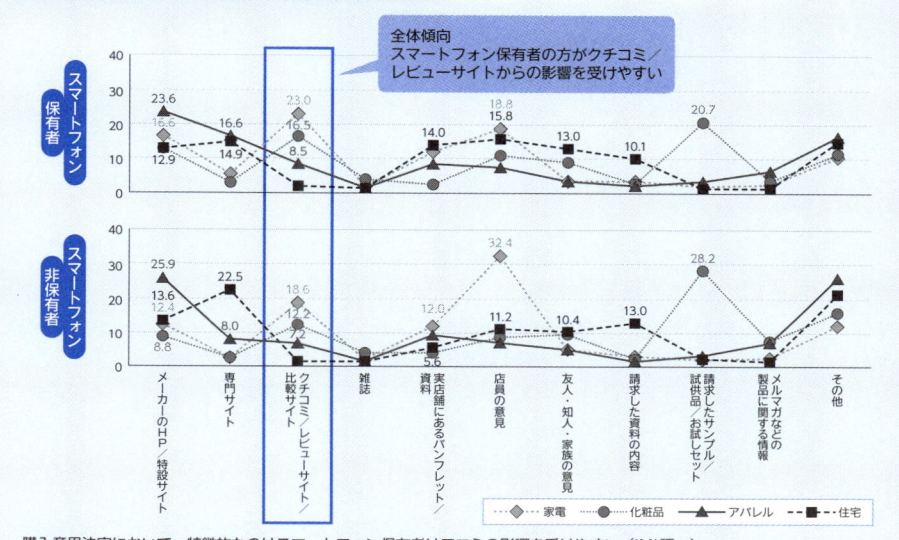

全体傾向
スマートフォン保有者の方がクチコミ／レビューサイトからの影響を受けやすい

スマートフォン保有者：
- メーカーのHP／特設サイト：23.6／16.6／12.9／—
- 専門サイト：16.6／14.9
- クチコミ／レビューサイト／比較サイト：23.0／16.5／8.5
- 雑誌
- 実店舗にあるパンフレット／資料：14.0
- 店員の意見：18.8／15.8
- 友人・知人・家族の意見：13.0
- 請求した資料の内容：10.1
- 請求したサンプル／試供品／お試しセット：20.7
- メルマガなどの製品に関する情報
- その他

スマートフォン非保有者：
- メーカーのHP／特設サイト：25.9／13.6／12.4／8.8
- 専門サイト：22.5／8.0
- クチコミ／レビューサイト／比較サイト：18.6／12.2
- 雑誌
- 実店舗にあるパンフレット／資料：12.0／5.6
- 店員の意見：32.4／11.2
- 友人・知人・家族の意見：10.4
- 請求した資料の内容：13.0
- 請求したサンプル／試供品／お試しセット：28.2
- メルマガなどの製品に関する情報
- その他

凡例：……◆……家電　─●─化粧品　─▲─アパレル　－■－住宅

購入意思決定において、特徴的なのはスマートフォン保有者は口コミの影響を受けやすい（IMJ調べ）。

8-4-2　情報共有行動の違い

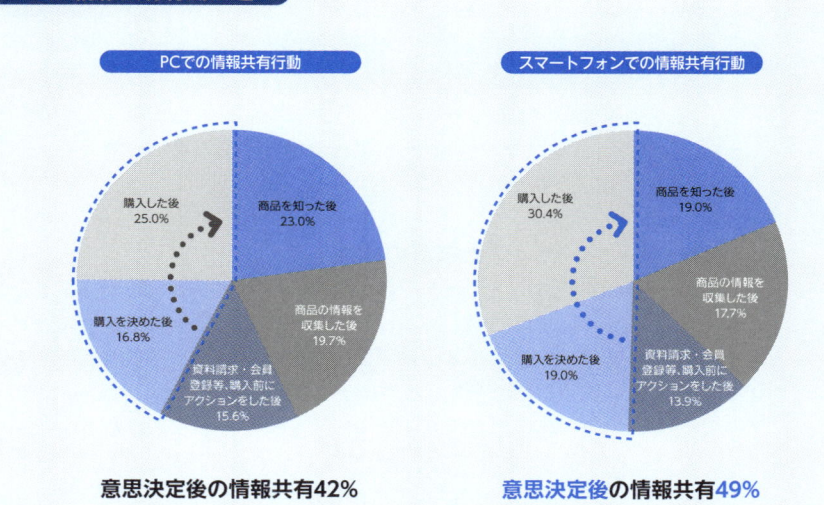

PCでの情報共有行動
- 商品を知った後　23.0%
- 商品の情報を収集した後　19.7%
- 資料請求・会員登録等、購入前にアクションをした後　15.6%
- 購入を決めた後　16.8%
- 購入した後　25.0%

意思決定後の情報共有 42%

スマートフォンでの情報共有行動
- 商品を知った後　19.0%
- 商品の情報を収集した後　17.7%
- 資料請求・会員登録等、購入前にアクションをした後　13.9%
- 購入を決めた後　19.0%
- 購入した後　30.4%

意思決定後の情報共有 49%

スマートフォン保有者の情報共有行動の特徴には、PCと比較して購入意思決定後に情報共有する傾向がある。PCは検討中の共有行動が多く、スマートフォンは購入決定後に行う（IMJ調べ）。

05 ポイント①メディアの特性を踏まえる

　スマートフォンでのマーケティングを考えるときに必要になる基本的なポイントを紹介します。
　まず、重要なのは、スマートフォンにおけるメディア特性をきちんと理解したうえで活用することです。マーケティングの視点からメディアの特徴をまとめたものが図8-5-1です。

マーケティング4つの視点

　いつでもどこでも持ち歩けることから、「①24時間メディア」と言えるでしょう。これにより、タイムリーな情報配信や生活に密着したコミュニケーションが実現します。持ち歩く際は常に電源が入っているため、空き時間に気軽にアクセスできる「②暇つぶしメディア」として利用されることが多いのも特徴です。マーケティングにおいて非常に重要なのは、持ち運べるという気軽さが高いユーザー反応率につながるということです。行動を生みやすい、反応が早いといった特性はとても貴重です。
　また、自分専用の機器であるスマートフォンは「③パーソナルなメディア」です。ログインを家族と共有することはありませんし、他人が利用することもほぼありません。プッシュ型コミュニケーションを通じたCRM施策にも向いています。さらに、GPSなどを通じてユーザーの位置を取得できる「④位置連動メディア」であることも大きな特徴です。朝や夕方に配信するなどのタイムリーなコミュニケーションはもちろん、この時間にここにいる人へといった、シチュエーションに応じたマーケティングまで実現できるのです。

ソーシャルメディアと抜群の相性

　これらの特徴は、スマートフォンだけでなく、フィーチャーフォンを含めたモバイル環境にも当てはまります。一方、スマートフォンならではの特徴として、ソーシャルメディアとの相性が良いことが挙げられます（図8-5-2）。このグラフからは、TwitterやFacebookなどのSNSはスマートフォンユーザーのほうがフィーチャーフォンユーザーよりも倍以上使われていることが見てとれます。また、ウェブサイトの閲覧時間もスマートフォンのユーザーのほうが、従来の携帯電話よりも3倍近く閲覧時間が長く、スマートフォンユーザーはソーシャルメディアとより密着していることがわかります。

8-5-1　モバイルのメディア特性とマーケティング上のポイント

①24時間メディア
いつでもどこでもアクセス
・タイムリーな情報配信ができる
・生活に密着したコミュニケーションができる
・他メディアとの連携が可能（紙、テレビ）

②暇つぶしメディア
気軽にアクセス
・エンタメコンテンツを提供しやすい
・アクション反応率が高く、メールやアンケートによるマーケティングがしやすい

③パーソナルメディア
一人一台。パーソナルログイン
・会員化がしやすい
・メールのPUSHコミュニケーションがしやすい
・CRMに活用可能

④位置連動メディア
位置情報が取得可能
・シチュエーションタイムリーを実現
・位置連動したコンテンツ提供が可能

モバイルのメディア特性を理解し、それをふまえた上で活用することが重要。

8-5-2　スマートフォンとソーシャルメディアは相性がよい

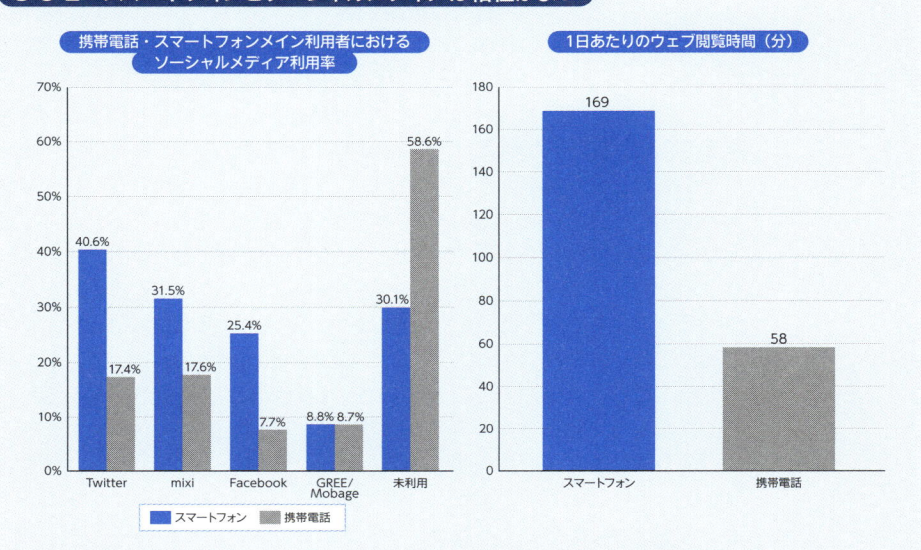

携帯電話・スマートフォンメイン利用者におけるソーシャルメディア利用率

	スマートフォン	携帯電話
Twitter	40.6%	17.4%
mixi	31.5%	17.6%
Facebook	25.4%	7.7%
GREE/Mobage	8.8%	8.7%
未利用	30.1%	58.6%

1日あたりのウェブ閲覧時間（分）

スマートフォン	携帯電話
169	58

フィーチャーフォンユーザーよりスマートフォンユーザーの方が、ソーシャルメディアの利用率が高く、ウェブ閲覧時間も長い（インプレスR＆D『スマートフォン／ケータイ利用動向調査2012』より）。

06 ポイント②目的を明確にする

　企業の顔や検索の受け皿となる必須のインフラという位置づけが定まっているPCサイトと比べると、スマートフォンを含めたモバイル向けサイトの位置づけはあいまいになりがちです。「とりあえずスマートフォン版も作っておかないと」「他社も行っているしモバイルサイトを行ったほうがいい」というようなご相談を受けることも多々あります。

モバイル活用の目的を分類する

　せっかく立ち上げたけれど効果がなかったなどとならないよう、実施の目的をしっかり定めましょう。ここでは、モバイル活用の目的をわかりやすく整理します（図8-6-1、8-6-2）。

　まずは、モバイルサイト単独で収益を上げる「ビジネス直結型」と、店舗での売上や顧客満足の向上など間接的な貢献を目指す「ビジネス支援型」とに大きく分類できます。

　さらに「ビジネス直結型」を手段で分類すると、モバイルサイトで販売を行う「コマース型」、ゲームやそのアイテムなど、コンテンツや情報で課金する「コンテンツ課金型」、大量集客サイトを構築し、広告掲載費で利益を上げる「広告メディア型」に分類できます。これらはそのまま収益に直結するので、目的が明確化されないというような問題は起こりにくいはずです。

　「ビジネス支援型」ではモバイルでの資料請求や会員登録によって見込み客をつかむ「リード獲得型」、モバイルサイトを興味醸成の場として、店舗などの収益の場へ誘導する「ブランディング広告型」、株取引やモバイルバンキングなど店舗やPCサイトと同等のサービスをモバイルで提供する「自社サービス補完型」に分類できます。「ビジネス支援型」の場合、モバイルサイト上のコンバージョンは目的達成への間接的なKPIとして扱います。間接的であるからこそ、このあたりを明確化しきちんと計測しておかないと、モバイルサイトを構築した後で、いったいこれは自社のビジネスにインパクトを与えているのか、このサイトにどんな意義があるのか、というところに立ち返ってしまう危険性が高いです。

　この分類はあくまで便宜的なものとなり、分類のうちどれか1つに該当するというものではありません。例えばユニクロのモバイルサイトのように、店舗誘導につながるブランディングとビジネス直結型のコマースという複数の目的を1サイトで持つ場合もあります。ただしそのような場合も、それぞれの比重やKPIをきちんと持っておくということは大切です。

8-6-1 ビジネス直結型

広告メディア型

- 大量のユーザーが集まるサイト
- まとめ（キュレーション）サイトともよばれる
- サイト上ではさまざまな広告商品を販売

例）NAVERまとめ
　　nanapi
　　Togetter

コマース型

- スマートフォンサイト、アプリを通じた物販など
- 大型ECサイトはスマートフォンサイトとスマートフォンアプリの両方を用意
- 大型モールサイトからメーカー直販にシフトしつつある

例）楽天市場
　　ヤフオク
　　ZOZOTOWN
　　ユニクロ

コンテンツ課金型

- ゲームやそのアイテムなどのコンテンツを販売
- 課金には、携帯キャリアの回収代行のほか、クレジットカード決済、プリペイドカード、コンビニ決済、電子マネー、モバイルバンキングなど
- サイトだけでなく、アプリ内での課金も可能

例）GREEやモバゲーなどのゲームサイト上課金
　　「パズル&ドラゴンズ」などのアプリ内課金

サイト内に明確なコンバージョンがあり、スマートフォンサイトやスマートフォンアプリ単体でビジネスに直結するタイプ。

8-6-2 ビジネス支援型

自社サービス補完型

- 顧客へのサービスのひとつとして提供
- 予約受付やモバイルバンキングなどPCと同等のサービスを提供

例）AMEX
　　ABC Cooking Studio

ブランディング広告型

- 認知や興味醸成の場とし、店舗などの収益の場へ誘導
- クーポンやオリジナルコンテンツなど、商品やブランドへの興味喚起施策を用意

例）ユニクロ
　　モスバーガー
　　コカ・コーラ

リード獲得型

- 資料請求や会員登録がコンバージョンとなる
- 来店予約やメルマガ登録など、既存顧客や見込み顧客の再来訪を促進

例）KUMON
　　リクナビ
　　アフラック

スマートフォンサイトやモバイルサイトが顧客満足度や見込み顧客獲得など、自社のビジネスに間接的に寄与するタイプ。スマートフォンの場合は、アプリで配布されることが多い。

07 モバイルの活用事例①モスバーガー

これまでに説明してきた、スマートフォンでのマーケティングの基本である「メディア特性」「活用目的」を踏まえて、実際の企業の事例を用いながら、さらに理解を深めていきましょう。まずは、「ビジネス支援型」のモデルです。

スマートフォンとフィーチャーフォンでコンテンツを振り分け

ハンバーガーチェーンのモスフードサービスが展開する『モスバーガー モバイル』は、新製品の紹介やクーポンの配布、ダウンロードコンテンツなどを用意しています。サイトの目的は、ユーザーとのコミュニケーションを深めてファン化を促し、来店につなげていくことです。また、変化の速いモバイルユーザーニーズに確実に応えるために、スマートフォンとフィーチャーフォンそれぞれに最適化されたコンテンツを提供しています。デバイスごとにサイトを振り分けるなど、ユーザーのレスポンスに応じた施策を実施できる、柔軟かつ確実な運用を実現しています（図8-7-1）。

コアなターゲットは、従来からモバイルサイトを利用してくれている「モスのファン」であるユーザーです。その一方で、実店舗のモスバーガーファンをサイトに取り込んでいます。

拡張性を重視した利便性の高いシステム

『モスバーガー モバイル』は、フィーチャーフォン専用のサイトからスタートしました。そして、スマートフォンへサイトへの切り替え過渡期において、プラットフォームの再整備を契機に拡張性を重視した仕組みを取り入れています。例えば、一度サイトに会員登録すればデバイスを機種変更しても新たな手続きが不要でサービスを同様に利用できる仕組みを導入するなど、ユーザーにとって利便性の高いモバイルプラットフォームを用意しています。

そのほか様々な施策を用いて、サイトのPDCAを回すことを強く意識していることが感じられる事例です（図8-7-2）。

8-7-1　デバイスごとに最適化されたコンテンツを提供

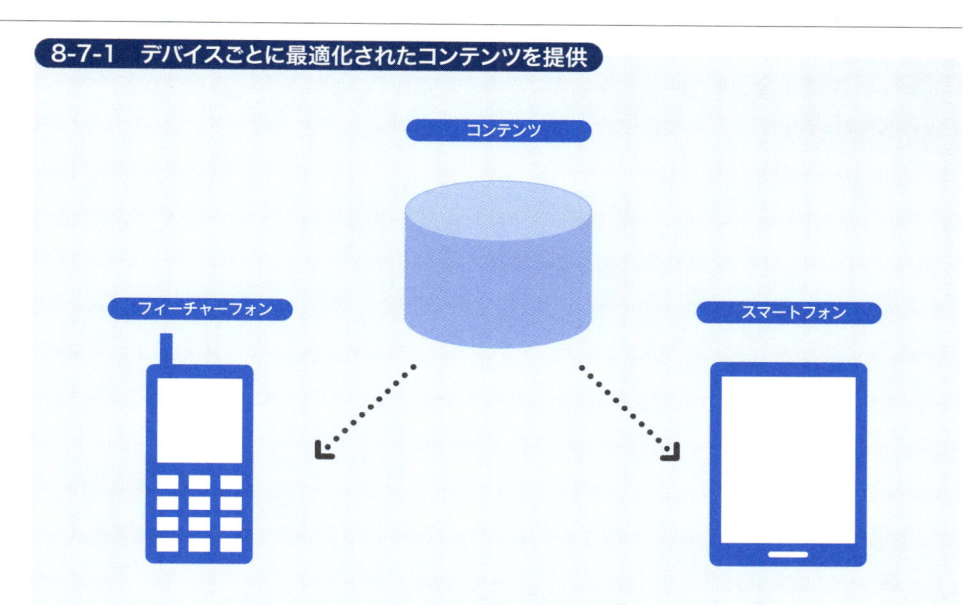

スマートフォンとフィーチャーフォンそれぞれにコンテンツを振り分け、ユーザーのレスポンスに応じた最適な施策を実施している。

8-7-2　拡張性を重視してシステムを刷新

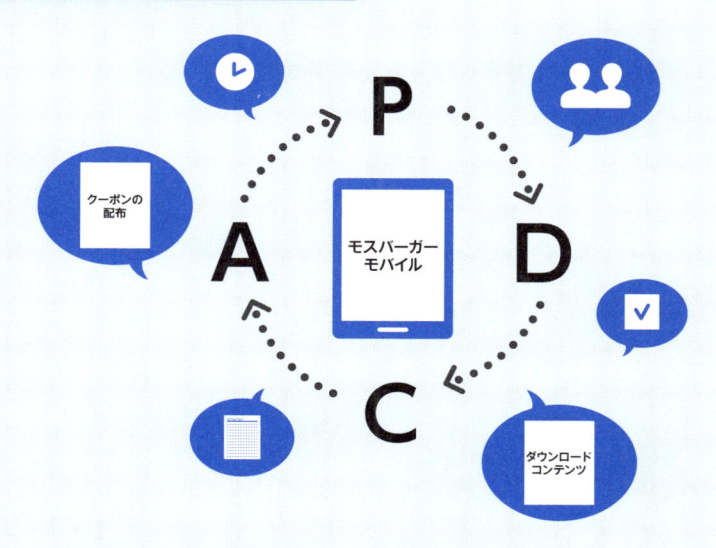

フィーチャーフォンからスマートフォンへの移行にあたり、ユーザーには使いやすく、運用側にはPDCAなどのマーケティングの工夫が施しやすいプラットフォームを整備した。

08 モバイルの活用事例②NEXCO西日本

本節では、「メディア特性」に注目した事例を紹介していきましょう。モバイルには、持ち歩くことができる「①24時間メディア」、ユーザーの位置を取得できる「④位置連動メディア」といったメディア特性がありますが、スマートフォンの普及にともなって、これらの特性がさらに活用されるようになっています。

中でも、オンライン上から現実の場（オフライン）での行動を促す「O2O（Online to Offline）」と呼ばれるマーケティング施策がトレンドになっています。そのきっかけとなったのは、GPSを利用したロケーションコンテンツが増加したことと、そのコンテンツをアプリケーションとして配布できることです。

フィーチャーフォンにもGPSを利用するアプリケーションはありましたが、機種ごとにハードウェアの仕様が違うなど、制作側に高いハードルが存在していました。また、アプリケーションも容量に制限などがあったために、ユーザーにとって必ずしも使いやすいものではありませんでした。しかし、スマートフォンによってこれらのハードルが一気に下がり、O2O施策を盛り込んだコンテンツを作りやすく、使いやすい環境が整ったと言えるでしょう。

「わざわざ立ち寄りたくなる」体験を提供

『トクスコ（toxco）』は、西日本高速道路株式会社（NEXCO西日本）が展開する、高速道路をお得に楽しむためのアプリです。高速道路の利用者・同乗者向けに、GPSを使ったロケーションコンテンツをアプリとして提供しています（図8-1-1）。

ユーザーが事前に『トクスコ』アプリをデバイスにインストールしておくと、高速道路のパーキングエリア（PA）やサービスエリア（SA）に立ち寄った際に、専用端末にアクセスすることで、そのロケーションに応じたプレゼントや景品、クーポン、渋滞情報などが得られる仕組みです（図8-8-2）。ユーザーは寄り道感覚で、PAやSAに立ち寄る理由ができ、提供側は利用者満足の向上や安全な高速道路利用への寄与、地域における集客効果などが期待できます。2014年2月現在の提供エリアは大津SA（下り線）で、順次拡大が予定されています。

スマートフォンのアプリケーションというオンライン環境から、SAやPAといったリアル施設へユーザーを誘導する、O2Oプロモーションを強く意識した事例です。

8-8-1　寄り道を演出するO2O施策

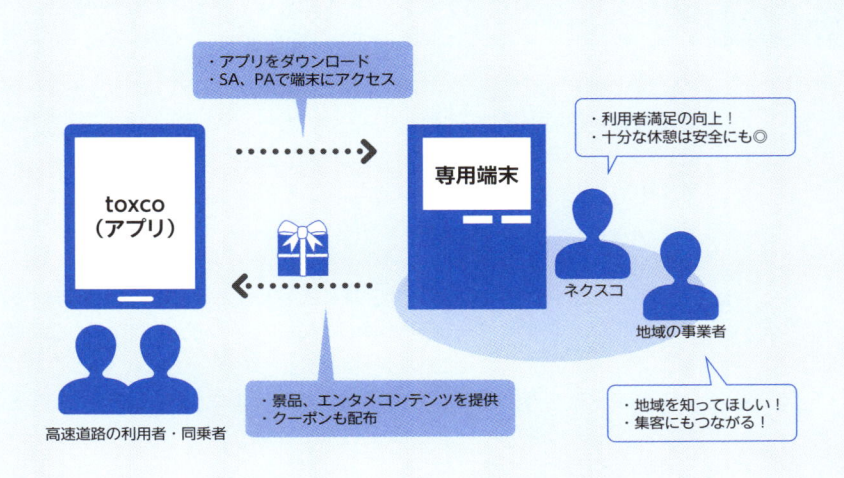

・アプリをダウンロード
・SA、PAで端末にアクセス

専用端末

・利用者満足の向上！
・十分な休憩は安全にも◎

toxco
（アプリ）

ネクスコ

地域の事業者

高速道路の利用者・同乗者

・景品、エンタメコンテンツを提供
・クーポンも配布

・地域を知ってほしい！
・集客にもつながる！

スマートフォンアプリから高速道路サービスエリアに設置された専用端末にアクセスすると割引クーポンなどが配布されSAに寄る理由ができる。

8-8-2　サービスエリアでクーポンがもらえるアプリ

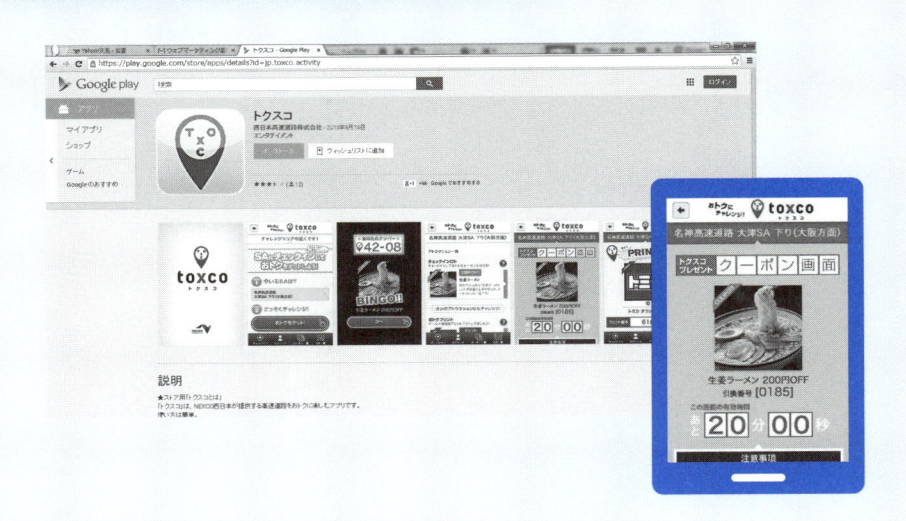

スマートフォンのアプリを使ってサービスエリアでチェックインすると、GPS情報を使い、その地域の観光情報や、現在走っている高速道路の渋滞情報の入手も可能になる。

09 モバイルでのユーザビリティの基本①

　実際にサイトを設計、制作する際に、重要になってくるのがユーザビリティです。特に、スマートフォンではフリックやタップ、ピンチアウトなど新しいユーザーの操作が盛り込まれたことを考慮する必要があります。**図8-9-1**に設計のポイントをまとめましたので参考にしてください。

設計における3つのポイント

　モバイルサイト構築において、基本とされているユーザビリティ設計のポイントは、まず、ページ容量は小さく、ページ遷移は少なくなるように設計することです。特にコンバージョンにつながる登録や申し込みフォームなどは注意する必要があります。ただし、1ページに無理やり詰め込んで容量が大きくなりすぎても読み込みに時間がかかってしまうので、バランスをとることが大事です。

　次に、ナビゲーションで迷わせないことです。なぜなら、ユーザーがサイトに訪れて最初に見る画面で、次に取るべきアクションが予想できたり、サイトのイメージや全体像が見えたりする必要があるからです。

　また、モバイルサイトを制作する際のもっとも悩ましい点は、機種によって、画面サイズが異なってくることでしょう。もちろんコストの関係もあると思いますが、ECサイトや申込サイトのように、明確なコンバージョンがあるサイト、つまりユーザビリティにより、機会損失が出やすいサイトは、専用の画面設計をおすすめします。

　スマートフォン専用サイトは、技術的にPCサイトの作り方に近いものですが、小さい画面での導線設計という意味では、従来からのモバイルユーザビリティの考え方が参考となります。加えて、タッチパネルで操作しやすいボタンサイズや、従来のフィーチャーフォンではできなかったフリックによる画像切り替えやタブでのカテゴリ切り替え、アコーディオン式のインターフェイスなど、タッチパネル独特の動作を踏まえた設計が重要になります（**図8-9-2**）。

8-9-1 設計のポイント

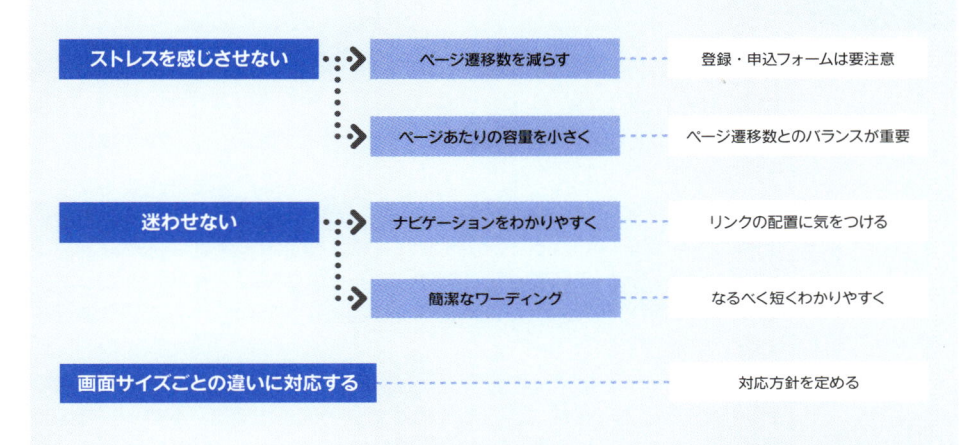

- ストレスを感じさせない
  - ページ遷移数を減らす ---- 登録・申込フォームは要注意
  - ページあたりの容量を小さく ---- ページ遷移数とのバランスが重要
- 迷わせない
  - ナビゲーションをわかりやすく ---- リンクの配置に気をつける
  - 簡潔なワーディング ---- なるべく短くわかりやすく
- 画面サイズごとの違いに対応する ---- 対応方針を定める

モバイルサイト設計のポイントをまとめた。ストレス低減やわかりやすさなど達成すべきものはPCと重なる部分が多いが、実現のための手法は独自のものも多い。

8-9-2 スマートフォン特有の操作

フリックによる画像の切り替え 
従来のモバイルサイトでは並べることしかできなかった複数のバナーも、フリックによる画像切り替えアクションで表現できる

タブでのカテゴリ切り替え 
同一コンテンツ内でカテゴリを切り替えられるようにすることで、ページスクロールの手間を省ける。

アコーディオン式メニュー 
大カテゴリ、小カテゴリなどに分けられるリンクの場合は、アコーディオン式を実装することで効果的なグルーピングが可能になる

サブウィンドウの表示 
サブウィンドウを設けることで、ページ遷移させずに、多い情報量をやリンクを見せることが可能になる

より詳細なUI設計に関する情報は、IMJモバイル著「スマートフォンのインタラクションデザインに関するユーザビリティ調査」も参考になる。

10 モバイルでのユーザビリティの基本②

　スマートフォンで情報を得たり、ショッピングをしたりという行動パターンが当たり前のようになりつつあります。また、スマートフォンサイトはGoogle検索での評価にも影響されるようになっており、もはや企業にとって不可欠とも言えるでしょう。

　スマートフォンサイトの制作にはいくつか方法がありますが、現在主流になっているのはレスポンシブデザインによる制作です。レスポンシブデザインとは、デバイスの種類に関わらず、どんな画面サイズでも同じコンテンツを利用できるよう、レイアウトや画像、文字のサイズなどを変更するという制作手法です。

　レスポンシブデザインのメリットは、基本的には1ソースで済む事です。PCサイト用に作成したコンテンツや素材をそのままスマートフォンで表示できます。画面サイズに合わせて最適なサイズで表示されるので、画面サイズを考慮した制作は必要ありませんし、スマートフォンの新機種が登場した場合の対応も不要です。

　また、コンテンツを一元管理できるので、運用コストがかからないことも利点です。PCサイト用の素材やコンテンツをそのまま利用できるので、スマートフォンサイト用のコンテンツ修正や素材作成の手間が省けます。

　ただし、コンテンツが1つであるがゆえに、設計が難しくなるケースもあります。レスポンシブデザインはあくまでデバイスごとの見た目の違和感や読みやすさ、操作性を改善するだけであって、最良のユーザビリティを提供するわけではありません。コンテンツを一本化しても、実際に共有できるソースはそれほど多くなければ、制作コストはPCサイトとモバイルサイトを作るよりも高くなるケースもあります。

　なお、レスポンシブデザインにすれば、自動的にモバイルにも対応できるといった考え方でサイトを構築しても、本当に効果のあるサイトになるとは限りません。ファーストビューの表示内容や視線の移動などを考えると、これまでどおりに、デバイスごとに振り分ける手法のほうがよいケースもあります。

　ただし、ユーザーがモバイルに移行しているというのは事実です。これからのサイト制作では、PCを主流に考えるのではなく、ワンソースからスマートフォンを含めた各デバイスに対応していく「スマホファースト」の考え方に切り替える必要があります。

8-10-1 現在主流のレスポンシブデザインとは

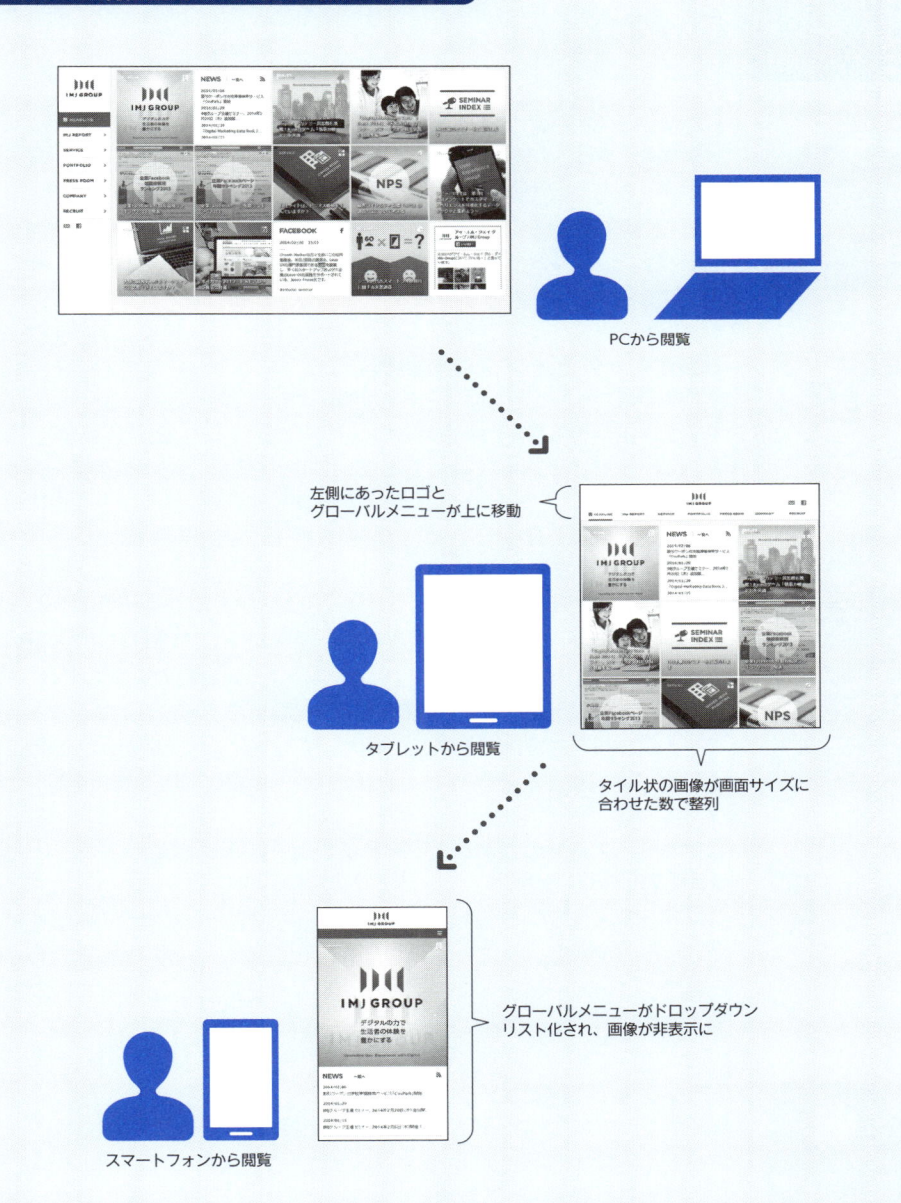

PCから閲覧

左側にあったロゴと
グローバルメニューが上に移動

タブレットから閲覧

タイル状の画像が画面サイズに
合わせた数で整列

グローバルメニューがドロップダウン
リスト化され、画像が非表示に

スマートフォンから閲覧

レスポンシブデザインはどんな画面サイズでも同じコンテンツを利用できるが、すべてのデバイスで
最良のユーザビリティや効果が得られるわけではないので注意が必要。

CHAPTER 08　スマートフォンマーケティング

ブックガイド

『スマートフォンサイト設計入門』
■著者：株式会社アイ・エム・ジェイ マルチデバイスLab.（著）　■発行：技術評論社

スマートフォンサイトの設計には、デバイスやユーザーの特性、サイトの構造や画面の設計が必要となる。本書は、UIやユーザービリティの考え方に基づいた、スマートフォンサイトを実現するためのノウハウ集。使いやすいスマートフォンサイトを構築する助けとなるはずだ。

『最新マーケティングの教科書』
■著者：日経デジタルマーケティング　■発行：日経BP社

マーケティングの基本から最新トレンドまでをカバーした「教科書」。最新キーワードとして29のトピックをピックアップし、その領域の第一人者が詳しく解説する。ソーシャルメディア関連の最新データランキングや、トヨタ自動車や無印良品など、先進企業のケーススタディも収録。

『スマホ白書 2013-2014』
■著者：一般社団法人モバイル・コンテンツ・フォーラム（MCF）　■発行：インプレスR&D

大変化を遂げるモバイルコンテンツビジネスの最新動向をまとめた一冊。2014年に何が起こるのか、豊富なデータと識者の寄稿により予測する。スマートフォンを対象にビジネスを展開しているならば必読だ。紙の書籍はオンデマンド方式で発売され、Amazonや一部書店のみで購入可能。

『スマートフォンのための UI デザイン　ユーザー体験に大切なルールとパターン』
■著者：池田拓司　■発行：ソフトバンククリエイティブ

スマートフォンのUIを設計するなら、知っておきたい基本中の基本をまとめている。定番のUIをコンポーネントごとにパターン化して解説されているので、ユーザーにとって使いやすい操作性を持ったUI設計を習得できる。スマートフォン開発に携わる立場なら、手にとって損はない。

『アップル　驚異のエクスペリエンス』（電子書籍）
■著者：カーマイン・ガロ　翻訳：井口耕二　■発行：日経BP社

アップルの直営店「アップルストア」では、なぜ最高の顧客体験（UX）が提供されるのだろうか。著者はこの優れたUXはアップルという企業自身が持っている文化により生み出されると説き明かし、企業文化の作り方を深く掘り下げる。どのような職場でも普遍的に通用する考え方だろう。

CHAPTER 09
メールマーケティング

北村伊弘
Kitamura Yoshihiro

01 メールマーケティングの成り立ちと特性①

[1] ときには同報、ときには特定のセグメント、また、個人ごとと、臨機応変に対象を拡げたり、絞ったりすることが可能

「メールマーケティング」という言葉は、少なくともインターネットの業界では、ある程度一般化と言えるレベルで普及し、現に多くの企業がすでに取り組んでもいる。国内でも90年代後半から現在に至るまでの十数年間で、メールの活用が実に多くの企業によってなされてきた訳だが、一方、未だ十分な販促効果が得られず、手詰まり感に悩んでいる企業も多く存在している。

このような事態を招いているのには、そもそも日本におけるメールマーケティングの成り立ちが欧米に比し特異である、ということが少なからず関係しているように思われる。

メールマーケティングは、ダイレクトマーケティングの考え方をベースに欧米を中心に発展してきたが、日本国内で企業によるメール活用がこれほどまで普及したのには、日本独自の「メルマガ文化」の発展によるところが大きい（もちろんダイレクトマーケティングの考え方も当初からあるにはあったが）。日本特有のメールマガジンがいったいどういう特性を持つのか、また、ダイレクトマーケティングとの差異は何なのか、改めて整理することが、メールマーケティングの取り組みを考える上で大変重要である。

そもそもダイレクトマーケティングは、対象の個別性を重視し、レスポンス効率を高めることを目標に取り組むマーケティング手法を指す。テレマーケティングやダイレクトメールが代表例で、その後、新たな手法としてメールマーケティングが加わった。メールマーケティングは、「低コスト」「タイムリーな情報伝達」「個人への到達性の高さ」「効果測定のしやすさ」「認知のされやすさ」などさまざまなメリットを有することから広く普及した。図9-1-1に示したように、メールマーケティングの醍醐味は、その時々に応じて対象を変えながら[1] タイミングと内容の最適化を図るという柔軟性の高さ、さらに、効果測定の結果を知見として溜めながらさらなる改善を目指すというサイクルの運用にある。

ところで、欧米の企業が配信するメールの体裁でよく見るのが、一つのキャンペーン画像からなる至ってシンプルなHTMLメールである（図9-1-2）。一見、ただシンプルであるという風にしか見えないのだが、シンプルであるということは、柔軟性の高さを意味する。例えば、いつ、誰に、何を送っても、また、それが受信者各々で異なっていたとしても、受け手に何も違和感を抱かせることなく配信できる訳だ。つまり、柔軟性の高さがウリのメールマーケティングの本領を存分に発揮できる体裁だと言える。

9-1-1 メールマーケティングの特徴

```
┌─────────────────┐         ┌─────────────────┐
│  柔軟性の高い施策  │         │   運用サイクル    │
│  ・対象の最適化    │    ×    │  ・効果測定&検証   │
│  ・内容の最適化    │         │  ・ナレッジの蓄積   │
│  ・タイミングの最適化│         │                 │
└─────────────────┘         └─────────────────┘
```

▼

販促効果の最大化

柔軟性の高い施策の実施と継続的な改善、それらを可能にする運用の工夫がメールマーケティングの醍醐味だ。

9-1-2 欧米の典型的なメール

欧米のメールは非常にシンプルな体裁であることが多い。シンプルな体裁が柔軟性の高いマーケティングの実施を容易にしているとも言える。

02 メールマーケティングの成り立ちと特性②

[1] まぐまぐは97年に運営開始後、同年11月にはのべ100万人、また、その1年後である98年11月には700万人と、驚異的な速度で普及していった

　欧米のメールとは対照的に、国内でよく見かけるのは、「まぐまぐ」[1]に代表されるような、メルマガスタンドから発展していった「メールマガジン」だ。担当者による冒頭挨拶、最後には編集後記、その間に商品などの情報が説明文とともに紹介されるといった体裁で、週一や月一など定期的に発行される場合が多い（図9-2-1）。

　このようなメールマガジンが生活者に受け入れられている状況を受け、これを新たな媒体として、企業も積極的に扱うようになった。現に、1990年代後半から2000年頃においては、企業がまぐまぐを使ってメールマガジンを配信するケースが非常に多く見られた。

　企業が見い出したメールマガジンの有効性のひとつが、個人が発行するのと同じ手段を用いて情報発信が行える、ということ。企業が発行するメールの多くに「個人的であろう」という意志が働き、親しみの演出としての個人の見える化が積極的に行われた。ちなみに、定期発行というスタイルもメルマガスタンドでは一般的であり、これが企業メールにもそのまま継承されている。また、欧米とは異なり運用を内製する傾向が強く、Webサイトの運営を行う部門があわせてメールの運用も行った結果、メールにマーケティング的な視点が入りにくく、メルマガスタンドというネット文化のトレンドが参照される傾向が強まったと考えられる。さらに、通常のメルマガスタンドでは企業が会員情報を取得できないことの影響も大きい。本文以外には工夫の余地が見い出し難いことから、対象者全員に最大公約数的に受け入れられる内容を追求するようになったのだ。

　このような日本の「メルマガ」の長所は、親近感を抱かせること、継続的な情報伝達による理解の促進、すべてのユーザーへ偏りのない情報の提供といった点にある。一方、ダイレクトマーケティングの観点から見ると、メルマガは、内容もさることながら特にタイミングにおいて、その性質上、対象個々への最適化が極めて図りづらいという短所もある（図9-2-2）。

　もちろん、日本特有のメルマガも目的によっては大変有効だが、注意しなければいけないのは、「メールマーケティング＝メルマガを送ること」という先入観に縛られてしまうことだ。国内でのメールマーケティングの成り立ち、また、本来的なメールマーケティングというものを正しく理解し、改めて目的にあわせてどのようなメールマーケティング施策を採るべきか、再考の余地があるかもしれない。

9-2-1　国内の典型的なメルマガ

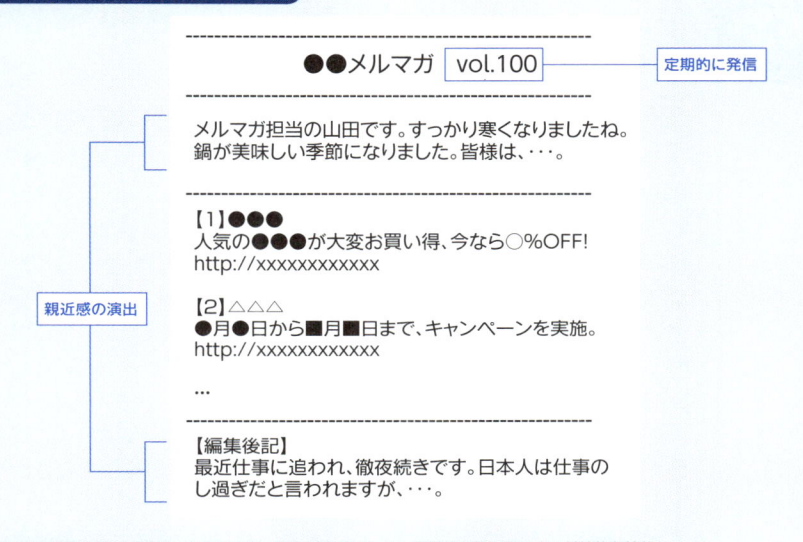

```
------------------------------------------
            ●●メルマガ  vol.100         ──── 定期的に発信
------------------------------------------
```

メルマガ担当の山田です。すっかり寒くなりましたね。
鍋が美味しい季節になりました。皆様は、‥‥。

（親近感の演出）

```
------------------------------------------
```
【1】●●●
人気の●●●が大変お買い得、今なら○%OFF!
http://xxxxxxxxxxxx

【2】△△△
●月●日から■月■日まで、キャンペーンを実施。
http://xxxxxxxxxxxx

…

```
------------------------------------------
```
【編集後記】
最近仕事に追われ、徹夜続きです。日本人は仕事の
し過ぎだと言われますが、‥‥。

冒頭挨拶や編集後記による個人の見える化（親近感の演出）や、定期的な読み物つまり継続的な情報提供によって理解の促進を図る点が特徴的。

9-2-2　「メルマガ」と「メールマーケティング」

メルマガ
- 親近感
- 理解の促進
- 偏りのない情報提供

⟨‥‥‥⟩

メールマーケティング
- 対象の最適化
- 内容の最適化
- タイミングの最適化

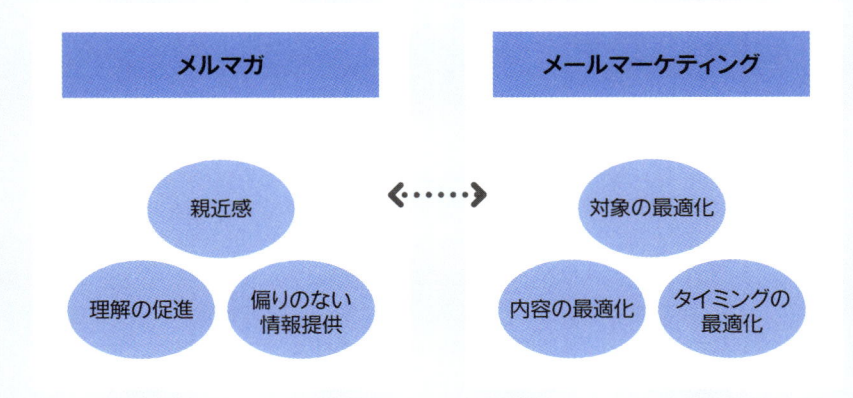

いわゆるメルマガは、ダイレクトマーケティングとしてのメールという観点では、その本来の特徴を活かし切れていない可能性が高い。

03 メールマーケティングの全体設計

　メールマーケティングの実施にあたっては、まず、施策全体の設計からはじめなければならない。メールマーケティングとは、（見込み客を含む）顧客を対象とするマーケティング、つまり、顧客との関係をマネジメントしながら、顧客から得られる収益の最大化をいかに図るか、ということである。マネジメントすべき全体は「顧客獲得」「顧客維持」「追加販売」という3つのプロセスで捉えられる（図9-3-1）。つまり「どのくらいの数の新規客をどのように獲得し、その中からどのような顧客をいかにつなぎ止め、どんな方法でどの程度の追加販売を見込むか」といった具合だ。

　ここで配慮したいのが「全体最適」である。例えば、数を見込んでのキャンペーンなど、大幅な値引きによって新規客を獲得した場合、正規料金とのギャップによっては、期待する再購買が十分に得られない事態を招くことも想定される。顧客数は減るものの、長期的には、獲得時における値引きを抑えた方が売上の総額は大きいかもしれない。獲得時における顧客と企業の関係性が、その後の維持、追加販売に大きく影響を及ぼしうるのだ。逆に、追加販売時に大きな収益が得られるようになれば、新規獲得のための投資増が可能になる、というような好循環も生まれる（図9-3-2）。

　新規獲得は、多かれ少なかれあらゆる企業が継続的に行っていかなくてはならないが、どの程度の力を注ぐのが最適かは、顧客維持率の高さや再購買頻度の高さなどの事業特性、あるいは、新規事業か否かなどの状況によって異なる。

　顧客の維持についても、これを最大化すること（部分最適）、つまり離脱率ゼロを目標にすることが、必ずしも全体利益の最大化にはつながらないということを十分に理解したい。よく言われるように、保有する顧客リストには、優良顧客が存在する一方、将来における再購買の可能性が極めて低い顧客も存在している。これを一切考慮に入れず闇雲に維持に努めると、いたずらにコストだけがかさむことにもなりかねない。もちろん、顧客をDBで管理することの低コスト化はかなり進んでおり、また、メール配信による関係の維持もかなり低いコストで実現可能なので、そこまでシビアに捉えずとも良い場合も多いが、優良顧客との関係構築に注力した方がはるかに高効率な場合もある。

　追加販売においても、これだけを切り離して施策を考えることには無理がある。例えば、顧客維持の施策によって得られたそれまでの企業との関係性が追加販売を決定付ける要因になるため、やはり全体を通した分析と施策の検討が求められる。

9-3-1 施策全体を構成する要素

③追加販売
・どうやって追加販売へと促す?
・どの程度の追加販売を見込む?

②顧客維持
・どの顧客に注力するべき?
・どうやって維持を図るか?

①顧客獲得
・どのくらい新規獲得するべき?
・どうやって獲得するのが良い?

施策全体の設計では「顧客獲得」「顧客維持」「追加販売」という3つのプロセスからなるものとして全体を捉えることが必要。

9-3-2 全体最適による収益最大化

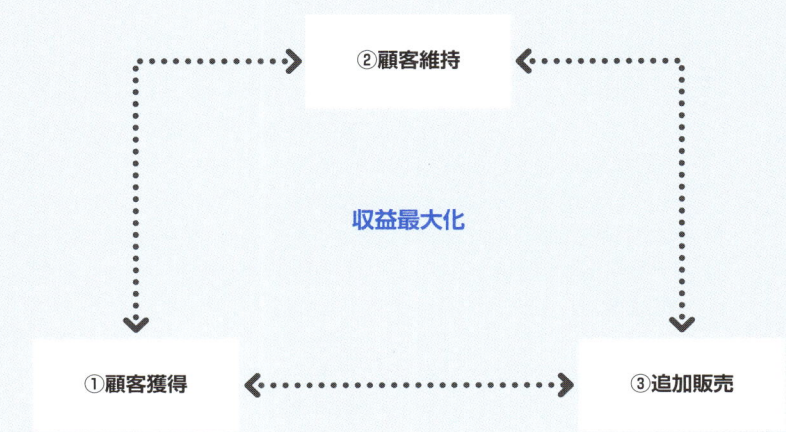

②顧客維持

収益最大化

①顧客獲得 ⇔ ③追加販売

「顧客獲得」「顧客維持」「追加販売」の各プロセスは、相互に強く影響しあっている。収益の最大化を目指すには、全体最適を考慮することが大切。

04 配信対象の考え方

メール配信の対象となる顧客は、本来、一括りにできるものではない。顧客それぞれがもたらす収益にはかなりのばらつきがあるので、プロモーションの効率性を突き詰めていけば、期待される収益性のレベルによって顧客をセグメント化し、適切な質・量でのコミュニケーションを図ることが必要になる。

その際に役立つのが、ダイレクトマーケティングでよく用いられるRFM分析 [1] によるセグメンテーションだ。RFM分析を行うことが、優良顧客層の把握、顧客ライフサイクルの判定 [2] の助けとなる。例えば、「このセグメントにあるユーザーを次のステージに上げるための施策」といったように、各セグメントに対するアプローチの方向性が定めやすくなる。さらに、継続的な分析を行うことでユーザーのレベルを動的に捉えられることのメリットも大きい。

ただ、優良顧客を把握することができたとしても、彼らのニーズが何であるかはRFM分析のみでは得られなく、また、例えば真にコアなファン層になると、企業からの働きかけによらず自ら積極的に企業の収益に貢献する場合もあり、そのようなケースには企業からの高頻度のアプローチが逆効果になることもあり得るため、どうアプローチするべきかを決めること、また、優良顧客をそもそもどのように定義するかは、必ずしも容易ではない。

さらに、メール会員情報と購入履歴などの基幹データとを切り離し、独立して管理している場合には、両者の紐付けが難しいという運用上のハードルもある。尚、メルマガ会員データを独立して管理している場合には、会員登録時に取得した簡易的なアンケートが対象のセグメントに役立つ。

RFMでは補えないユーザーの具体的なニーズを探る手立てとして、最近ではログの活用が進んでいる（図9-4-1）。膨大なログ情報から有効なルールを見い出すのが難しいため普及に時間がかかっていたが、現在は、いくつかの成功パターンが見い出されている。

例えば、ECサイト上でカートに商品を積んだ後、最終的な購入完了まで至らず、途中でサイトを離脱してしまったユーザーを対象として切り出し、フォローメールを送るという手法が代表的だ。送信されるメール中のリンクをクリックすると、離脱前の状態が再現され、購入完了へと進みやすくする（図9-4-2）。これならば、ルールの設定も容易であり、運用の自動化も行える。ユーザー各々の具体的なニーズも捉えられるということから、欧米ではそれなりに普及が進んだ [3]。

---

[1] 顧客セグメンテーションに用いる分析手法のひとつ。顧客を最新購買日（Recency）、累計購買回数（Frequency）および累計購買金額（Monetary）の3つの軸で分類、評価する

[2] 初回購入者、初期リピート購入者、コア顧客、離脱者などのステージに顧客を分類すること

[3] 国内では、カートに積んだ状態をURLから再現出来ないWebサイトが多く、現在のところあまり導入が進んでいない

9-4-1 セグメントに役立つデータの種類

	メリット	デメリット
会員登録時の取得情報 （性別、年齢、居住エリアなど）	取得が容易	ターゲティングの精度が 大ざっぱである
RFM分析	優良顧客の把握が可能	ニーズの内容までは分からない／ 見識が求められる
ログ情報 （何を購入したかなど）	具体的なニーズがつかめる	対象がある程度アクティブな ユーザーに限定される

セグメンテーションに用いるデータとして一般的な「RFM分析結果」「会員登録時のアンケート情報」「ログ情報」のメリット・デメリット。

9-4-2 ログの活用：カート離脱者へのフォローメール

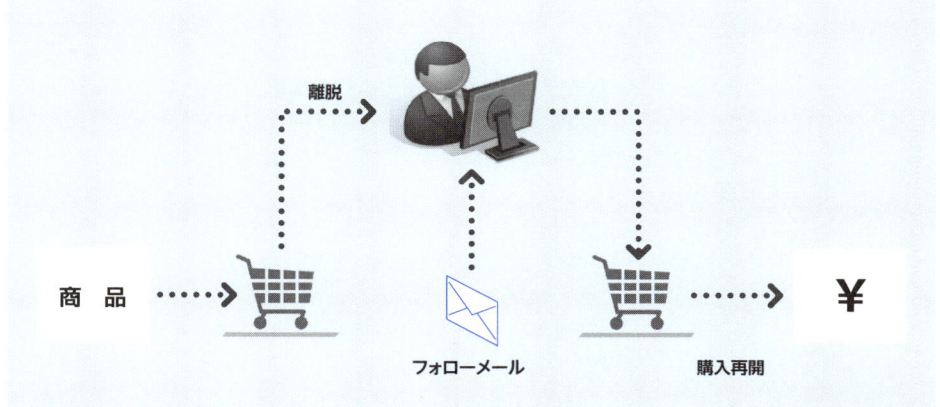

購入手続きを途中で止めたユーザーにフォローメールを自動配信し、購入プロセスの再開へと誘導する手法が積極的に取り入れられている。

05 件名と本文の考え方

【1】レリバンシーと読む。辞書的な意味は「関連」「関連性」

【2】同報型のメールマガジンにも、運用の大幅な見直しをすることなく組み込めるという点が普及の一助だ

　件名はメールを開くかどうかを決定付ける。開かせることができなければその後の工夫をいくらしたところでまったく意味をなさないという意味で、大変重要である。件名で興味をひくためには、あまり長くならないように努めること、インパクトを与えることが重要である。

　媒体名や企業名を記載する（例「●●メルマガ」）、オファーの内容を記載する（例「●●％OFFセール開催！」などさまざまなタイプがあり、目的や対象、企業や媒体のブランド力にもよるので一概にこれがよいとは言えない。ただ、一般的なメーラーでは、件名と差出人の情報が併記されるため、件名に媒体名や企業名を記載せずとも差出人を認識させることは可能なことと、メール受信デバイスの小型化が進んでいることから、件名の短縮化は、今後さらに進むことが予想される。

　続いて本文について。基本として押さえなければならないことのひとつが横幅の設定だ。思わぬところで文章が折り返され、体裁が崩れてしまうことがあるため、注意が必要である。例えば、PC向けのテキストメールの場合、一般的には全角35文字以内にしたい。また、PC向けのHTMLメールの場合は600〜700ピクセル、デコメの場合には240ピクセルが目安となる。続いて気を付けなければならないのは、機種依存文字の使用を避けることである。例えば、①、②、Ⅰ、Ⅱ、㈱などがそれにあたる。メールでは使わないようにすることが原則だ。

　そして、内容について検討する上で最も大切なのが「件名→本文→目的」という一貫性の設計である。件名は本文への誘導を目的とし、本文はWebサイトなどへの誘導を目的とするので、それぞれの段階で、何をどの程度まで伝えたときに最も効果が大きくなるのかを検証することが大切だ（図9-5-1）。

　また、本文においては、数年前から大きなテーマになっているのが、Relevancy [1] の実現である。Relevancyとはつまり、メールの内容と受信者との関連性をどれだけ高められるか、ということ。これには会員登録時にアンケートで取得した情報やログ情報が役に立つ。最近では、レコメンドメールと呼ばれる手法も普及している。これは、メール中のコンテンツの全部あるいは特定の箇所に、その人固有のオススメ情報が差し込まれるというものである（図9-5-2）。実現には、メール配信システムとレコメンドエンジンの連携が必要だが、国内でも、この機能を実装したメール配信サービスが増えている [2]。

9-5-1 「件名→本文→目的」の一貫性

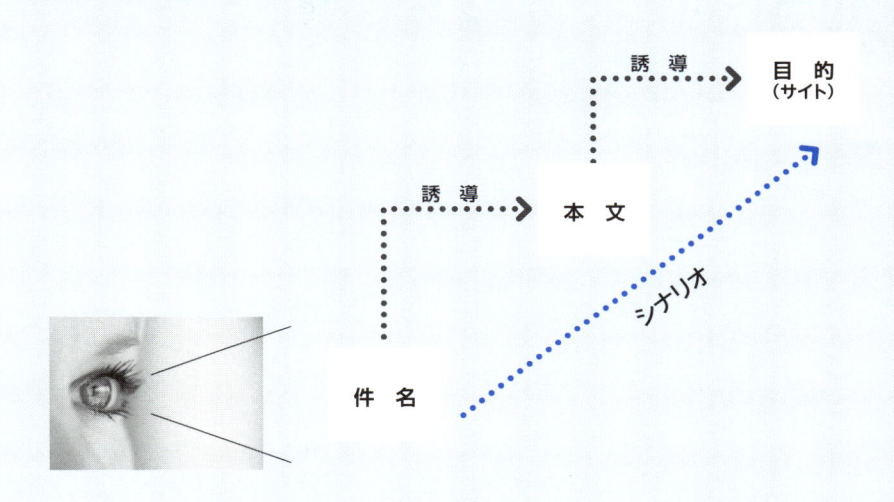

誘導シナリオのそれぞれの段階で、何をどの程度まで伝えたときに、最も効果が最大化されるのかを検証することが重要である。

9-5-2 Relevancyを実現するレコメンドメールの例

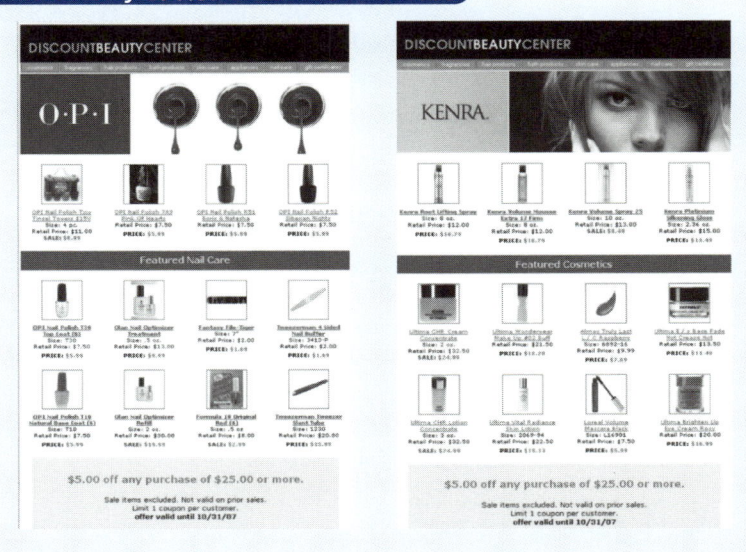

受信者各々に関連性の高い情報を訴求できるレコメンドメールは、多くのメール配信ASPサービスが機能実装している。同報型のメルマガにも採り入れやすい。

06 タイミングの考え方

【1】システム開発などでは分割できない処理単位を指すが、ここでは「取引」や「やりとり」の意味

　配信のタイミングについては、同報配信にて最大公約数的に最適なタイミングを求める方法と、受信者個々にタイミングの最適化を図る方法とがある。

　いつ配信するかは販促効果を高める上で極めて重要であるため、突き詰めて考えれば後者に挙げた完全なワン・トゥ・ワンによるタイミング設定が望ましいが、同報配信の場合にも、タイミングは重要だ。

　基本的な考え方は「Webサイトへの訪問や来店をしやすい機会を、メールによって後押し（理由付け）し、確率を上げる」ということ。つまり、ECサイトへの誘導が目的であれば、Webサイトのログからアクセスが増える時間帯を知り、そこをターゲットとする。ただし、配信規模が大きい場合や使用するメール配信システムの性能によってはすべてのユーザーへの到達完了には時間を要するので、ギリギリのタイミングで送るのは機会損失を生じやすい。また、メールは、即時性を武器としながらも、例えばTwitterほどのシビアさはなく、若干の時間的な許容性を持つ（図9-6-1）。そのため、夜間のアクセスを狙って夕方以降に配信する、週末の来店を見込んで金曜に送るなどと決める場合も多い。

　同業他社の傾向を把握することも参考になる。先行する同業他社の配信タイミングは、試行錯誤を通じて得られた何らかの知見に基づき定められている場合も多いだろう。後発でメールの運用を開始する場合にそれを参考とするのは効率的ではある。

　一方、ユーザー各々にタイミングの最適化を図る手法として代表的なのがトランザクショナルメールマーケティングだ。トランザクションメール[1]とは、会員登録時に自動返信されるサンクスメールや購入時に返信される明細メールなどを指す。

　これらのメールは連絡手段としてしか活用されていなかったが、メールマガジンと比べ圧倒的に高い開封率が得られること、また、一定期間は削除されないまま保存されやすいことから、これをマーケティングのために積極的に活用する機運が高まった。例えば購入明細メールで、明細の右側あるいは下部に、購入製品との関連性の高い製品を記載し追加販売を図ろうとするものだ（図9-6-2）。内容はもちろんタイミングも一人ひとりに完全に最適化されるので非常に高い効果が見込まれる。また、広告宣伝メールを規制する法律（特電法）でも、明細メールなどが受信者にとって重要性の高いメールであることから、ここに付随的に広告情報が付加されることについては事前同意を得ない送信が許されており、開始のハードルも低い。

9-6-1 タイミング設定のポイント

訪問しやすいタイミングでの送信が基本

・理想としてはワン・トゥ・ワン　例）トランザクションメールを活用する
・同報メールでも、最適なタイミングを探る　例）訪問数の増える時間帯に送る

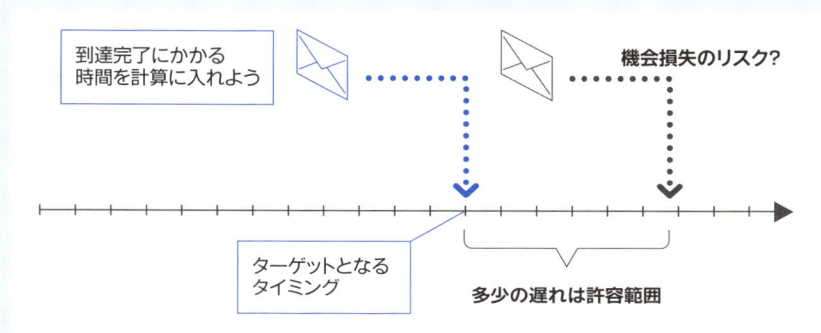

到達完了にかかる
時間を計算に入れよう

機会損失のリスク？

ターゲットとなる
タイミング

多少の遅れは許容範囲

ターゲットとする時間帯の直前での配信は機会損失を生じさせる場合も。メールには多少の時間的な許容性があることも考慮したい。

9-6-2 トランザクショナルメールマーケティング

Source:『FootSmart Case Study』(StrongMail)

購入明細メール中に関連商品を掲載しクロスセルを図るトランザクショナルメールマーケティングは大変有効。欧米では普及が進んでいる。

07 分析と検証

測定結果を分析し、継続的に改善を図るサイクルを構築することが成功のカギである。では、具体的に何を測定し、どう分析すればよいのだろうか？ 代表的なものを挙げる。

まず到達率[1]である。例えば、10,000件の配信を行っても、その半分の5,000件にしか実際に届いていないとしたら、期待する効果は半減することになってしまうので、これを定期的にウォッチし、改善策を講じることが重要である。到達率を低下させる主な要因は「エラーリストの発生」「迷惑メールフォルダに振り分けられてしまう」「受信側の環境[2]からブロックされてしまう」などがある。エラーリストが生まれる原因のひとつがユーザーのメールアドレス変更だ。メールアドレスの更新を促す仕組みが必要であることに加え、大量のエラーリストを放置したまま送り続けると、受信環境から迷惑メールとして誤判定を受け、ブロックを生じさせることにもつながりうるため、エラーリストを配信対象から除外するなどのメンテナンスが必要となる。また、なりすましメールを防ぐための送信者の認証技術も進んでいる。そういった仕組みへの対応も重要だ。

続いて開封率[3]について。まず、開封率を取得するためには、HTMLメールである必要がある[4][5]。そして、直接的には件名が開封を左右することになるため、件名のテストを行い、より高い開封が得られるものへと改善したい。ただし、本文がまったく関係ない訳ではないことに注意が必要だ。メールは一回限りではなく、ユーザーに継続的に送信されるものなので、本文が魅力的でないと感じられた場合は開封率が徐々に低下することになる。したがって、開封率が低下傾向にある場合は件名を含めた全体の見直しが必要となる。

次に、クリック率、コンバージョン率の取得である。言うまでもなくこれは、内容の評価に役立つ指標となる。

退会率の把握も重要だ。受信を一旦拒否された場合、法律上も、再び同意を得ない限り送信することができないので、十分な配慮が必要だ。なお、退会に影響を与えやすいのは配信頻度である。退会の傾向を鑑みながら配信頻度の最適値を求めていくことが重要である[6]。

発見した課題に対する改善策を見い出すにはA/Bテストを行うのが一般的である。A/Bテストの実施で注意したいのが、複数ある変数のうち、一度のテストで変えるのは一箇所のみ、ということ。例えば件名のA/Bテストでは、配信日時や本文を同一にし、配信対象も偏りがないように分割する。

---

[1] 到達率＝到達数÷配信数

[2] ISPや携帯キャリアなど

[3] 開封率＝開封数÷到達数

[4] 開封されたかどうかは、HTMLメールに配された外部ファイル（画像など）のリクエスト数から推計する

[5] 携帯への配信では開封率を測ることができず、PC向けHTMLでもメーラーの設定によっては取得できないため、厳密な評価は難しい

[6] また、優良顧客層における退会が進んでいないかなど、退会の質についても併せて検証したい

9-7-1 メールマーケティングに必要な各種指標

指標	改善点の例
到達率	エラーリストのメンテナンス、認証技術の導入
開封率	件名の改善／全体の見直し
クリック率	訴求内容・位置の見直し
コンバージョン率	訴求する情報量の見直し
退会率	最適な頻度の検討／退会の質の検証

指標ごとに検証および改善すべきポイントが異なるため、活用方法を正しく理解した上で定期的にチェックを行っていくことが重要である。

9-7-2 検証方法：A/Bテスト

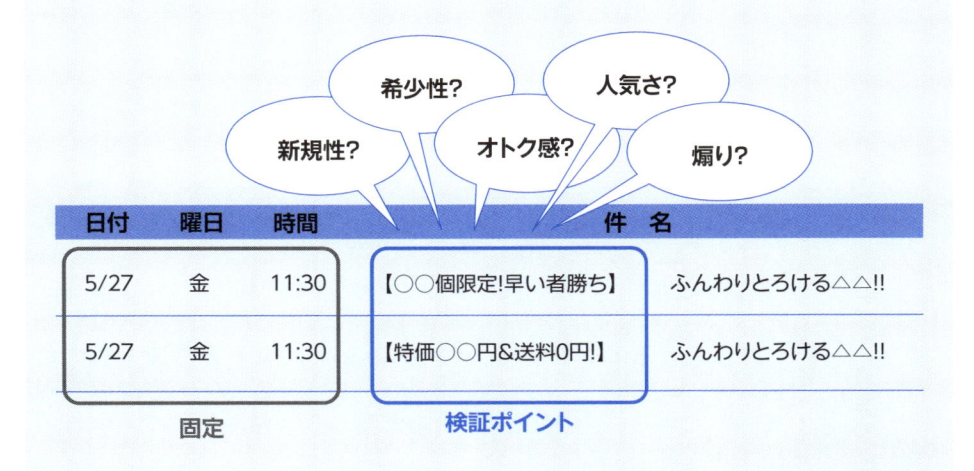

新規性？　希少性？　オトク感？　人気さ？　煽り？

日付	曜日	時間	件　名	
5/27	金	11:30	【○○個限定!早い者勝ち】	ふんわりとろける△△!!
5/27	金	11:30	【特価○○円&送料0円!】	ふんわりとろける△△!!

固定　　検証ポイント

検証したい一箇所のみ変える、ということがポイント。また、同時に複数パターンの検証を行う際は、配信対象に偏りが生じないよう注意。

08 メールマーケティングの諸規制

[1] 正式名称は、特定電子メールの送信の適正化等に関する法律

[2] 反対の概念がオプトアウト。広告宣伝メールを受け取りたくない人がいつでも退会できるような措置を講じなければならない、また、退会者には広告宣伝メールを送信してはならない、ということを指し、双方とも義務化されている

[3] 正式名称は、特定商取引に関する法律。訪問販売や通信販売などについてのルールを定めている

　企業が広告宣伝を目的にメールを送る際、守らなければならないルールがある。2002年に制定された特電法[1]である。迷惑メールが問題になった後、迷惑メール業者と直接の受信者となるISPおよび携帯キャリア、また、法律の間でイタチごっこが繰り返され、これまでに数回改正されている。メール送信を行う事業者が運用上守らなければならないものは以下である。

　1つ目は、オプトインの取得である。オプトインとは、広告宣伝メールを送信することへの受信者からの事前同意のこと[2]。オプトインの方法は、ケースバイケースであり義務化まではされていないものの「ダブルオプトイン」と「デフォルトオフ」が推奨されている。

　「ダブルオプトイン」とは、登録フォームへの入力を行っただけでは登録が完了せず、一旦確認メールを受信し、本文中のリンクから最終的な登録手続きへと進むことにより登録手続きが完了するという、ワンクッションはさんだ登録方法のことをいう。第三者によるなりすまし登録が防げること、ユーザーによる能動的なアクションによって登録がなされるという意味で迷惑メールとなりにくい、ということから推奨されている。

　また、「デフォルトオフ」というのは、登録フォーム中に「今後メールマガジンを受け取る」などのチェックボックスによる項目が設定されており、初期状態はチェックが付いておらず、同意を得るには、ユーザー自身によるチェックを必要とする方法のことをいう。

　遵守すべき2つ目の項目が、オプトインの記録を一定期間保存するということ。保存すべき内容は「個々のメールアドレスに対する同意取得の時期や方法の状況を示す記録」もしくは「同意取得されたメールアドレスが区別できるようにされている記録に加え、同意取得の定型的な部分の記録」とされている。保存期間は、特電法上は最長一年間だが、同じく広告宣伝メールの規制をする特商法[3]では三年間の保持が義務づけられている。

　3つ目は送信するメールへの記載事項だ。同意を与えた者からのメールであることを示す内容など、いくつかの決められた事項を記載しなければならない。「オプトアウトの通知ができる旨の記録」「送信責任者の住所」「苦情や問い合わせを受け付けるための電話番号、電子メールアドレスまたはURL」の表示が必要だ。

　詳しくは「迷惑メール相談センター」のHP上からガイドラインのダウンロードが可能なので（http://www.dekyo.or.jp/soudan/taisaku/1-2.html）、参照することをおすすめする。

9-8-1 特電法のポイント①

オプトイン取得義務	特定電子メールを送信するためには、事前に同意を得なければならない	
保存義務	オプトイン記録を一定期間保持しなければならない	2008年改正
表示義務	必要事項をメール中に記載しなければならない	
オプトアウト	・いつでも簡単に退会出来るようにしなければならない ・退会した人に広告宣伝メールを送ってはいけない	

企業が広告宣伝を目的にメールを配信する際は、特電法に準拠した運用が求められる。

9-8-2 特電法のポイント②

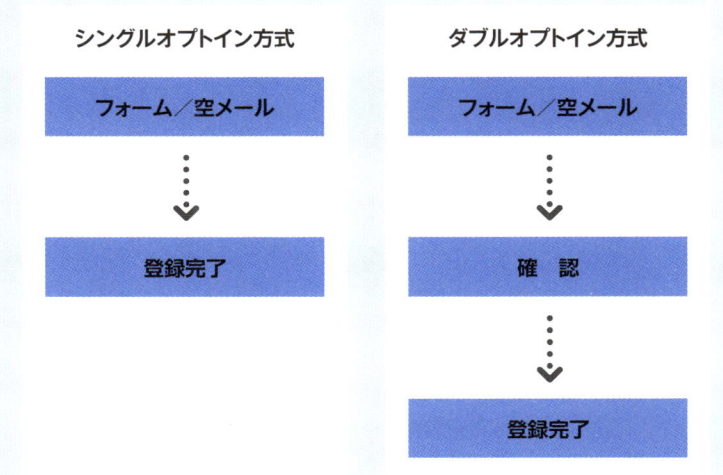

シングルオプトイン方式
フォーム／空メール
↓
登録完了

ダブルオプトイン方式
フォーム／空メール
↓
確 認
↓
登録完了

義務付けられてはいないが、第三者によるなりすましの防止等の理由から、ダブルオプトイン方式が推奨されている。

09 メールマーケティングの実現手段

[1] 必要な情報の蓄積と配信エンジンのチューニングなど

多くの場合、メール配信のシステムは「ASPサービス」「パッケージソフト」「自社開発」から選択する。

少し前までは、保有する会員数が100万件など大規模である場合、また、基幹システムと連携をさせたいといった場合にはパッケージを選択することが多かったが、現在は、配信規模やニーズによらずASPサービスを選択する場合が多い。機能改良により外部システムとの連携が比較的容易かつ柔軟に行えるようになってきたこと、ISPや携帯キャリアが行う受信制限への対応[1]にコストがかさむことがその主な理由だ。

しかし、いざASPサービスを選定するとなると、数も多く、違いが分からず悩んでしまうケースも多い。カタログで機能を比較すると、ほとんど同じにも見えてしまう。そこで、ASPサービス選択のポイントをいくつか挙げよう。

ひとつは、サービスのコンセプトと自社の目的が合っているかどうか。一口にメール配信ASPサービスといっても特徴はさまざまだ。同じことが実現できたとしても操作性にはかなりの違いがある。特にメール配信は日常的な作業なので、操作性は選定の重要なポイントのひとつになる。また、自社で保有する既存の顧客データを対象にメールを配信したいのか、あるいは、既存の顧客データとは別に新規にメルマガ会員を募って運用したいのか、などの条件も大きく影響する。自身で会員DBを持つメール配信ASPサービスもあれば、外部のDBに対する配信を目的としたものもある。RFM分析やアクセスログなどの情報をメールマーケティングに活かすことがますます重要になってきていることを考えると、外部システムとの連携の柔軟性はとても大事な選定ポイントになる。そもそもメール配信ASPサービスは、冒頭で説明した「メルマガ運用」のために生まれてきており、本格的な「メールマーケティング」には適さない場合も多いので注意が必要だ。

続いて、表面化されにくい、性能の評価である。迷惑メールの問題もあり、正当なメールであっても届きづらい傾向にある。到達率向上のため、エラーアドレスの解析や配信対象からの除外、受信環境（ISP、携帯キャリア）ごとの配信の最適化など、各社がどのような工夫を施しているかを確認したい。また、受信側からのブロックはIPアドレス単位で行われるため、同一IPアドレスを複数の企業で共有するASPサービスの場合は、自社が正しい送り方をしていてもブロックを受けてしまうことがある。ASPの環境全体が正しい配信がされるよう常に管理されているかどうかも見極めたい。

9-9-1 ASPサービス選定のポイント

サービスのコンセプト(方向性)の確認

・新規会員収集向け? 既存顧客データへの配信向け?
・外部データ(システム)との連携における柔軟性は?

性能面の評価

・到達率はどの程度?
・到達率を向上させるための工夫は?

自社でやろうとしていることとサービスのコンセプトが合致しているか、メールの到達性における適切な配慮がなされているかを見極めたい。

9-9-2 外部データ(システム)との連携が成功のカギ

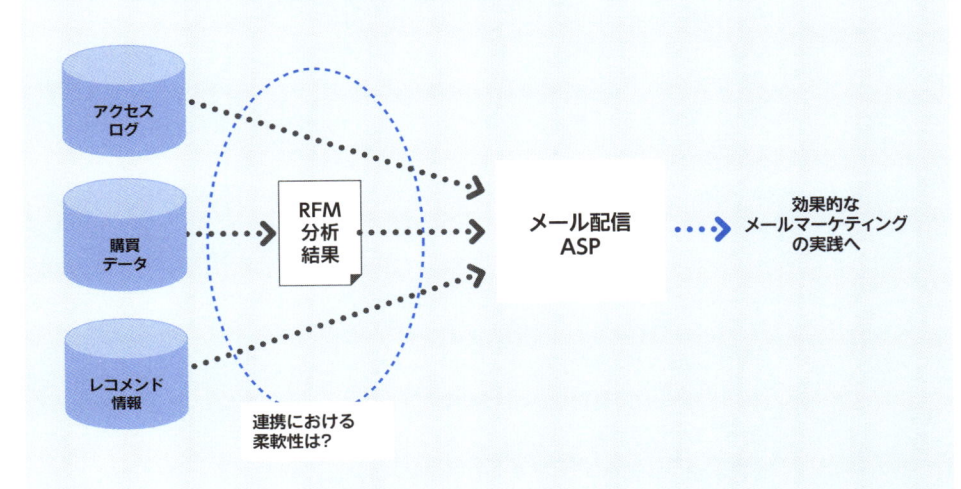

アクセスログ
購買データ → RFM分析結果 → メール配信ASP ⋯→ 効果的なメールマーケティングの実践へ
レコメンド情報

連携における柔軟性は?

本格的なメールマーケティングを実施する上では、購買情報やアクセスログ情報など、メール配信システムの外部に存在するデータを活用することが必要だ。

10 これからのメールマーケティング

　Twitterが登場した直後、欧米では一時メールマーケティングが衰退するのではないか？という議論も沸き上がった。しかし、その後双方の特性の違いが認められるようになり、その後はむしろ、メールマーケティングとソーシャルメディアとの共存が必要になるということが言われるようになった。これまでも、今後メールマーケティングはいつまで効果的たり得るのか、というようなことは常に言われ続けてきた。しかし、今なお、メールは有効なプロモーション手法として積極的に活用され続けている。

　これには、他の手段では代替になりきらないメールならではの特徴が存在することの他に、メールが生活者同士のコミュニケーションにおける汎用的なインフラとして確立されていることにも大いに関係しているのだろう。このような状況が変わらない限り、メールはプロモーション手段として一定の有効性を持ち続けるはずだ。

　一方、ソーシャルメディアの台頭しかり、企業がコンシューマーとコミュニケーションする手段が多様化していることは間違いなく、限りある広告予算の中で、それぞれのプロモーション活用が今後さらに積極化することを考えれば、メールを他の手法との間でどのように使い分けていくか、すなわち、マルチチャネル的、クロスチャネル的なコミュニケーション設計がこれまで以上に重要になることも自然な流れだと思われる。

　そうした状況を踏まえ、欧米はもとより国内でも、企業とコンシューマー間におけるクロスチャネルによるコミュニケーションのシナリオを設計、また、実行する「キャンペーンマネジメントが昨今におけるトレンドになっている。

　もうひとつには、メールを受け取るデバイスの多様化が挙げられる。メールマーケティングは当初、PC端末を対象としていたが、その後の携帯端末の普及により、多くの企業ではPCと携帯双方への送り分けをするようになった。その際、双方の宛先は明確に区別され、各々のデバイスの特性を考慮した内容のメールが送られた。ところが、昨今ではスマートフォンやタブレット端末の普及が進み、デバイスが多様化されたことに加え、場合によって同一人物がメールを閲覧するデバイスが変わる、といった複雑な状況になっている。つまり、あるメールアドレスに送ったメールを、あるときにはPC端末で閲覧するかもしれないし、別のあるときにはスマートフォンで閲覧するかもしれない訳だ。デバイスを自在に使い分ける消費者に対し、常に最適な体裁および内容のメールを送ることが出来るかどうか、これも今後のメールマーケティングにおける大きな課題である。

9-10-1　クロスチャネルによるコミュニケーション

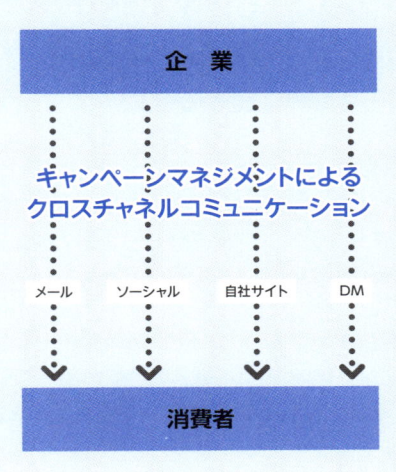

```
           企　業
             │
    キャンペーンマネジメントによる
    クロスチャネルコミュニケーション
     │       │       │       │
    メール  ソーシャル  自社サイト   DM
     ↓       ↓       ↓       ↓
           消費者
```

さまざまなコミュニケーションチャネルを適材適所に使い分けながら消費者とのコミュニケーションを図ることがますます重要になる。

9-10-2　メールを閲覧するデバイスの多様化

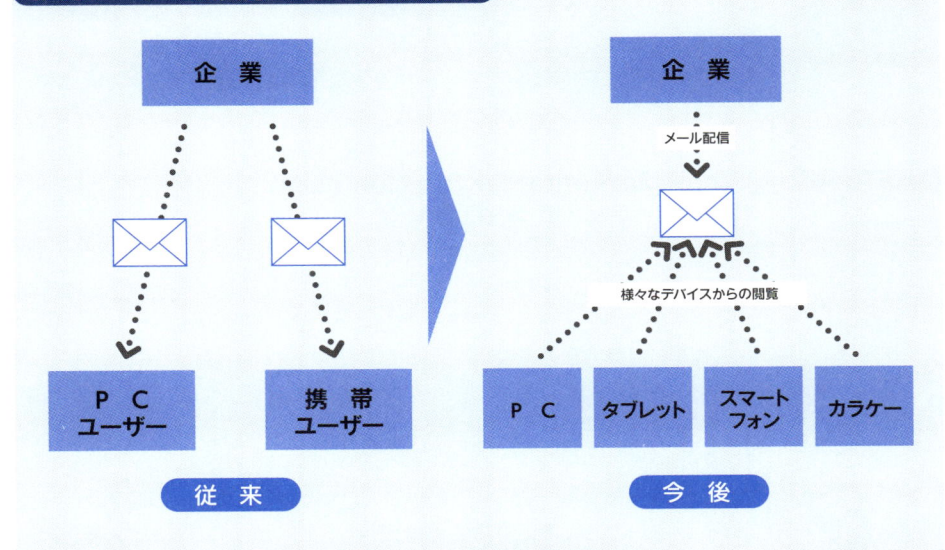

【従来】
企業 → ✉ → PCユーザー
　　　 → ✉ → 携帯ユーザー

【今後】
企業 → メール配信 → ✉ → 様々なデバイスからの閲覧 → PC／タブレット／スマートフォン／カラケー

メールを閲覧するデバイスが多様化されたことにより、今後如何に最適化を図るかが求められる

203

ブックガイド

『ワンダーマンの「売る広告」』
■著者:レスター・ワンダーマン　■発行:翔泳社

世界ではじめてその概念を提唱したことにより、ダイレクトマーケティングの父といわれている、レスター・ワンダーマンの自叙伝となる書籍。ダイレクトマーケティングの成り立ちを歴史的に辿ることで、改めてその本質への理解が深められ、大変有益である。

『顧客資産のマネジメント　【カスタマー・エクイティの構築】』
■著者:ロバート・C・ブラットバーグ、ジャクリーン・S・トーマス、ゲイリー・ゲッツ　■発行:ダイヤモンド社

顧客を、収益を生み出す資産として捉え、それをどのような枠組みの中でマネジメントしていくことが収益最大化につながるのか、その考え方のベースがうまくまとめられており、メールマーケティングに限らず、広く顧客を中心とした戦略を考える上で参考になる。

『実践 CRM　進化する顧客関係性マネジメント』
■著者:木村達也　■発行:生産性出版

実践的であることをテーマとし、CRMの事例や具体的なアイデアが多く盛り込まれている。また、複数の著者によるさまざまな視点が述べられているので、CRMに対する自分なりの総合的な解釈・整理を行う上で、大変役立つ書籍である。

『Email Marketing By the Numbers』
■著者:Chris Baggott　■発行:Wiley社

メールマーケティングを包括的に捉えながら、具体的なポイントについても言及されており、運用のガイドラインとして活用できる。また、数年前からメールマーケティングのテーマとなっている「Relevancy」についても、独立した章で事例を交え、丁寧な説明がされている。

『声の文化と文字の文化』
■著者:ウォルター・J・オング　■発行:藤原書店

かつて伝達手段が声のみだった頃から、文字の発生により人の思考やコミュニケーションの在り方にどのような変化が生じたのかを論じた名著。メールマーケティングという、文字によるコミュニケーションを前提としている我々にとって、改めてその本質について理解を深められる。

CHAPTER 10
ソーシャルメディア
鈴木さや
Suzuki Saya

01 ソーシャルメディアオーバービュー

　ソーシャルメディアでの発信の仕方や運営のコツをご紹介する前に、ここではまず、ソーシャルメディアの歴史を簡単に振り返ってみたいと思います。図10-1-1です。10年くらい前から今日までの、日本でよく使われているソーシャルメディアと主なできごとをまとめました。

　現在ではすっかりソーシャルメディアの代表格となったLINEやFacebook、Twitterはここ3年～5年の間に使われるようになりました。逆に、まったくログインしなくなったサービスもあるかもしれません。

　以前はPR視点で、「ヤフートピックスに載る」ことが最重要視されていた時期もありましたが、その後、Twitterでの拡散が重要視されたり、まとめサイトに上がるかどうかがポイントになったりと、情報の拡散手法を年単位で考え直さないといけない状況が続いています。

　しかし、絶対的に変わらないこともあります。ソーシャルメディアとはどんな場所なのか？　をまとめたのが図10-1-2です。ユーザーとのコミュニケーションを組み立てる際に、ここにまとめていることを忘れなければ、TwitterでもFacebookでも、これから流行るかもしれない何か別のプラットフォームでも、価値のある取り組みができると思います。

　まず大切なのは、ソーシャルメディアをユーザーが使っている場所、つまりユーザー主導の場と捉えることです。これを忘れると嫌われてしまいますし、自分が伝えたいことばかり言うと、このアカウントは広告みたい、興味が湧かないと無視されてしまいます。

　次に、最近の傾向として、「今」に価値が置かれるようになっています。瞬間やトレンドをきちんと捉えることが、ユーザーとのエンゲージメントを高めることに大きく影響します。

　3つめは、IMJが特に重視している考え方ですが、単純な1対1だけではなく、相手の周りにいる友達に広げてもらえること、友人同士の会話の中でシェアやリツイートをしてもらえること。つまり、連鎖を生み出せるメディアであると捉えています。連鎖を生まない発信では、ソーシャルメディアを使う意味が薄れてしまいます。

　正しい人に、正しいタイミングで、文脈に合ったクリエイティブを発信すること。その結果として、会話の連鎖と信頼性を生みだすこと。

　これが、どのようなサービスを使う場合にも当てはまる、ソーシャルメディアマーケティングの基本だと思います。

10-1-1　日本におけるソーシャルメディア年表

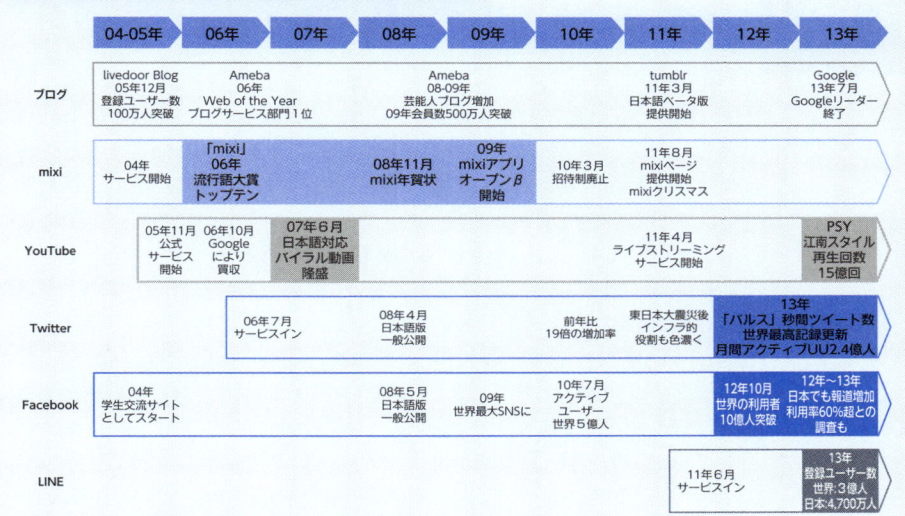

	04-05年	06年	07年	08年	09年	10年	11年	12年	13年
ブログ	livedoor Blog 05年12月 登録ユーザー数 100万人突破	Ameba 06年 Web of the Year ブログサービス部門1位		Ameba 08-09年 芸能人ブログ増加 09年会員数500万人突破			tumblr 11年3月 日本語ベータ版 提供開始		Google 13年7月 Googleリーダー 終了
mixi	04年 サービス開始	「mixi」 06年 流行語大賞 トップテン		08年11月 mixi年賀状	09年 mixiアプリ オープンβ 開始	10年3月 招待制廃止	11年8月 mixiページ 提供開始 mixiクリスマス		
YouTube	05年11月 公式 サービス 開始	06年10月 Google により 買収	07年6月 日本語対応 バイラル動画 隆盛				11年4月 ライブストリーミング サービス開始		PSY 江南スタイル 再生回数 15億回
Twitter		06年7月 サービスイン		08年4月 日本語版 一般公開		前年比 19倍の増加率	東日本大震災後 インフラ的 役割も色濃く	13年 「バルス」秒間ツイート数 世界最高記録更新 月間アクティブUU2.4億人	
Facebook	04年 学生交流サイト としてスタート			08年5月 日本語版 一般公開	09年 世界最大SNSに	10年7月 アクティブ ユーザー 世界5億人	12年10月 世界の利用者 10億人突破	12年～13年 日本でも報道増加 利用率60％超との 調査も	
LINE							11年6月 サービスイン		13年 登録ユーザー数 世界:3億人 日本:4,700万人

10年前から使われているソーシャルメディアというのは意外と少なく、ここ数年で登場したものが主流を占めている。

10-1-2　ソーシャルメディアとはどんな場所か？

1）ユーザーが主体のメディア
ユーザー主語
自分本位な発言の連続は嫌われる

2）「今」に価値がある
瞬間やトレンドを捉えることが重要

3）1：1：N
連鎖を生まない発信はソーシャルメディアである意味が薄れる

新しいサービスが登場しても、ソーシャルメディアの場としての定義は変わらない。上記3つのことを忘れなければ、恐れることはない。

02 プラットフォームの選び方

「企業として活用すべきプラットフォームは？」「FacebookとTwitter、どちらが良いか？」という質問を多くいただきます。しかし、どんなターゲットにどのようなコミュニケーションを行いたいかによって、選択するメディアも変わります。そのため、単純にどれが良い、どちらが優先ということは、一概にはいえません（図10-2-1）。

例えば、図10-2-2にあげたランキングに入っているどの企業も、複数のソーシャルメディアから発信しています。プラットフォームとしては、Twitter、Facebook、Google＋、mixi、YouTube、LINEなどがよく使われていますが、それに加え、スマートフォン活用に秀でた企業が上位にランクインしています。

ソーシャルメディア以外の広告メディアにもあてはまる話ですが、やはり、それぞれのメディアに、利用者層の偏りや特徴があるので、自社のターゲットに合っているかどうかは、きちんと理解する必要があります。ユーザー層は、LINEであれば若年層が多く、Facebookであれば、日本では40～50代の男性が比較的多い、などの特徴があります。

このあとでも少し説明しますが、社内リソースとの相性、担当者スキルとのマッチングも、ソーシャルメディアの選定には大きく影響します。

例えば、Facebookだと画像に「いいね！」が付くビジュアルコミュニケーションのため、写真のクオリティを担保する必要がありますが、いい写真を毎日撮ることは担当者によっては本当に大変です。作業がつらくて運営できない……、いくらやっても「いいね！」が付かず上司からも評価されない……というようなことも起こります。

逆にTwitterなら、140文字のテキストコミュニケーションで、日本独特のTwitter文化を理解する必要はありますが、これなら続けられる、と思う担当者もいるかもしれません。

プラットフォームの選定時には、ビジュアルコミュニケーションとテキストコミュニケーション、どちらに適した予算があるか、人材がいるか？という視点を忘れないようにしましょう。

10-2-1 さまざまなソーシャルメディアプラットフォーム

ソーシャルメディアは、どれか1つだけを使うというのではなく、複数のプラットフォームを同時に使うという観点が必要。

10-2-2 ソーシャルメディア活用をはかる調査例

日経デジタルマーケティングソーシャル活用売上ランキング（第3回）
2014年2月発表

総合順位 2014	総合順位 2013	企業・ブランド名	総合スコア	消費行動スコア	リーチスコア
1	2	スターバックス	78.0	66.1(9)	84.0(1)
2	8	マクドナルド	78.0	71.0(3)	74.3(5)
3	4	無印良品	72.5	68.1(6)	67.1(10)
4	3	ユニクロ	70.8	67.5(7)	64.2(13)
5	―	LOWRYS FARM／ローリーズファーム	69.3	74.0(1)	47.6(39)
6	19	モスバーガー	67.8	72.8(2)	46.5(52)
7	1	ローソン	66.4	59.4(17)	70.0(7)
8	5	ケンタッキーフライドチキン	66.3	68.2(5)	52.2(24)
9	25	タワーレコード	66.1	59.8(16)	68.4(8)
10	43	セブンイレブン	65.5	66.6(8)	53.5(20)
11	6	オルビス	65.0	69.1(4)	47.4(43)
12	26	ミスタードーナツ	62.7	65.7(10)	48.6(37)
13	38	GU（ジーユー）	60.7	64.3(11)	46.7(49)
14	7	全日本空輸	60.2	53.9(34)	66.3(11)
15	48	チキンラーメン	59.9	63.0(13)	47.4(43)
16	27	KDDI(au)	59.6	47.6(57)	77.4(3)
17	42	パナソニック	59.0	61.4(14)	48.5(38)
18	15	ドミノ・ピザ	58.5	64.1(12)	41.9(90)
19	35	日本航空	57.3	52.7(40)	61.9(16)
19	―	パズル&ドラゴンズ	57.3	47.8(56)	71.6(6)

ソーシャルメディアの活用が企業や商品ブランドが売上に結びついたかどうかを調査

▶消費行動スコア：1万5,338人の消費者アンケートを元に算出
▶リーチスコア：Facebookページのファン数やLINEの友だち数などを基に算出

■消費行動スコア上位を見ると、スマートフォン施策に長けた来店型企業が目立つ。

LINEの登場もあり、クーポン配布が即時に来店につながる企業がスコアを伸ばしている。

上位を占めるのは、スマートフォンのみ、もしくはスマートフォンを中心に利用する企業だ。

03 3大プラットフォームの特徴

ソーシャルメディアの3大プラットフォームである、「LINE」、「Facebook」「Twitter」、（**図10-3-1**）は、性質がそれぞれ異なります。

圧倒的な国内ユーザー数を誇るLINEは、わかりやすい例として、ローソンやケンタッキーフライドチキンなどがクーポンを配信し、来店を促進するO2O[1]的な集客ツールとして成功しています。実は、ユーザー数は多くとも、友達同士、恋人同士、家族など親密な関係に閉ざしたコミュニケーション、グループチャットとして使われることが主です。公式アカウントの開設には1,000万円規模の予算が必要なため、高いハードルがあります。また、今まではメッセージの配信しかできませんでしたが、2013年7月からタイムライン活用という機能が追加され、配信回数に制限があるものの、Facebookのように継続的な情報発信にも使えます。

フラットさ、ソーシャル性という意味では、Facebookは、TwitterとLINEの中間であり、マーケティング視点では、他のプラットフォームよりも活用しやすいかもしれません。「コメント」や「いいね！」の数など、成果が数値で残りやすく、投稿がストックされ、資産になりやすいこともメリットです。また、ビジネスパーソンの利用も多いため、社内での話もスムーズに進みやすいと思います。

Facebookで難しいのは、ファンが投稿に対して「いいね！」を押さないと、だんだんそのファンのニュースフィードに投稿が届かなくなる仕組みがあることです。投稿の質を上げ、それを継続しないと、成果が残らず、ファンをいくら集めてもどんどん表示されなくなるため、アクティブユーザーがいないページになってしまうこともあります。

Twitterは、リアルタイム発信に適していて、プロモーション時の拡散力が期待できるプラットフォームです。ユーザーの「そのとき」が、そのまま流れてくるので、本当の意味でフラットな、ソーシャルメディアらしいプラットフォームだと思います。メリットは、テキスト主体のコミュニケーションのため予算が少なくても継続しやすく、規約が比較的柔軟でプロモーションにも使いやすい点です。フォロワー数が少なくても、1ツイートのリツイート数が爆発的に増える可能性もあるため、拡散に適しています。デメリットは、実際どのぐらいの人が見たのか？ Impressionが計測できないことです。また、立ち上げてすぐにファンを増やすことが難しいため、長い期間運営しているアカウントが有利になりやすいです。**図10-3-2**には、それぞれのメリット・デメリットと指標（KPI）をまとめていますので運営の参考にしてください。

[1] O2Oとは、Online to Offlineの略。ネット上（オンライン）から、実店舗（オフライン）での購買行動などを促す施策のこと

10-3-1　3大ソーシャルメディアプラットフォーム（2014年）

LINE
圧倒的な日本国内ユーザー数。
集客ツールとしてワークしている。
告知媒体としてのリーチ数最大。
61.1% （現在利用していると回答した人）

Twitter
リアルタイム発信に適している。
プロモーション時の拡散力が期待できる。
真のソーシャルメディア。
48.2% （現在利用していると回答した人）

Facebook
アカウント単体の影響力が可視化できる。
継続的発信媒体。ライトなメルマガ。
ソーシャルグラフとコミュニケーション。
64.4% （現在利用していると回答した人）

http://web-tan.forum.impressrd.jp/e/2014/02/25/16970 より引用
※「ソーシャルメディアユーザー調査2013」2013年9月実施調査
18歳以上の男女（N=10,767）日経リサーチのインターネットモニターより抽出

ソーシャルメディアでのコミュニケーションは、プラットフォームそれぞれの特徴を掴み、その特徴にあった手段を用意する必要がある。

10-3-2　3大プラットフォームのメリット・デメリット、KPI

プラットフォーム：種別	LINE：プッシュ型	Facebook：ストック型	Twitter：フロー型
メリット	・圧倒的なユーザー数 　－スタンプを活用して1週間で250万人のファン獲得 　－O2O（クーポンによる店舗誘導）成功事例など	・数字やコメントが目に見えるため、企業が活用しやすい ・投稿がタイムラインとして残るため、資産として捉えやすい ・ビジネスパーソンの利用が多いため、社内の理解が得やすい	・テキストコミュニケーション。予算が少なくても継続しやすい ・リアルタイムな情報発信に適している ・規約が厳しくないため、プロモーション活用しやすい ・拡散力が見込める
デメリット	・運営コストが高い ・メッセージ配信後のコミュニケーション手法がない ※2013年7月以降企業もタイムラインを活用できるようになった。	・ある程度コストをかけないと、成果が残らない ・規約が厳しく、よく変更されるため、プロモーション活用の難易度が高い ・アカウントが常にアクティブでないと、リーチしなくなる	・リーチ、Impression数が明確にしづらい ・垂直立ち上げが難しく、中長期運営しているアカウントに有利 ・企業アカウントでは個人依存型も多い ※担当者が変わると機能しなくなるケースもある。
KPI	▶アカウント 　・友だち数 　・スタンプ利用回数 ▶タイムライン 　・いいね!数、コメント数、シェア数	・ファン数 ・リーチ数 ・リーチ率 ・反応率 ・エンゲージメント率	・フォロワー数 ・リツイート数 ・お気に入り数 ・返信数 ※そのほかエンゲージメント率という考え方もある。
特徴	クローズ　リーチ数が可視化される　規模が大きい	◀・・・・・・・・・・・・・・・・・・・・・▶	オープン　リーチ数は把握しづらいが　爆発的拡散の可能性もある

それぞれのプラットフォームの特徴を一言でいえばLINEがプッシュ型、Twitterがフロー型、Facebookがストック型となる。

04 アカウント運営の基本

　ここからは具体的な運営の話に入ります。運営に大切なのは、何を大切にして、何を目標にソーシャルメディアを運用していくかを最初に明確にすることです。また、ファン数やエンゲージメント率など、具体的な指標を何にするか？ を決めることです（図10-4-1）。これらをしっかり決めて社内での合意ができていないと、「お金をかけて、売上にしっかりとつながっているのか？」といった意見がでてきます。

　基本的にソーシャルメディアは、今日もしくは、今月の売上に直結する活動ではなく、ブランドのファンを増やす、ユーザーとのエンゲージメントを高めるために行うものです。ファンとのやりとりの中でポジティブな会話を生み、さらにその人から拡散し、発信してもらうことがゴールとなるはずです。効率的なダイレクトマーケティングを重視するなら、メルマガやリスティング広告の方が優れているでしょう。そうではなく、新しい関係性が生まれる可能性を秘めたメディアだから使うという点を社内でもう一度確認してほしいと思います。

　また、毎日の運営でポイントになるのは、どんな投稿が望ましいのか？ つまり、コミュニケーションの自社らしさ、テーマをどう定義しているか？ という点です。テーマがない状態で運営していると、この写真は投稿すべきか？そうでないのか？ という基準も持てないため、毎日の投稿内容にも迷いが生じ、必要以上に時間がかかりますし、こういう投稿をしよう！というアイデアも生まれにくくなります。テキストの言い回しも、ユーザーにどういう印象を持ってもらいたいかが明確でないと決められません。

　ソーシャルメディアのKPIとしては、リーチやファン数のほかに「エンゲージメント率」「反応率」が重要となります（図10-4-2）。どちらも分子は、「いいね！」と「コメント」「シェア」数の合計、つまり、ユーザー行動の総数になります。エンゲージメント率は、分母をページのファン数として計算し、自社のファンがどれくらい反応しているかがわかる指標です。これは、そのアカウントの運営者以外にもわかる、他社についても調べられる数字のため、業界標準で使われています。反応率は、それぞれの投稿のリーチが分母になります。その投稿を見た人がどれくらい反応したか？ を知ることができる、投稿における活動の質を計る指標として、とても大切です。

　このような数字をしっかり見ることで、投稿へのフィードバックを得て、コミュニケーションの質を継続的に改善していくのが、ソーシャルメディア運営の基本です。

10-4-1 企業アカウント運営で大切なこと

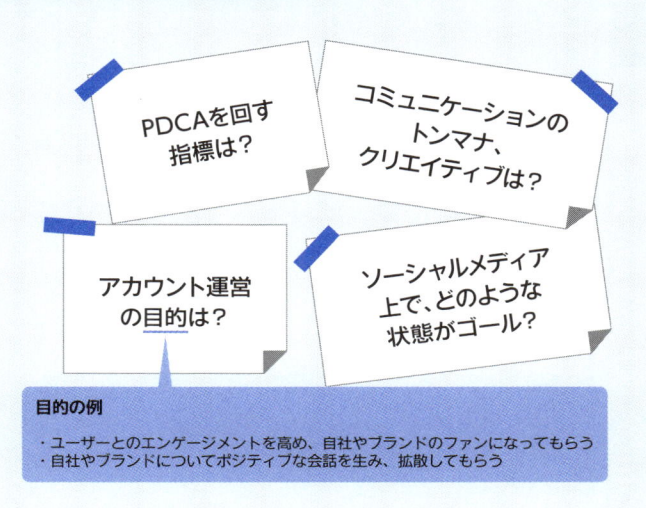

- PDCAを回す指標は？
- コミュニケーションのトンマナ、クリエイティブは？
- アカウント運営の目的は？
- ソーシャルメディア上で、どのような状態がゴール？

目的の例
・ユーザーとのエンゲージメントを高め、自社やブランドのファンになってもらう
・自社やブランドについてポジティブな会話を生み、拡散してもらう

企業でソーシャルメディアアカウントを運営するのに最も大切なのは、「何を大事に」「何を目標に」して運営するのか、ということ。

10-4-2 アカウント運営のKPIとしてみるべき指標

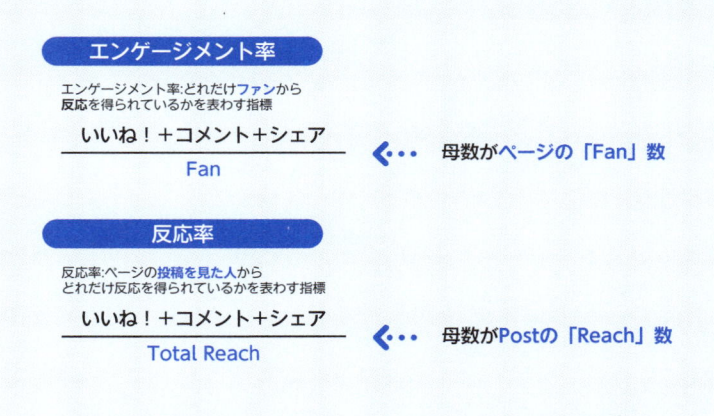

エンゲージメント率

エンゲージメント率：どれだけ**ファン**から**反応**を得られているかを表わす指標

$$\frac{いいね！＋コメント＋シェア}{Fan}$$

⇐・・ 母数がページの「Fan」数

反応率

反応率：ページの**投稿を見た人**からどれだけ反応を得られているかを表わす指標

$$\frac{いいね！＋コメント＋シェア}{Total\ Reach}$$

⇐・・ 母数がPostの「Reach」数

そのほかの指標として、リーチ（＝Impression）、ファン数もある。

KPIとしてみるべき指標の中では、反応率とエンゲージメント率の違いを理解しておくことが重要になる。

05 コンテンツの投稿テクニック（コメント編）

「コメント」を増やすことは、テクニックである程度できるものです。投稿でアンケートやクイズを出すと、ユーザーは素直に答えてくれます。

例えば、図10-5-1に2013年年間の「コメント」ランキングをまとめましたが、15位のauの投稿を見ると、auのスマートフォン「INFOBAR」の3色のうち、「どの色が好き？」という問いかけに対して、赤の"NISHIKIGOI"が好きな人は「シェア」、白の"ICE GRAY"が好きな人は「いいね！」、青の"AOAO"が好きな人は「コメント」してくださいと、それぞれのアクションを誘発（コール・トゥ・アクション）したもので（図10-5-2）、どのアクションを起こしても、数が増えていく巧みな投稿です。コメントランキング4位のソフトバンクの投稿は、「1つだけ何かが違う…？！ 皆さん、何秒で分かりましたか？」という、画像を使った小さな間違い探しでしたが、何人ものユーザーが「コメント」欄で「○秒で分かった」と答えています（図10-5-3）。

10-5-1 Facebook投稿：2013年年間の「コメント」ランキング

No.	投稿者	投稿記事概要	コメント数	投稿日
1	ANA.Japan	"ANAオリジナルウォッチ"4種のデザインアンケート	5,557	5月2日
2	ANA.Japan	『2014年限定 ありがとう747スペシャルカレンダー』3種の表紙デザインアンケート	4,733	9月6日
3	楽天市場(Rakuten, Inc.)	楽天史上最大級のメガ懸賞第2弾!「ハッピーターン」or「うまい棒」一生分プレゼント!	4,497	8月6日
4	ソフトバンク(SoftBank)	1つだけ何かが違う…?!お父さん犬間違い探しクイズ	3,787	4月19日
5	ANA.Japan	"B747退役記念 エアラインバッグ"3種のデザインアンケート	3,614	11月29日
6	ポカリスエット	【みんなでつくる ポカリ風鈴】風鈴の「柄」3種のデザインアンケート	2,584	6月18日
7	ANA.Japan	〜ANA機内食総選挙〜国際線エコノミークラスの機内食6つのメニューアンケート	2,322	8月16日
8	楽天市場(Rakuten, Inc.)	楽天史上最大級のメガ懸賞第3弾!【お好きなマンガ全巻セットをプレゼント】	2,066	9月4日
9	ANA.Japan	〜ANA機内食総選挙・和食編〜6つのメニューアンケート	2,007	8月23日
10	キリンビール／KIRIN BEER	第1回「ビールのおつまみ対決」餃子vs唐揚げ	1,960	8月19日
11	ソフトバンク(SoftBank)	あなたならどのスタンプで返信する？①なら「いいね」②なら「コメント」③なら「シェア」	1,878	5月30日
12	ソフトバンク(SoftBank)	ソフトバンクFacebookページ開設1周年記念「ケータイ代一生分無料キャンペーン」	1,712	4月18日
13	チキンラーメン ひよこちゃん	8月25日チキンラーメン55回目の誕生日	1,665	8月25日
14	ポカリスエット	【みんなでつくる ポカリ風鈴】「短冊」3種のデザインアンケート	1,615	7月5日
15	au	★どの色が好き？★・赤は「シェア」・白は「いいね」・青は「コメント」	1,496	3月16日
16	東京駅(Tokyo Station)	東京駅と新青森駅を結ぶ東北新幹線「はやぶさ」。運転台から撮影した動画紹介	1,451	3月22日
17	ソフトバンク(SoftBank)	最大100万円相当のポイントが当たる☆100万円あったら、あなたは何に使いますか？	1,397	6月20日
18	東京ディズニーリゾート	写真の中にかくれミッキーがふたつ。ふたつとも見つけられたよ!という方、コメントを	1,339	7月18日
19	ANA.Japan	ボーイング747-400型機完全退役に向けた取り組み、自由アンケート	1,326	7月4日
20	Amazon.co.jp(アマゾン)	コメント欄に「キンドル当たれ」と記入したら抽選で5名にKindle Fireプレゼント	1,261	11月26日

(IMJ調べ)

「コメント」ランキング上位の投稿内容を見ると、ユーザーから答えを引き出すものが多いことがわかる。

10-5-2　コール・トゥ・アクションを使って「コメント」を誘う

`2013年　15位`

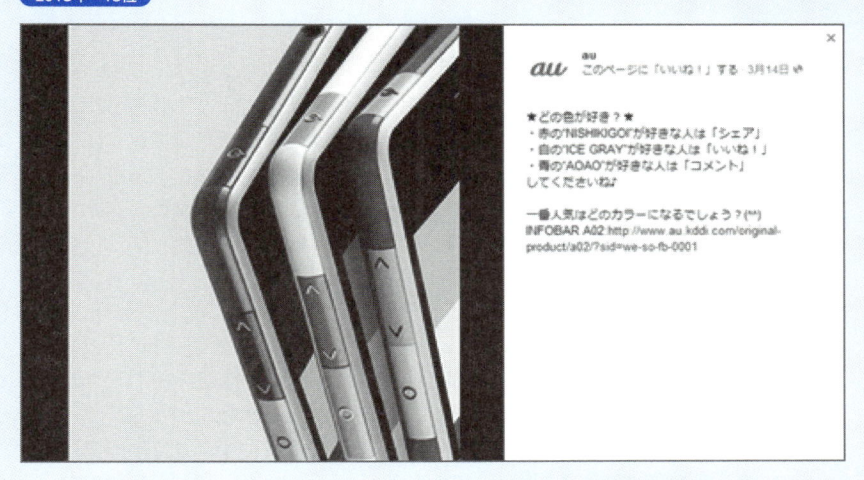

選択肢ごとに取ってもらうアクションを変え、選択肢のアクションとして「コメント」を設定すると、その数が増える。

10-5-3　クイズで「コメント」を誘う

`2013年　4位`

簡単な間違い探しのような誰でもわかるクイズを用意すると、ユーザーからの反応が跳ね、「コメント」欄に答えを書き込んでくれる。

CHAPTER 10　ソーシャルメディア

06　コンテンツの投稿テクニック（シェア編）

　前節では、コメント数を増やすテクニックを紹介しましたが、次は「シェア」を見てみましょう。IMJでは、「シェア」がとても重要な行為と捉えています。その理由は「シェア」は、企業の投稿をその人のタイムラインにもう1度発信してくれることだからです。アクションとしては、とても価値が高いため、どうやって「シェア」を増やすかを考える必要があります。

　それには、ユーモアや驚きのある発見が必要だと考えています。2013年のエイプリルフールの例を見ると（図10-6-1）、1位のカップヌードルは「お湯を注いで3分でできる、カップヌードルプリン新発売！」。8位のフジテレビは、「ただ今替え玉中」というテキストで社屋の玉（球体）を付け替えている画像。13位のauは「最高の眠りをスマートフォンの上で。」と、ベッド型のスマートフォンの発売告知。各社エイプリルフールならではの"ウソ"をつき、4月の「シェア」ランキングはユーモア投稿が複数ランクインしました（図10-6-2）。

10-6-1　Facebook投稿：2013年4月「シェア」ランキング

No.	投稿者	投稿記事概要	シェア数	投稿日
1	カップヌードル	カップヌードルプリン新発売（エイプリルフール）	4204	4月1日
2	ソフトバンク（SoftBank）	"1つだけ何かが違う…?!皆さん、何秒で分かりましたか?"（お父さん犬の間違い探し）	3637	4月19日
3	東京ディズニーリゾート	東京ディズニーランド30周年。「ザ・ハピネス・イヤー」スタート	3595	4月15日
4	Hello Kitty Japan	ハローキティーデザインのセディナカードが発行できるキャンペーン	2991	4月30日
5	スターバックス コーヒージャパン Starbucks	新商品と期間限定グッズの先行紹介	2793	4月10日
6	ソフトバンク（SoftBank）	ソフトバンクFacebookページ1周年を記念した端末利用料金一生分が当たるキャンペーン	2054	4月18日
7	スターバックス コーヒージャパン Starbucks	新商品「コーヒー ティラミス フラペチーノ」発売発表	1881	4月17日
8	フジテレビ	"【只今替え玉中】ご通行中の皆様、球の落下にご注意ください。"（エイプリルフール）	1599	4月1日
9	@nifty	「妖怪いちご大福」の話題	1517	4月16日
10	スターバックス コーヒージャパン Starbucks	「コーヒー ティラミス フラペチーノ」と同時発売のフード限定グッズの紹介	1386	4月17日
11	ディズニー	ディズニーと劇団四季による舞台「リトルマーメイド」開幕告知	1370	4月5日
12	ディズニー	東京ディズニーリゾート30周年。「ザ・ハピネス・イヤー」スタート	1347	4月15日
13	au	ベッド型スマートフォン製品発表（エイプリルフール）	1213	4月1日
14	東京ディズニーリゾート	東京ディズニーリゾート30周年。「ザ・ハピネス・イヤー」告知	1149	4月12日
15	スターバックス コーヒージャパン Starbucks	東急プラザ表参道原宿店限定「バナナ&キャラメル クリーム フラペチーノ」の紹介	1136	4月25日
16	Hello Kitty Japan	ミスタードーナツとハローキティがコラボしたドーナツ・カップケーキの紹介	965	4月4日
17	東京ディズニーリゾート	「スター・ツアーズ：ザ・アドベンチャーズ・コンティニュー」のオープン告知	936	4月30日
18	ディズニー	ディズニー新リゾート「アウラニ・ディズニー・リゾート&スパ コオリナ・ハワイ」の紹介	926	4月26日
19	@nifty	モンテールと森永製菓コラボ商品「チョコボール」のシュークリーム」の話題	886	4月1日
20	Hello Kitty Japan	オンラインショップで販売中の「デコウォッチ」紹介	827	4月5日

シェアランキングの中で目立つのは、エイプリルフールにちなんだ企画。ユーモアで「シェア」を誘っていることがわかる。

（IMJ調べ）

10-6-2 「シェア」を誘うユーモア＆驚き

4月 1位

> カップヌードル
> 4月1日
>
> お湯を注いで3分でできる、カップヌードルプリン新発売！
>
> 今日はエイプリルフール。
>
> PUDDING NEW AVAILABLE

4月 8位

> フジテレビ
> 4月1日
>
> 【只今替え玉中】ご通行中の皆様、球の落下にご注意ください。

4月 13位

> au
> 4月1日
>
> 最高の眠りを、スマートフォンの上で。
> →http://bit.ly/16ng8hk
>
> 4月1日、auから「ベッド型スマートフォン」が登場。
> あなたのインドア生活をハックする革新的UI。
> モバイル性なんていらない。
> 未来のスマホは、動かない時代へ。
>
> WEBサイトでは本日限定で、ご予約を承っております。
>
> zzzPhoneBed
> 最高の眠りを、スマートフォンの上で。

投稿が「シェア」されるということは、ユーザーのタイムラインにもう一度掲載されることであり、アクションとしての価値は高い。

07 ユーザーの生活に寄り添い「今」を捉えた投稿を

　基本的なことですが、ユーザーの気持ちに寄り添った投稿をすると、反応がすごく跳ねるというのが、ソーシャルメディアならではの特徴です。例えば、飲料の会社であれば、冬の寒い日に「急に寒くなりましたね」と言葉を添えて温かい飲み物の写真を投稿すると、いつもよりぐっと反応が高くなります。金曜日には、「お疲れさま」や「乾杯」とともに美味しそうに注がれたビールの投稿も人気があります。ユーザーがその時間に見ているものや感じている気温、気分に寄り添った投稿は反応が高まります（図10-7-1）。

　季節以外のイベントごとも欠かせません。2013年9月8日、東京でのオリンピック開催が決まるとフェイスブック ジャパンが、明け方の5時20分に「Tokyo 2020!!」と投稿しました。この2つの単語だけで「いいね！」11万件、「コメント」2,000件、「シェア」1,800件を得ました。ほかにも、アディダス、コカ・コーラ、ANAなども事前に準備をしていて、5時〜6時頃に次々とFacebookに投稿し、エンゲージメント率を高めることに成功したのです。そのとき、その瞬間にユーザーと共有できそうなテーマを見極めたうえで、その企業ならではのテーマを発信できるか？　これが肝となります。

　ここまでのTipsをまとめたのが図10-7-2です。

　「いいね！」は、本当に直感的な、ライトな承認なので、すぐに反応（クリック）できるわかりやすさが重要です。ちょっとでも理解するのに時間がかかる表現をすると、「いいね！」の数は減ってしまうため、「いいね！」を増やしたいときは、より単純で、よりライトなコンテンツを心がけましょう。もうひとつ大切なことは、コール・トゥ・アクションです。「『いいね！』してね」「○○と思った人は『リツイート』」など、行動を促す一言を入れると、「いいね！」や、リツイートがされやすくなります。

　素直なユーザーが多いため、運営側も素直に希望を伝えましょう。

　話題を広げたいと思う場合は、それは人に伝えたい情報となっているか？がポイントです。テレビ番組にもある、企業の裏側や工場の様子など、企業トリビア的なコンテンツも好まれます。自分たちが当たり前と思っている社内の情報が宝の山だったりすることも多いので、自社の資産を探してみてください。

　最後に、旬な話題や、ユーザーの行動時間を考えて投稿すると、普段の数十倍のエンゲージメント率を得ることができます。カレンダー化もしやすいので、漏れなく活かしましょう。

10-7-1　ユーザーの生活時間に即した投稿を心掛ける

夏の暑い午後に	夏の夕方に	急に寒くなった日に
コカ・コーラ（Coca-Cola） 8月28日 今すぐ飲みたくなった人は「いいね！」 http://bit.ly/1b1Hlxt #opensummer	アサヒビール ASAHIBEER 5月24日 今夜は「スーパードライ」でカンパイ！！	Georgia（ジョージア） 11月12日 今日はグッと冷えますね。 帰り道、夜道に灯る自販機を見つけました。"あったか〜い"を押して心に灯をつけて。

FacebookやTwitterはユーザーのキモチに則した投稿をすると反応がハネやすいという傾向がある。

10-7-2　アカウント運営に関するTips

「いいね！」は直感
・・・▶ 「いいね!」はライトな承認。直感的にクリックできるわかりやすさを

コール・トゥ・アクションが効く
・・・▶ ユーザーはとても素直。「いいね！」や「リツイート」を促そう

「シェア」や「リツイート」で話題が広がる。人に伝えたくなる話題かどうか
・・・▶ 「面白い、スゴイ」と思うか。企業トリビアなどは意外に好かれる

旬な話題、ユーザーの行動時間を考慮
・・・▶ 旬な話題は、通常より数十倍のエンゲージメント率を得ることも可能!

アカウント運営は、「ユーザーの生活やキモチに寄り添う」ことがベースになり、それを踏まえたコンテンツカレンダーの作成が重要。

08 「今」の価値をさらに高めるひと工夫を

　さきほどのまとめにもありますが、「今」の価値が高まっているということに、もっと注目すべきだと思います。例えば、CDの売上が低迷していることがニュースになりやすい音楽業界ですが、図10-8-1にもあるとおり、時間を共有するライブ公演は、動員数も売上も伸びています。

　ウェブサービスでも、数秒で消滅してしまう画像の共有サービスが生まれ、人気を集めているのも、最近の顕著な傾向です。モノを所有したりストックしたりすることよりも、その瞬間を共有したい、今を楽しみたいという方向に大きなトレンドがあると思います。

　ウェブのキャンペーンでも、キャンペーンサイトの数が減って、その分のリソースがソーシャルメディアの運営に向いている印象があります。以前は、制作してから１週間くらいは話題になり、ページビューも盛り上がりましたが、最近では本当に数時間で「ああ、また流れてしまった」と感じます。

　そんな雰囲気が端的にわかるのが、Twitterでの「バルス祭り」です（図10-8-2）。「天空の城ラピュタ」のテレビ放映、終盤に出てくる「バルス」のセリフにあわせて、日本中が「バルス！」をつぶやくお祭りです。

　注目している企業アカウントも多く、ローソンの「あきこちゃん」、ケンタッキーフライドチキン、ソニー・コンピュータエンタテインメントなど、複数の企業が「バルス！」と叫んでいました。このつぶやきひとつで、普段は１投稿が30リツイート程のアカウントでも、１万リツイートを超える例があるほどです。

　実は、ここで「バルス！」で終わらないひと工夫があると、さらに◎です。それは、便乗するものの、自社ならではの投稿をすることです。例えば「楽天市場には『バルス』の取り扱いが18,000点ございます。」「無印良品にバルスはありませんが、パンツはあります。」など、関連商品につなげる方法も面白いですし、秀逸だったのはシャープのつぶやき。「バルス」の少し後に出てくるセリフに絡めて、「目がｧｧｧの付けどころがｼｬｰﾌﾟでしょ」と投稿しています。

10-8-1　CDは売れないが、LIVEの価値は高まっている

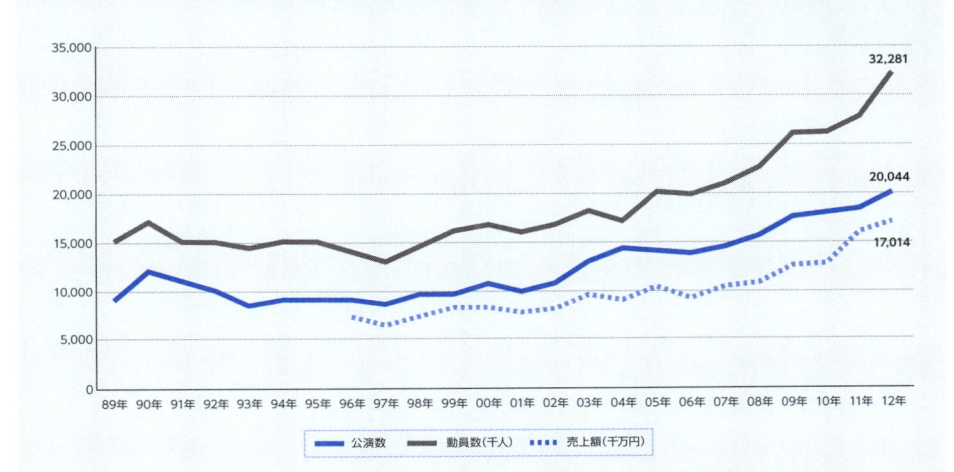

（コンサートプロモーターズ協会「平成24年（2012年）基礎調査報告書」より）

CD市場のピークを迎えた1998年前後から、公演数や動員数とも上昇基調となり、2012年は公演数で2万、動員数で3000万をそれぞれ超えた。

10-8-2　「バルス！」祭りにもひと工夫を

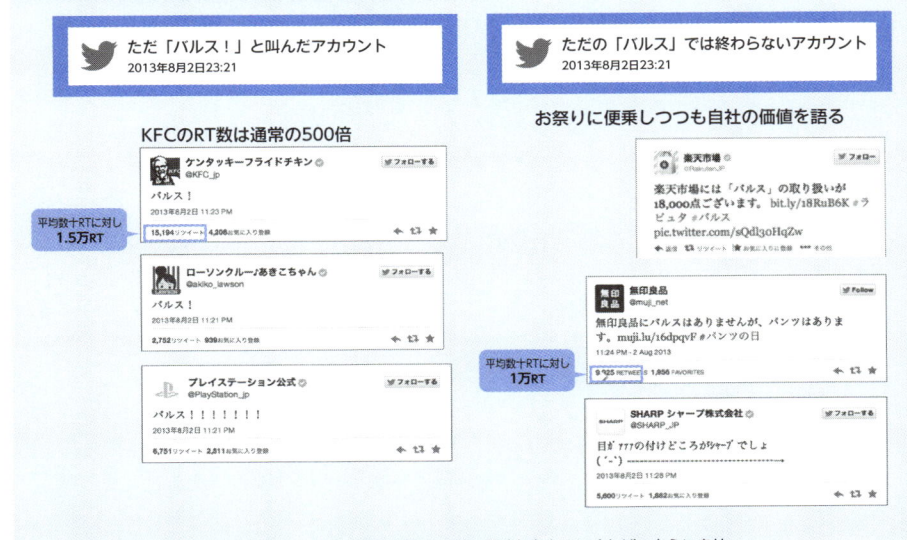

ただ「バルス！」と叫んだアカウント
2013年8月2日23:21

KFCのRT数は通常の500倍

平均数十RTに対し **1.5万RT**

- ケンタッキーフライドチキン @KFC_jp 「バルス！」
- ローソンクルー♪あきこちゃん @akiko_lawson 「バルス！」
- プレイステーション公式 @PlayStation_jp 「バルス！！！！！！！」

ただの「バルス」では終わらないアカウント
2013年8月2日23:21

お祭りに便乗しつつも自社の価値を語る

平均数十RTに対し **1万RT**

- 楽天市場 @RakutenJP 「楽天市場には「バルス」の取り扱いが18,000点ございます。 bit.ly/18RuB6K #ラピュタ #バルス pic.twitter.com/sQdl3oHqZw」
- 無印良品 @muji_net 「無印良品にバルスはありませんが、パンツはあります。muji.lu/16dpqvF #パンツの日」
- SHARP シャープ株式会社 @SHARP_JP 「目の付けどころがシャープでしょ（・'・）ーーーーーーーーーー」

ただ「バルス！」と叫ぶだけではなく、内容を関連製品や自社に関連したものにすれば、さらに自社の価値が上がる。

CHAPTER 10　ソーシャルメディア

09　突発的なできごとを好機にする

　2013年のスーパーボウル（プロアメリカンフットボールリーグNFLの優勝決定戦）の最中に、アメリカで停電がありました。そのときのオレオのナイスプレーをご存知でしょうか？ 試合が中断している最中に「停電？ そんなの問題ないよ」と言うコメントと共に「どんな真っ暗闇でもダンク（オレオの食べ方）はできる」と書かれた、暗闇に浮かぶオレオクッキーの画像を投稿したのです（図10-9-1）。このときの停電は30分以上続き、視聴者がイライラし始めたときに、このツイートと画像を投稿し、ユーザーの心をぐっとつかみました。停電しているからしょうがないとスマートフォンを操作していて、この投稿を見つけたら、確かにびっくりして、グッと引き込まれます。

　そして、「この投稿をどのように実現したのか？」がとても話題になりました。停電という誰も予想しない事態に対して、瞬間的に反応したオレオは称賛されました。この投稿は1.5万回以上リツイートされ、メッセージとしても世界中に広くPRされました。

　これは、スーパーボウルの時間帯にこのようなクリエイティブを制作できるチームと、決断できる体制を作って待機していたからできたことだと公表されています。この前年、2012年はちょうどオレオの発売100周年記念で、100日間、毎日のニュースとオレオに絡めたクリエイティブな投稿をしており、こうした前年の蓄積があったからこそ、スーパーボウルのアクシデントに応えられたのでしょう。スーパーボウルの放送はアメリカではいわゆる広告の祭典のような場になっており、きっと何かあるだろう、という期待に応えたものでもあります。それは、日本の「バルス祭りに何をする？」という感覚にも近いものかもしれません。

　出来事を同時に共有したいという気持ちを活用した事例として、もうひとつご紹介したいのは、800万人が同時にライブ映像を見たといわれているレッドブルがスポンサーした、成層圏スカイダイビングのストリーミングです（図10-9-2）。これもライブや「今」を体験したい人たちが増えている事例として、よく紹介されています。

　スカイダイビングというスポーツとしても、「音速を超えるフリーフォール」「最高高度からのフリーフォール」など数々の記録を打ち立てたのと同様、YouTubeにおける、同時視聴者数の世界記録も更新したそうです。
※参考URL：http://www.huffingtonpost.com/2012/10/14/red-bull-stratos-youtube_n_1965375.html

10-9-1 停電の「イライラ」を利用した投稿

スーパーボールで停電
Oreoのナイスプレー！
2013年2月3日

アクシデントと絡めたクリエイティブなメッセージ

Oreo Cookie
Power out? No problem.
pic.twitter.com/dnQ7pOgC

1.5万RT

オレオのツイートは、本来ならばイライラするような瞬間を、アクシデントに絡めた鮮やかなクリエイティブで、驚きの瞬間に変えた。

10-9-2 究極のLIVE体験を実現

Red BullのStratos。
リアルタイムに800万人が見た。
究極のLIVE体験。

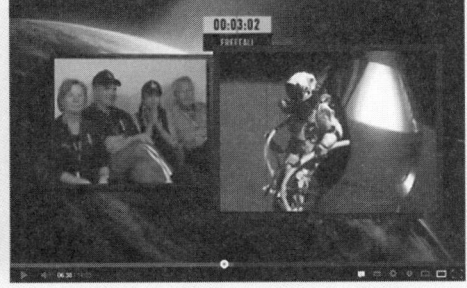

レッドブルがスポンサーとなった世界最高高度からのスカイダイビングは、YouTubeの同時視聴者数の最高記録を更新した。

このイベントは、「今」を共有する体験として、YouTubeを使って動画を配信し、800万人の同時視聴者を集めた。

10 ソーシャルメディアの向こう側

図10-10-1は2012年のアメリカの調査です。10代の利用メディアは、Facebookが90%以上を占めており、ひとつのインフラとなっていました。2014年現在、25歳以下の若者を中心に匿名ソーシャルメディアが人気を博しており、Facebook離れが進んでいるともいわれますが、まだまだその存在感は大きいといえるでしょう。日本における中学生や高校生のLINE利用率が近いかもしれません。

少し近い未来である2020年の東京オリンピック開催時期には、恐らくWi-Fiももっといろいろな場所で利用でき、よりリアルタイムに見ているものをつぶやくことが日常的になると予想されます。もしかしたら、スマートフォンはメガネや指輪に形を変えているかもしれません。そのときに消費者との接点をどう持っているのか？ そんなことを想像しながら、今のうちに、ソーシャルメディアで何をするのか？ どんなノウハウを得ておきたいのか？ をじっくり考えておいてほしいと思います。

この章の最初に、様々なソーシャルネットワークのサービスを年表にしてまとめましたが、7年前は今とはぜんぜん違います。7年前、日本の利用サービスの主流は、ブログとmixi、YouTubeでした。そう考えると、2020年に私たちがどんなメディアを使っているかは、想像できません。しかし、ユーザーが主体のメディアとして、リアルタイムに、共感を伴ったコミュニケーションをしている点は変わらないはずです。

企業として今できること、やるべきことをもう一度考えてみましょう（図10-10-2）。それは流行しているプラットフォームの細かな差異にこだわることではなく、ソーシャルメディアの特徴を理解し、適切に活用できる人材を育てること、また教育的に機能する体制を企業として整えることだと思います。

まだまだ、特定の人のスキルに依存している企業も多いため、ソーシャルメディアの専門部署のある企業は稀ですね。広報の中に作るのか、マーケティングの部門に置くのかは企業によりけりですが、何を目標として誰がやるのかを、しっかりと決めておくことがソーシャルメディアマーケティングを成功に導く第一歩だと思います。

10-10-1　アメリカの10代におけるソーシャルメディアのアカウント保有率

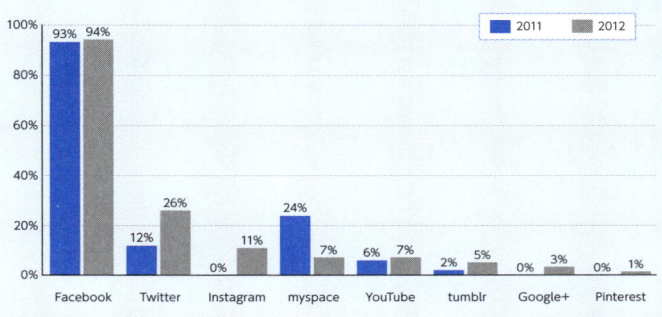

凡例：2011／2012

	Facebook	Twitter	Instagram	myspace	YouTube	tumblr	Google+	Pinterest
2011	93%	12%	0%	24%	6%	2%	0%	0%
2012	94%	26%	11%	7%	7%	5%	3%	1%

n=799 in 2011 and 801 in 2012(ages 12-17)

(Pew Research Center調べ)
http://www.statista.com/chart/1372/social-media-use-among-us-teenagers/より引用

10代において、Facebookがマストとされていたアメリカの2012年。すでにFacebook離れが進んでいるという。

10-10-2　ソーシャルメディアマーケティングを成功に導くために

人材
- 特性を理解して適切に活用できる人の育成
- 特定の人のスキルに依存しない

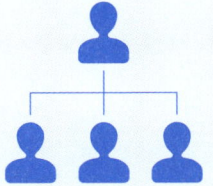

体制
- 教育的に機能するよう企業として整える
- 何を目標として誰がやるのかを決めておく

企業として今できること、やるべきことを考えてみる

プラットフォームの差異にとらわれることなく、ソーシャルメディアそのものを理解できる人材の育成と体制作りを企業として行うことが成功への第一歩となる。

ブックガイド

『ウェブはグループで進化する』
■著者:ポール・アダムス　翻訳:小林啓倫　■発行:日経BP社

著者は、GoogleでGoogle+の開発に携わったのちにFacebookに移籍した。その経歴を活かし、ウェブの構造変化やネットにおけるユーザー行動や意思決定の変化について、データを用いて解説している。コミュニケーション活動における人間の行動特性をおさえるのに最適な一冊。

『ベロシティ思考 最高の成果を上げるためのクリエイティブ術』
■著者:アジャズ・アーメッド、ステファン・オランダー　翻訳:白倉三紀子　■発行:パイインターナショナル

変化の時代に必要な仕事術とは何か。クリエイティブエージェンシーAKQAの創始者とナイキのデジタルスポーツ担当副社長の対話から、個人や企業が成功するのに必要な7つの要素を明らかにしていく。特別寄稿として、レイ・イナモト氏の「広告の未来は広告ではない。」を収録。

『はじめての編集』
■著者:菅付雅信　■発行:アルテスパブリッシング

タイトルどおりに、編集の基本要素をまとめ上げたもの。編集とは「企画を立て、人を集めて、モノをつくる」ことであると定義し、企画の立て方、デザインの決まりごとなど編集作業全般の基礎をざっくりと学べる。「表現」と関連した仕事に携わるのなら、ぜひ読んでおきたい。

『エンパワード ソーシャルメディアを最大活用する組織体制』
■著者:ジョシュ・バーノフ、テッド・シャドラー　翻訳:黒輪篤嗣　■発行:翔泳社

企業でソーシャルメディアを活用するには、その組織において変化が必要になる。本書では、組織を越えたパワーを持った新たな従業員像「HERO（=力を与えられ、臨機応変に行動できる従業員）」と経営陣、IT部門が一体となって、組織を変化させるためのヒントを提示している。

『グロースハッカー』
■著書:ライアン・ホリデイ　翻訳:佐藤由紀子　■発行:日経BP

FacebookやTwitterなど、ITやサービスで成長した企業には、グロースハッカーと呼ばれる人がいるという。グロースハッカーとは、企業やサービスに成長をもたらすために雇われる、いわば「成長請負人」。本書は、そんな彼らの仕事やマインドセット（思考）を解説した入門書だ。

本書内容に関するお問い合わせについて

このたびは翔泳社の書籍をお買い上げいただき、誠にありがとうございます。弊社では、読者の皆様からのお問い合わせに適切に対応させていただくため、以下のガイドラインへのご協力をお願い致しております。下記項目をお読みいただき、手順に従ってお問い合わせください。

ご質問される前に

弊社Webサイトの「正誤表」をご参照ください。これまでに判明した正誤や追加情報を掲載しています。

　　正誤表　http://www.shoeisha.co.jp/book/errata/

ご質問方法

弊社Webサイトの「刊行物Q&A」をご利用ください。

　　刊行物Q&A　http://www.shoeisha.co.jp/book/qa/

インターネットをご利用でない場合は、FAXまたは郵便にて、下記"愛読者サービスセンター"までお問い合わせください。
電話でのご質問は、お受けしておりません。

回答について

回答は、ご質問いただいた手段によってご返事申し上げます。ご質問の内容によっては、回答に数日ないしはそれ以上の期間を要する場合があります。

ご質問に際してのご注意

本書の対象を越えるもの、記述個所を特定されないもの、また読者固有の環境に起因するご質問等にはお答えできませんので、予めご了承ください。

郵便物送付先およびFAX番号

送付先住所　〒160-0006　東京都新宿区舟町5
FAX番号　　03-5362-3818
宛先　　　　（株）翔泳社 愛読者サービスセンター

※本書に記載されたURL等は予告なく変更される場合があります。
※本書の出版にあたっては正確な記述につとめましたが、著者や出版社などのいずれも、本書の内容に対してなんらかの保証をするものではなく、内容やサンプルに基づくいかなる運用結果に関してもいっさいの責任を負いません。
※本書に掲載されている画面イメージなどは、特定の設定に基づいた環境にて再現される一例です。
※本書に記載されている会社名、製品名はそれぞれ各社の商標および登録商標です。

info　MarkeZine Academyのご案内

Webマーケティング基礎講座 [セミナー]

[1] 最終コマの後に1時間弱の交流会を設けています。講師への相談・質問はもちろん、受講者同士のつながりにもなる、ということで好評です

　最後までお読みいただきありがとうございます。巻頭でもご説明したとおり、本書は、セミナー「Webマーケティング基礎講座」のテキスト（配布資料）をベースに加筆・編集したものです。

　同講座は、2011年3月から隔月のペースで開催しており、事業会社のマーケティング担当者を中心に、いろいろな方にご参加いただいています。全10コマそれぞれの担当講師は回によって異なりますが、一例が、本書の執筆陣です。

　少人数の講座なのでその回の受講者にあわせて内容を調整する場合もありますし、紙面ではお伝えしにくい情報もありますし、受講者同士のつながりが生まれたり、実務に関わる質問を交流会[1]で講師に相談したりと、書籍とはまた違った良さがあるかと思います。

　講座のようすを知っていただくための素材として、
・開催概要（下表）
・受講者の**職種・業種**（次ページ上の図）
・終了後のアンケート結果（次ページ下の図）
　それぞれまとめましたのでご覧ください。

　本書読者のみなさまに、セミナーでもお会いできましたら幸いです。

【開催概要】

講座名	2日でわかるWebマーケティング基礎講座
主催	株式会社 翔泳社
日時	平日の2日間（10：00〜17：40） ・受付開始9：30 ・約1時間の交流会を含んだ時間です ・一日のみの受講もOKです
場所	翔泳社セミナールーム （東京都新宿区）
定員	24名
受講料	92,000円＋税 ・1日のみの場合は54,000円＋税 ・テキスト代、交流会費を含む
申込方法	MakreZineのWebサイトより (http://markezine.jp/academy/)
お問合わせ	MarkeZine Academy 運営事務局 (mza_info@shoeisha.co.jp)

日時・場所・受講料など本表の情報は、2013年度の実績にもとづく一例です。開催予定や講座概要については、上記Webサイトにてご確認、あるいは事務局までお問い合わせください。

受講者の業種・職種

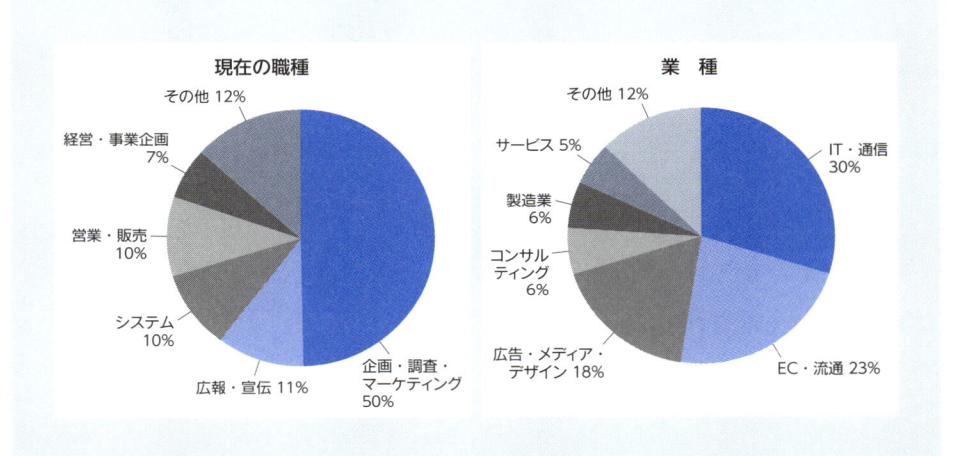

現在の職種
- 企画・調査・マーケティング 50%
- 広報・宣伝 11%
- システム 10%
- 営業・販売 10%
- 経営・事業企画 7%
- その他 12%

業種
- IT・通信 30%
- EC・流通 23%
- 広告・メディア・デザイン 18%
- コンサルティング 6%
- 製造業 6%
- サービス 5%
- その他 12%

申し込み時のアンケートから（n=275）。マーケティング・広告・メディア関係を中心に、事業企画や技術系の方も。

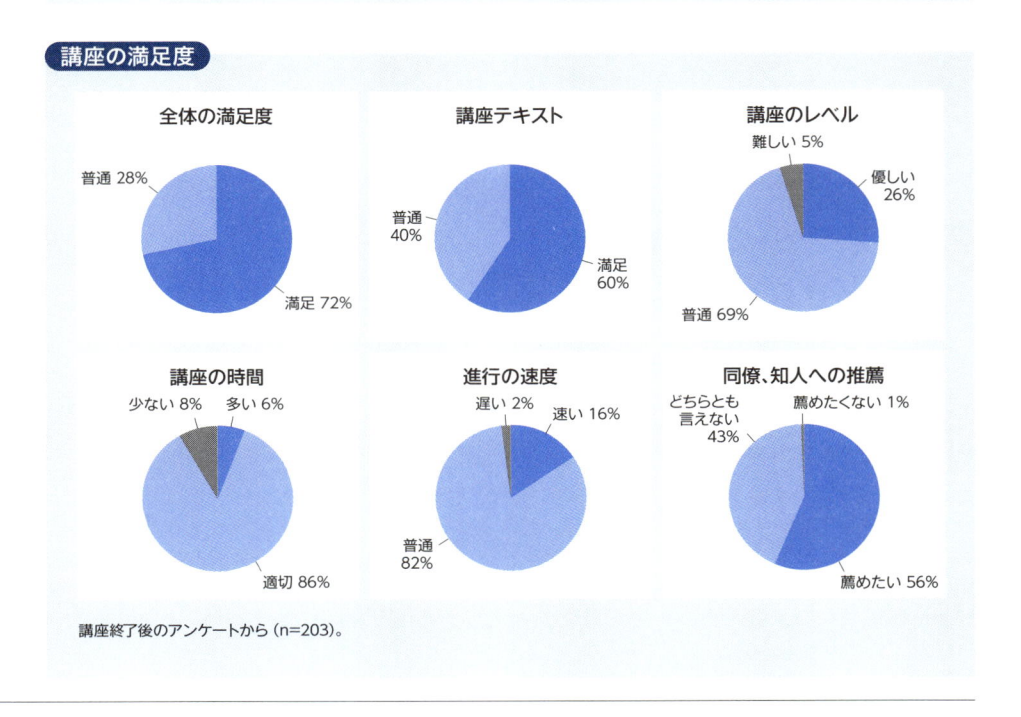

講座の満足度

全体の満足度
- 満足 72%
- 普通 28%

講座テキスト
- 満足 60%
- 普通 40%

講座のレベル
- 優しい 26%
- 普通 69%
- 難しい 5%

講座の時間
- 適切 86%
- 少ない 8%
- 多い 6%

進行の速度
- 普通 82%
- 速い 16%
- 遅い 2%

同僚、知人への推薦
- 薦めたい 56%
- どちらとも言えない 43%
- 薦めたくない 1%

講座終了後のアンケートから（n=203）。

| 執筆陣のご紹介 |

大橋 聡史（おおはし・さとし）―― 1章

株式会社インテグレート IMCプランナー／クリエイティブディレクター
総合広告アサツーディ・ケイで、国内／外資クライアントの耐久消費財からFMCGまでさまざまなブランドのマーケティング戦略とクリエイティブ開発を担当。2014年より、IMCプランニングブティックのインテグレートに移籍し、デジタル時代の次世代型ソリューションに特化した活動を行う。大学との産学連携プロジェクトやad:tech Tokyo、広告学会クリエーティブフォーラムでのプレゼンテーション活動も行なっている。

渥美 英紀（あつみ・ひでのり）―― 2章、5章

株式会社ウィット 代表取締役
2002年頃から、BtoBのウェブマーケティングに関わりはじめ、2006年には株式会社ウィットを設立。さまざまな業種、業界で売上アップ・ブランド強化・営業改善などを請負い、これまでの担当案件は200以上にも及ぶ。特にBtoBの分野で深い造詣と専門性を持ち、高い成功確率を誇る。著書に『Live! アクセス解析＆ウェブ改善実践講座』『ウェブ営業力』（共に翔泳社）がある。

村上 知紀（むらかみ・とものり）―― 3章

株式会社フロンテッジ　ソリューション本部　ディレクター
複数の外資系Webコンサルティングファームを経て独立後、2009年からフロンテッジに参画。約16年のデジタルマーケティング業界経験で、幅広い業務に携わる。直近では、ソニー株式会社ブランド戦略部FIFAプロジェクトにおいて、「戦略・企画・設計マネジメント」「予算・メディア・KPI管理」「Webサイトマネジメント・PDCA運用」などを実施。『デジタル・クリエイティビティ』『ウェブ解析力』（共に翔泳社）など著書多数、ほか執筆活動・セミナーでも活躍中。

小川 卓（おがわ・たく）―― 4章

サイバーエージェント株式会社　アメーバ事業本部 課金事業戦略室 データコンサルティングG
株式会社リクルートにて「SUUMO」のウェブアナリストを担当した後、2012年から株式会社サイバーエージェントのアナリストとして、アメーバピグの課金事業、テレビCMの分析などに携わる。個人でも、アクセス解析に関する講演・執筆・ブログの運営など意欲的に活動。『ウェブ分析レポーティング講座』（翔泳社）『入門 ウェブ分析論 増補改訂版』（ソフトバンククリエイティブ）など著者多数。

松田 昭穂（まつだ・あきお）―― 6章

株式会社スカイアーチネットワークス アカウントセールスグループ マネージャー
20年来IT業界でコンサルティング業に従事。2001年にスカイアーチネットワークスの設立に参画し、以来、サーバー／ネットワークコンサルタントとして、100社を超えるシステムを構築し安定運用に導く。近年は、クラウドやHadoopのサービス化のプロジェクトを率いるほか、セキュリティ責任者を兼務。約1,000台のサーバーを、技術面、物理面から支える指揮を執る。

野口 竜司（のぐち・りゅうじ）—— 7章

株式会社イー・エージェンシー 取締役
ECサイト、メディアサイト、BtoCサイトのコンサルティングに従事。また、Google アナリティクス プレミアムをはじめとするデータ解析ツールの活用支援や、ABテストなどを駆使した成果カイゼンやPDCAの支援も実施している。イー・エージェンシーでは、データサービスならびに、カイゼンソリューション事業担当取締役を務める。『Live! ECサイトカイゼン講座』（翔泳社）『ネットショップでリピーター（優良個客）を育成する77の方法』（秀和システム）など著書多数。

川畑 隆幸（かわばた・たかゆき）—— 8章

株式会社 アイ・エム・ジェイ プロジェクトマネジメント本部、人材戦略本部管掌役員。
デジタルハリウッド大学 非常勤講師システムエンジニア、医療システムコンサルタントなどを経て2006年ユニークメディア（IMJモバイル前身）に入社。エンジニア、コンサルタント経験を活かし多くのモバイルサイトの構築を行うディレクター、プロデューサーを経験。現在は、アイ・エム・ジェイにてディレクション部門の責任者として従事している。共著に『ユーザー視点でつくる 携帯サイト制作の基礎知識』（BNN新社）、『スマートフォンサイト設計入門』（技術評論社）がある他、講演やセミナーも多数。

北村 伊弘（きたむら・よしひろ）—— 9章

エクスペリアンジャパン株式会社 マーケティング部 プロダクトマーケティンググループマネージャー
エイケア・システムズ株式会社のマーケティング部 部長として、メールマーケティング・ソリューションの国内シェア1位ASPを提供。現在は、エクスペリアンジャパン株式会社にて、製品・サービスの企画を担当する。メールマーケティングやCRMに関するテーマでの講演、メディアでの執筆など多数。

鈴木 さや（すずき・さや）—— 10章

株式会社アイ・エム・ジェイ 第1事業本部　プランナー
前職では、インターネット広告代理店にてプランナーとして、ソーシャルメディアやPRを活用したキャンペーン企画のプランニング、ディレクションに携わる。現在は、IMJにて、企業のソーシャルメディアアカウント運営のストラテジーや投稿内容のプランニングに従事。
これまでの経験を活かし、IMJコーポレートサイト内コラム「企業Facebook 投稿ランキング調査」を連載中。

協力

株式会社アイ・エム・ジェイ（http://www.imjp.co.jp/）

インターネット領域に軸足をおき、Web及びモバイルインテグレーション事業における豊富な知見・実績を強みに、スマートフォンを含むマルチデバイス対応、戦略策定・集客・分析まで様々なソリューションをワンストップで提供。顧客のデジタルマーケティング活動におけるROI最適化を実現。

スタッフ	
装丁・本文デザイン	古屋 真樹（株式会社 志岐デザイン事務所）
本文DTP	株式会社 アズワン
CHAPTER10イラスト	多羅尾 世里（株式会社 アイ・エム・ジェイ）
編集	泉 勝彦、近藤 真佐子、斎藤 澄人、雨宮 朋臣

Live! ウェブマーケティング基礎講座

2014年3月19日　初版第1刷発行

著者	大橋聡史／渥美英紀／村上知紀／小川 卓／松田昭穂／野口竜司／川畑隆幸／北村伊弘／鈴木さや
発行人	佐々木 幹夫
発行所	株式会社 翔泳社（http://www.shoeisha.co.jp/）
印刷・製本	株式会社 シナノ

© 2014 Ohashi Satoshi, Atsumi Hidenori, Murakami Tomonori, Ogawa Taku, Matsuda Akio, Noguchi Ryuji, Kawabata Takayuki, Kitamura Yoshihiro, Suzuki Saya

＊本書は著作権法上の保護を受けています。本書の一部または全部について、株式会社翔泳社から文書による許諾を得ずに、いかなる方法においても無断で複写、複製することは禁じられています。
＊本書のお問い合わせについては、227ページに記載の内容をお読みください。
＊落丁・乱丁はお取り替えいたします。03-5362-3705までご連絡ください。

ISBN978-4-7981-3666-0
Printed in Japan